KB106933

中国城市转型与城市文化空间生产

전환기, 도시문화공간을 생산하다

조 영 승 赵永升

조영승趙永昇

중국 연변대학교延邊大學 조선-한국학학원 신문방송학과 졸업(1999.9-2003.7)
중국 중앙민족대학교中央民族大學 중국소수민족언어문학학원 석사 졸업(2005.9-2008.7)
한국 인하대학교 문화경영학과 박사 졸업(2012.9-2015.8)

現 중국 사천외국어대학교四川外國語大學 한국어학과 강사
중국 사천외국어대학교四川外國語大學 한국학연구센터 연구원
한국 인하대학교 문화경영심리연구소 해외 연구원

전공분야: 문화산업, 문화경영학

中国城市转型与城市文化空间生产

전환기, 도시문화공간을 생산하다

초판인쇄 2016년 06월 02일
초판발행 2016년 06월 15일

저 자 조영승赵永升
발 행 인 윤석현
등록번호 제7-220호
발 행 처 박문사
서울시 도봉구 우이천로 353 성주빌딩 3F
Tel: 02) 992-3253(대) Fax: 02) 991-1285
Email: bakmunsa@daum.net
Web : http://www.jncbms.co.kr

ISBN 979-11-87425-01-4 93300 정가 16,000원

中国城市转型与城市文化空间生产

전환기, 도시문화공간을 생산하다

조 영 승 赵永升

■ 머리말

중국은 현재 사회・경제・문화 등 여러 영역에서 변화가 진행되고 있어서 국가발전의 대 전환기에 놓여있다. 특히 글로벌 금융위기 이후 도시화의 추진, 내수확대 등을 위한 국가발전전략이 보다 광범위하게 실시됨에 따라 도시의 중요성과 역할이 날로 증대되고 있다. 2000년대에 들어서서 도시 전환을 위한 기존의 시도는 현 시점에서 전환기를 맞으면서 또 세계 여러 나라에서 진행되는 도시재생과 맥을 같이 하면서 한층 가속화되고 다양화되는 양상을 보이고 있다. 이런 시도는 구체적인 도시공간으로 이어졌고 그 한 부분으로서 다양한 도시문화공간을 생산하는 결과를 가져왔다. 이에 많은 도시들에서는 도시문화공간을 구축하여 궁극적으로 도시의 이미지와 브랜드를 향상시키고, 도시민들에게 더 많은 문화적 향유의 기회를 제공하고자 한다.

이 연구는 전환기를 맞아 도시재생의 한 부분으로 구체적인 도시문화공간을 생산하는 과정에서, 또는 이미 생산된 도시문화공간에서 나타나는 문제점을 검토하여 현 단계 어떻게 하면 도시문화공간을 문화공간답게 구축할 수 있는가를 알아보는 데에 그 목적을 두었다. 이를 위해 프랑스의 사회학자 앙리・르페브르Henri Lefebvre의 '공간생산' 이론을 중심으로, 청두시成都市의 대표적인 도시문화공간인 콴자이샹즈宽窄巷子, The Broad and Narrow Alley와 '동교기억东郊记忆, Eastern Suburb Memory' 문화창의산업단지文化创意产业园区, Cultural and Creative Industry Park[1]를 주요 연구대상으로 하였다. 이 연구는 도시공간 관련 이론의 제시, 중국 내 및 해외 성공사례 고찰, 연구 대상 분석, 연구 대상에 대한 공간생산 방안 제시의 순서로 진행하였다.

사회・문화적 이론에서는 우선 전환기의 개념, 도시와 문화의 전환에 대해 고찰하면서 전환기에 맞게 기존의 낙후된 도시공간이 도시문화공간으로 전환되어야 함을 제시하였다. 다음으로는 도시문화공간으로의 전환을 위한 이론적 근거로 르페브르의 '공간생산' 이론과 그 이론의 확장으로 데이비드 하비David Harvey의 '공간실천'론에 대해 고찰하였으며, 이를 기반으로 공간생산의 메커니즘을 제시하였다. 아울러 르페브르의 '공간생산' 이론의 한계를 인식하고 이론의 연장선에서 도시문화공간 생산의 요소를 구성하였다.

사례 고찰에서는 중국 국내, 동아시아의 한국과 일본, 유럽의 성공사례를 선정한 후 도시문화공간을 역사・문화공간과 창의공간으로 구분하여 조사・분석하였다. 중국 내의 경우 항저우杭州 서호西湖와 베이징 798 예술지구, 동아시아의 경우 한국 전주 한옥마을과 일본 가나자와 시민예술촌, 유럽의 경우 영국의 테이트 모던과 이탈리아의 볼로냐에

1 현재 중국 국내에서 문화창의산업원文化创意产业园으로 통용되지만 이에 대해 명확하게 개념 정의가 내려지지 않고 있으며 통상적으로 문화산업지구로 보는 관점이 주류를 차지한다. 본 논문에서는 문화창의산업원을 문화창의공간의 한 형태로 보고 문화창의공간으로 명칭을 통일하여 사용한다.

대해 고찰하였다. 특히 각각의 대표적인 도시문화공간마다 문화공간을 생산하는 중요한 요소가 무엇인지를 중점으로 고찰하였다. 이들의 성공 사례를 종합하여 각 도시마다 도시문화공간 생산의 진화단계를 확인할 수 있었다. 역사・문화공간의 경우 문화코드(항저우 서호) - 다양한 문화행사(전주 한옥마을) - 문화공간의 사회적 책임(테이트 모던), 창의공간의 경우 기업의 운영(베이징 798 예술지구) - 재단의 운영(가나자와 시민예술촌) - 협동조합의 힘(이탈리아 볼로냐)의 단계를 거치고 있다. 특히 현 단계 청두시 역사문화공간의 경우 전주 한옥마을처럼 다양한 공간 콘텐츠와 프로그램이 필요하며, '동교기억' 문화창의공간의 경우 이익 창출을 최우선 목적으로 하는 기업운영의 한계를 넘어 정부의 여러 차원의 정책적 지원, 창의성 창출 및 창의성 요소의 구축이 필요하다고 판단된다. 그 외 도시문화공간으로서의 테이트 모던과 이탈리아 볼로냐의 성공사례는 향후 중국의 도시문화공간이 추구해야 할 지향점이라고 판단된다.

연구대상 분석에서는 청두시 대표적인 역사・문화공간 콴자이샹즈와 창의공간 '동교기억' 문화창의산업단지 두 곳에 대해 과거와 현재를 아울러 하비가 제시한 '공간실천'론의 '접근성과 거리화', '공간의 전유와 활용', '공간의 지배와 통제', '공간의 생산' 네 요소에 근거하여 분석하였다. 끝으로 두 도시문화공간이 공간을 생산하는 과정에서 나타난 한계점에 대해 지적하였다.

이상의 다양한 사례 고찰과 연구 대상의 분석을 통해 청두시 도시문화공간의 생산 방안을 제시하였다. 이를 위해 '공간생산' 이론을 좀 더 풍부히 해야 하는 필요성으로, 공간생산 패러다임 변화에 대한 성찰로 우선 세계적인 범위에서 공간생산의 패러다임이 바뀌고 있음을 지적하고, 이어 공간생산 논리의 재구축을 시도하였다. 다음으로 도시공간은 유기체라는 기본관점과 '공간생산' 이론에 근거하여 현 단계 도시문화공간의 생산을 위한 기본모델을 제시하였다. 또 이 모델을 바탕으로 청두시의 대표적인 도시문화공간의 생산방안을 제안하였다. 콴자이샹즈와 같은 역사・문화공간은 지방정부의 정책적 지원・정체성 구축의 측면・콘텐츠 생산의 측면에서, '동교기억' 문화창의산업단지와 같은 경우 지방정부의 정책적 지원・창의성 창출 및 창의성 요소 구축의 차원에서 공간생산이 이루어져야 함을 제시하였다.

이 연구는 전반적으로 현재 전환기 도시재생 과정에서 중국의 많은 도시의 도시문화공간에 보편적으로 존재하는 문제점에 입각하여 도시는 유기체라는 기본인식을 근거로, '공간생산' 이론을 바탕으로 도시문화공간의 올바른 생산방향에 대해 탐구하고자 하였다.

/ 제1장 /

서론

•••

제1절 연구의 배경

21세기에 진입하면서 20세기 후반을 장식하였던 산업화와 정보화를 넘어 '문화'와 '창의' 등 핵심 키워드가 점차 인간의 일상생활과 사회생활의 중심부로 등장하고 있다. '문화' '창의'와 같은 핵심키워드의 등장 과정은 인간의 실천을 중심으로 시공간 속에서 다양한 형태로 지속적으로 이루어지고 있다. 단적으로 도시재생 과정을 볼 경우 이는 한편으로 시간의 흐름 속에서 문화적·창의적 요소의 상호 작용으로 기존 도시공간의 존재 양상이 바뀌는 결과를 초래하고 있다. 그 결과의 한 가운데는 도시문화공간이 자리 잡고 있다.

시공간의 문제는 각 시대마다 늘 탐구 대상이 되어왔다. 어쩌면 시공간을 향한 탐구는 인간이 존재하는 한 계속될 것이다. 시공간에 대한 탐구에서 오랜 세월 동안 시간에 대한 탐구가 공간에 대한 탐구를 앞질렀다면, 20세기 후반을 지나면서 서양을 중심으로 공간에 대한 탐구가 시간에 대한 탐구를 초월하는 경향을 보였다. 이제 공간은 점차 사회학의 영역으로 진입하게 되었다. 21세기에 들어서면서 문화와 창의, 정보・통신 등과 같은 요소들을 만나면서 인간의 삶은 점차 공간의 문제로 집결되는 양상을 보이고 있다. 이로서 공간은 점유의 차원, 자본 창출의 차원을 넘어 다양한 차원에서의 접근을 수용하게 되었다. 그중 가장 대표적인 것은 도시재생 과정에서 도시공간과 관련하여 이루어지는 다양한 담론들과 이를 바탕으로 도시공간의 활성화, 기능의 전환, 도시 유휴공간의 재활용 등을 둘러싼 각종 문화적, 창의적 실천들이라고 할 수 있다.

최근 중국 사회 전반을 보더라도 공간(국토)의 균형발전을 위한 국토균형발전전략, 도시화의 빠른 진행과 산업의 고도화 및 내수 시장의 확대 등 큰 흐름에서의 사회적・경제적 변화는 기존의 도시 기능과 그 발전 방향에 큰 영향을 주고 있다. 도시의 경우 개혁개방 30여 년의 경제고속성장으로 천지개벽의 변화를 이루었지만, 기존 도심의 낙후지역은 여전히 그대로 존재함으로 그에 대하여 도시발전 수준과 상응한 변화가 필요하게 되었다. 이와 동시에 산업의 고도화로 도시 경제발전의 중심축이었던 공업지구가 점차 쇠락하고, 도시 규모의 확장으로 기존 공업지구는 도시 외곽으로 이전하게 되었다. 따라서 원 공장부지는 '도시의 흉물'로 남게 되었다. 이는 도시공간의 기능 전환과 재활용에 대한 사회적 논의가 활발하게 이루어지는 결과를 가져오게 되었다. 기존 도시공간에 대한 기능전환, 재활용, 도시 이미지의 변화, 시민・관광객의 문화적 욕구 충족과 문화소비 촉진, 관광활성화 등 복합요소의 작용으로 도시공간의 전환에 대한 필요성이 점차 커짐에 따라 지방정부 주도로 기업이 투자하고 운영하는 형식으로 기존의 도시공간이 새로운 도시문화공간으로 재탄생하게 되었다. 이로써 기존의 도시문화공간은 새롭게 생산되는 결과를 가져오게 되었다. 성공적인 도시문화공간의 생산은 도시 브랜드를 향상시키고, 도시 경제발전에 큰 파급효과를 가져옴은 물론, 다양한 연관 산업의 발전으로 이어지는 긍정적인 효과를 발생하게 되었다.

21세기는 도시의 세기이다. 도시의 경쟁력은 곧 국가의 경쟁력과 집결되며 도시의 발전은 국가의 흥망성쇠를 좌우하는 시대가 이미 도래되었다. 도시는 도시 자체의 생존을 위해 자체적인 변화의 모색, 재생은 물론 타 도시들과 치열한 경합을 벌이고 있다. 그러한 변화와 경합의 중심에는 기존 도시공간의 다양한 양상으로의 변화가 한 몫을 하고 있다. 이러한 변화는 1980~1990년대 서구사회를 중심으로 사회 발전의 대전환 즉 포디즘fordism으로부터 포스트포디즘post fordism으로의 전환을 배경으로 하고 있다. 아세아에서는 1990년대 후반에 한국과 일본을 중심으로 도시재생의 한 축으로 기존 도시공간의 전환이 시작되었다고 볼 수 있다.

이미 선진국을 중심으로 기존 도시공간은 기능의 전환, 재생산이 이루어지면서 전환과 재생산의 한 형태로, 대표적인 또는 상징적인 도시문화공간으로 거듭나게 되었다. 도시문화공간의 진화는 지금도 지속적으로 이어지고 있다. 이런 도시문화공간은 정부의 적극적인 역할과 지역예술인, 창의인력, 시민의 공동참여로 재생산된 결과로, 이는 궁극적으로 도시와 국가 브랜드 향상에 기여하고 있다.

중국의 경우, 최근 사회・경제・문화 등 전반에 걸쳐 전환이 진행되고 있고, 총체적인 전환기에 처해 있다. 그 중 전환의 한 형태로 도시의 경우 도시공간의 전환으로 연결되는 결과를 가져오고 있다. 중국에서 도시공간의 전환은 약 10년 전부터 시작되었다고 볼 수 있다. 가장 대표적인 사례는 베이징시의 옛 공업지구가 '798 예술지구'로 재탄생하면서 기존 도시공간의 재생산 움직임이 시작되었다. 특히 2008년 '베이징 올림픽'을 계기로 '798 예술지구'로의 전환은 더욱 가속화 되었고, 이는 그 후 전국의 많은 도시들의 도시공간전환에 직・간접적으로 영향을 주었다. 그뿐만 아니라 구 도심지역의 활성화, 재생산을 통해 새로운 도시문화공간의 탄생은 지금도 전국 많은 도시들에서 이루어지고 있는데 이는 향후 상당한 기간 지속될 것이다.

21세기는 문화와 창의가 사회 발전을 이끌어가는 시대라고 해도 과언이 아니다. 아울러 기존의 도시공간의 전환에서 문화의 다양성・창의성 요소가 가장 활발하게 작용하고 있다. 기존의 도시공간은 이 두 요소 외에도 기술, 정책 등 요소들과의 결합을 통해 다양성과 융・복합적인 양상을 띤 도시문화공간으로 생산되고 있다. 전환기 도시공간생산의 문제는 도시재생이라는 큰 틀 속의 한 부분으로 공간의 존재에 관한 문제이며 공간 존재방식의 전환 문제이다. 기존의 도시공간은 주거지역, 산업지구의 형식으로 존재해 왔다면, 오늘날 이런 공간의 존재 방식은 전환을 맞게 되었다. 전환의 결과는 궁극적으로 공간을 어떻게 하면 사회자본, 문화자본, 창조자본으로 충만한 공간으로 전환시킬 수 있는가 하는 문제와 직결된다. 이렇게 생산된 도시문화공간은 특히 대중성・오락성・다양성・창의성 등의 특성이 잘 반영되고 사람들은 그 속에서 문화적인 향수・즐거움・미적 감수 및 감동 등을 느낄 수 있게 된다. 이와 같은 도시문화공간의 생산은 문화와 창의성 요소 외에도 정부의 정책, 지역주민과 창의인력의 동참 그리고 공간 내에서 생산되는 구체적인 콘텐츠의 질적 수준, 문화공간 비전과 운영 전략 및 다양한 도시문화공간 생산 주체간의 협력 시스템 구축 등 많은 요소들과도 밀접한 연관성을 갖고 있다.

도시재생 과정에서 도시문화공간의 성공적인 생산을 위해 각 나라마다 다방면의 노력을 기울이고 있다. 대부분의 지방정부에서는 도시문화공간 활성화 정책, 창의 인력을 위한 지원정책, 도시문화공간 운영 기금 마련 등 적극적인 지원을 아끼지 않고 있다. 그 외에도 다양한 콘텐츠 등으로 성공한 한국의 전주 한옥마을, 전문기금의 설립, 전문적인 장인 대학교의 운영 등으로 성공한 일본의 가나자와 시민예술촌, 순수 예술공간의 한계를 뛰어넘어 지역사회와 함께 사회적 책임을 다하는 영국의 테이트 모던, 도시 전체가 창의공간으로 될 만큼 공간생산의 주체 간 협동조합을 이루어 성공적으로 창의공간을 생산한 이탈리아 볼로냐 등의 해외 사례에서 보다시피 도시문화공간의 다양한 방식과 패턴으로 생산되고 또 진화하고 있다. 기존 도시공간이 도시문화공간으로의 전환 성공여부는 결국 공간생산의 주체들이 어떤 콘텐츠를 생산하는가와 직결되어 있다. 도시문화공간은 이와 같은 흐름 속에서 지속적으로 변화를 거듭하고 있다.

현재 중국의 많은 도시들에서 도시공간의 전환은 대내외 환경 변화에 큰 영향을 받고 있다. 외적으로는 특히 21세기에 진입하여 많은 나라들에서 문화와 창의, 혁신 등 요소를 부각시켜 도시의 활력을 한층 증대시키고 경제를 활성화시키고자 하는 도시발전의 흐름이 지속되고 있다. 내적으로는 앞으로 상당 기간 중국에서 사회 전반에 걸쳐 심도 있게 진행되는 전환이 가장 큰 배경으로 작용한 것이라고 볼 수 있다.

•••

제2절 연구의 목적과 의의

현재 중국의 많은 도시들에서는 전환기 도시재생의 수요에 맞게 전체 혹은 도시 일부의 기능 전환을 시도하고 있다. 그중에는 낙후된 도심, 쇠퇴된 공업지구를 도시문화공간으로 공간 기능을 전환시키고 있다. 또 일부에서는 문화산업・하이테크놀로지 등과 결합시켜 처음부터 새로운 도시문화공간을 생산하는 등 여러 형식의 도시공간 전환이 주요한 형식으로 자리 잡고 있다. 또한 거의 모든 도시문화공간은 지방정부의 주도, 기업의 투자 및 운영의 방식으로 이루어지고 있다. 현실적으로 볼 때 이미 생산된 현재의 많은 도시문화공간은 낙후 지역의 환경 변화, 도시 이미지의 개선, 도시 브랜드의 향상과 경제성 창출 등 여러 차원에서 어느 정도 긍정적인 효과를 가져왔다. 또 위와 같은 전환방식은 공간의 보다 효율적인 활용에도 적극적인 효과가 있음이 사실로 증명되었다. 하지만 전반적으로 봤을 때 도시문화공간의 생산에서 여전히 여러 가지 문제점들이 나타나고 있다. 대체적으로는 첫째, 대부분은 하드웨어 중심으로 이루어져서 공간 정체성의 부재 및 그에 따르는 지속 가능성면에서 문제점을 발생시키고 있다. 둘째, 공간을 생산하는 실질적인 주체와 관련된 콘텐츠의 부족 및 이를 위한 지방정부의 정책 미비를 꼽을 수 있다. 이런 문제점의 보완과 향후 지속적으로 생산될 많은 도시문화공간의 보다 효용성 있는 생산, 지속가능한 생산을 위해 도시문화공간의 생산에 대한 연구는 관련 이론과 구체적인 도시문화공간의 실정에 맞춰 좀 더 심도 있게 연구되어야 할 분야임이 틀림없다.

도시문화공간은 여러 가지 기본 기능 외에도 다양한 생산 방식을 통해 도시민, 관광객들에게 수준 높은 문화를 향유하게끔 해야 한다. 이 또한 도시문화공간 생산의 기본과제이다. 이와 같은 인식을 연구의 출발점으로, 이 연구는 전환기의 시대적 배경 하에서 '현 단계 도시문화공간은 어떻게 생산되어야 하는 가'를 연구의 목적으로 하고 있다. 이 연구는 주요하게 프랑스 사회학자 앙리・르페브르Henri Lefebvre(1901~1991)의 '공간생산' 이론과 그 이론을 계승・발전시킨 데이비드 하비David Harvey(1935~)의 '공간실천'론을 바탕[1]으로, 구체적인 도시문화공간을 대상으로 분석을 하였다. 현 실정에 맞는 도시문화공간의 생산 기본모델을 제시하여 도시문화공간이 생산되기 위해서는 어떤 요소, 과정들이 필요한지에 대해 고찰함으로써 도시문화공간의 생산의 방향성에 대해 제안하고자 하였다.

1 르페브르의 '공간생산' 이론은 사회적 공간에 관한 이론인 만큼 구체적인 실천면에서, 예를 들면 도시 재생을 둘러싼 다양한 시도, 실질적인 공간 생산 전략 및 방향성 제시 등 면에서 한계가 존재한다고 본다. 하지만 르페브르가 '공간생산' 이론을 처음으로 제기한 만큼 이를 계기로 그 내연을 지속적으로 완성할 필요가 있다. 이 논문에서는 도시문화공간의 생산 요소(제2장 제4절), 도시문화공간 생산의 논리의 재구성(제5장 제1절) 등을 포함하여 여러 면에서 르페브르가 '공간생산' 이론은 확장의 필요성이 있다고 본다.

르페브르의 '공간생산' 이론은 1990년대에 중국의 학계에 전파되었으며 지금까지 이론 연구 영역과 응용연구 영역에서 관련 연구가 진행되고 있다. 특히 이론 연구 영역에서는 철학적 접근으로 마르크시즘 연구의 한 분야로 '공간생산' 이론을 연구하고 있는 것이 대표적이다. 응용연구 영역에서는 현재 진행되고 있는 도시화와의 연관성 속에서 연구를 진행하고 있는 것이 대표적이라고 볼 수 있다.[2] 하지만 지금까지 르페브르의 '공간생산' 이론을 바탕으로 도시문화공간의 생산에 대한 연구는 체계적으로 이루어지지 않았다. 특히 실제 응용 영역에서의 연구는 최근에야 비로소 도시계획 연구 영역에서 이루어지고 있다. 때문에 공간생산과 관련된 이론을 기반으로 하는 응용연구가 다각도로 심도 있게 이루어질 필요가 있다고 본다.

이 논문은 연구에 적합한 연구 대상으로 중국 서부지역의 핵심도시인 청두시成都市를 선정하였다. 청두시는 중국에서 '최적의 관광도시'이자 2010년 유네스코 '음식 창의도시'로 선정된 도시이다. 그 외에도 중앙정부에서 추진하고 있는 혁신형도시創新型城市에 이어 스마트시티smart city로도 선정되어 도시 자체가 다양한 스펙트럼spectrum을 형성하고 있으며, 최근에는 다각도로 도시전환을 시도하고 도시재생사업을 추진하고 있다. 이러한 도시의 배경에 비추어 청두시를 선정하여 대표적인 도시문화공간인 콴자이샹즈宽窄巷子 역사·문화공간과 '동교기억东郊记忆' 문화창의산업단지创意文化产业园区에 대해 분석과 연구를 진행하고자 한다.

2 孙江, ≪空间生产-从马克思到当代≫, 人民出版社, 2008.2; 余琪, ≪转型期上海城市居住空间的生产及形态演进≫, 东南大学出版社, 2011.12; 于志光, ≪武汉城市空间营造研究≫ 中国建筑工业出版社, 2011.5; 彭恺, ≪空间的生产理论下的转型期中国新城问题研究≫, 华中科技大学博士论文, 2013.5 등과 같은 연구가 대표적이다.

이 논문에서는 위와 같이 보다 대표성이 있는 도시문화공간을 선정하여 연구를 진행함으로서 '공간생산' 이론을 이론적인 영역에만 한정시키지 않고 공간의 생산이라는 이론적 인식을 바탕으로 실제 사례와 연계시키고자 하였다. 또 '공간생산' 이론을 바탕으로 구체적인 도시문화공간에 대한 분석을 통해 현 단계 도시문화공간 생산의 기본모델을 제시하여 도시문화공간의 향후 발전 방향에 대해 연구를 진행하였다.

●●●

제3절 연구의 내용과 방법

이 논문에서는 전환기 중국의 도시에서 이미 조성된 도시문화공간을 연구의 중점으로 한다. 또한 현재 도시문화공간에서 존재하는 문제점에 입각하여 생산자의 시각에서 보다 합리적인 도시문화공간 생산에 대해 연구를 진행하고자 한다.

이 논문은 크게 네 장으로 구성하였다. 첫 번째 장에서는 전환기라는 사회적 배경과 '공간생산' 이론을 고찰한다. 두 번째 장에서는 중국 국내와 해외 도시문화공간 생산의 성공적인 사례를 고찰한다. 세 번째 장에서는 '공간생산' 이론을 바탕으로 칭두시 대표적인 도시문화공간에 대해 분석을 진행한다. 네 번째 장에서는 '공간생산' 이론적 배경과 칭두시 도시문화공간 분석 및 중국 국내 및 해외 사례에서 도출한 시사점을 바탕으로 현 단계 도시문화공간의 기본 생산모델을 제시하였고, 다음으로 이 모델에 근거하여 칭두시 도시문화공간의 향후 생산 방향에 대해 제안하였다.

본론의 첫 번째 장에서는 우선 현재 중국 사회 전반에서 일어나는 전환에 대해 짚어보았다. 특히 사회・경제・문화 등 여러 차원에서 도시전환을 언급하면서 그 중에서도 도시전환의 경우 기존 도시공간이 문화공간으로 전환해야 함을 주장하였다. 이런 주장을 뒷받침 하고자 우선 공간에 대한 지금까지의 인식과정을 고찰하였고, 1970년대 르페브르에 이르러 공간이 사회학의 영역으로 진입함을 언급하여 공간인식의 발전 맥락을 고찰하였다. 도시공간의 전환을 위한 이론적 근거를 제시하고자 논문에서는 도시(혹은 도시 공간)는 하나의 유기체라는 인식을 바탕으로 하고 있다. 이와 같은 인식을 바탕으로 도시공간은 르페브르의 '공간생산' 이론과 그 후 '공간생산' 이론을 확장시킨 데이비드 하비의 '공간 실천'론에 대해 언급하였고, 이를 본 논문의 주요한 이론적 근거로 하였다. 하지만 현 시점에서 '공간생산' 이론은 분명히 한계점이 존재하는바 구체적인 상황에 맞게 도시문화공간 생산의 요소를 도출하여 짚어보았다.

본론의 두 번째 장에서는 도시문화공간의 생산을 위한 중국 국내 및 해외 사례를 고찰하였다. 중국 국내 사례로는 항저우시 대표적인 역사・문화공간인 서호西湖에서 진행되는 인상서호印象西湖 대형실경산수공연과 베이징 798 예술지구에 대해 고찰하였다. 해외 사례로는 첫째 동아시아 사례로 한국의 전통 도시문화공간인 전주 한옥마을과 일본의 창조(창의)공간인 가나자와 시민예술촌에 대해 고찰하였다. 둘째 유럽의 사례로 영국의 테이트 모던 박물관과 창조도시 볼로냐에 대해 고찰하였다. 이러한 사례의 분석을 통해 중국, 동아시아(한국과 일본), 유럽(영국과 이탈리아)의 순으로 각 나라 대표적인 도시문화공간마다 공간생산을 이끄는 핵심 요소인 공간 콘텐츠와 도시문화공간의 작용 등을 도출하여 공간생산 과정을 단계화하였다. 그중 특히 한국과 일본의 경우 성공적인 도시문화공간의 생산은 현 단계 청두시 도시문화공간이 지향해야 할 바라고 생각한다.

본론의 세 번째 장에서는 위의 장에서 언급한 '공간생산' 이론을 바탕으로 주로 청두시 대표적인 도시문화공간을 역사・문화공간과 문화창의산업단지(공간)로 나누어 각각에 대해 분석하였다. 우선 문화도시로서 청두시의 문화산업에 대한 고찰하였다. 다음으로 '공간생산' 이론을 바탕으로 콴자이샹즈 역사・문화공간과 '동교기억' 문화창의산업단지에 대해 역사적으로부터 공간이 생산된 각각의 과정과 전환기를 맞아 현재 공간이 생산되고 있는 양상에 대해 분석하였다. 분석을 통해 현재 두 문화공간이 갖고 있는 한계점에 대해 짚어보았다.

본론의 네 번째 장에서는 도시문화공간 생산의 중국 국내 및 해외 사례를 기반으로, 또한 '공간생산' 이론의 내연을 좀 더 풍부히 하고자 우선 도시문화공간 생산패러다임의 변화에 대해 짚어보았다. 오늘날 시장경제의 도입으로 중국의 많은 도시문화공간은 비록 정부의 주도로 생산되었지만, 자본이라는 막강한 힘의 지배에서 결코 자유로울 수 없다. 하지만 해외 사례 및 관련 연구에서 보다시피 성공한 도시문화공간은 그 자체만의 공통된 특징을 갖고 있음은 분명하다. 이러한 도시문화공간의 생산에 대한 성찰을 바탕으로 전환기 중국의 도시 상황에 부합되는 도시문화공간 생산의 기본모델을 제시하였다. 또한 도시문화공간 생산의 기본모델을 적용하여 이 논문의 연구 대상인 청두시 대표적인 도시문화공간의 현 상황에 비추어 앞으로 발전 방향에 대해 제안하고자 하였다.

이 논문은 이상의 내용에 대한 연구를 진행하고자 공간이론, 도시이론 등과 관련된 문헌자료를 활용하고, 연구 대상지인 청두시 콴자이샹즈와 '동교기억' 문화창의산업단지의 탐방 및 문헌조사를 통해 연구를 진행하였다.

첫째, 문헌연구는 앙리・르페브르의 저서 『공간의 생산』을 중심으로 데이비드 하비의 공간 관련 저서 및 관련 단행본, 논문 그 외 정부 보고서, 인터넷 뉴스 등을 참고하였다. 특히 해외사례의 경우 한국에서 출판된 저서와 발표된 논문을 중심으로, 일부는 본 연구와 관련되는 대상국에서의 관련 보고서와 논문을 기반으로 연구를 진행하였다. 그 외 해당 사이트에 접속하여 유용한 정보를 얻을 수 있었는데, 일부는 관련 동영상 자료를 참고하였다.

둘째, 본 연구의 중요한 연구대상에 대해서는 현장 방문 조사를 하였다. 이는 연구의 내용을 좀 더 구체화하고, 이전에 생각하였던 도시문화공간의 문제점에 대한 정확한 인식을 갖는데 도움을 주었다. 물론 본 논문에서 언급한 기타 도시문화공간에 대해서는 모두 탐방한 것은 아니나 최대한 인터넷과 기존 자료들을 활용하고, 미디어 리서치와 일부 지역 현장조사를 병행하여 진행하였다.

이 연구는 아래와 같은 기본적인 관점과 연구의 흐름으로 '전환기 중국의 도시문화공간의 생산'에 대해 연구를 진행하고자 한다(〈그림 1-1〉 참조).

기본적인 관점 :

첫째, 도시공간은 유기적 생명체이며 인간처럼 욕구의 단계가 있다.

둘째, 전환기 중국의 도시문화공간은 단계별로 생산되어야 한다.

〈그림 1-1〉 논문의 주요 관점과 연구의 흐름

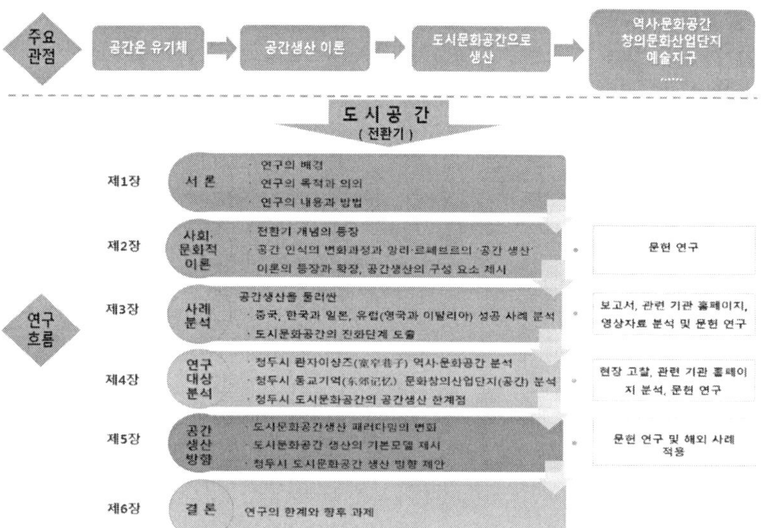

/ 제2장 /

사회 · 문화적 이론

본장에서는 '전환'의 개념을 시작으로 전환기 문화와 도시 공간의 전환에 대해 알아보았다. 또한 공간은 유기체라는 기본적인 관점과 '공간생산' 이론을 도입하여 기존 도시공간의 전환에 관하여 논술하였다.

•••

제1절 중국에서 전환기 개념의 등장과 문화전환

1. 전환기 개념

'전환transformation'이라는 용어는 최근 몇 년 사이 중국에서 가장 활발하게 사용되는 단어이다. 주로 경제학, 정치학, 사회학 영역에서 사용되는 외에 사상이념, 도시계획, 산업생산 등 많은 영역에서도 비중 있게 다루고 있다. 전환은 작게는 기업 경영·발전 방식에 대해, 크게는 사회 발전 전반을 아울러 사용되고 있다. 이 논문에서 언급한 '전환'은 현재 중국 사회 전반에서 일어나는 거시적인 전환을 배경으로 하고 있다.

'전환'이라는 용어는 생물학적 용어로부터 발전되어 차츰 경제학, 사회학 등 다양한 영역의 주체들과 결합되면서 다양하게 응용되고 있다. 전환은 사물의 구조·형태·관념이 근본적으로 변화하는 과정으로 인식되고 있으며, 사물 내부의 각 요소 및 주변 환경의 관계 혹은 공간 배열에서 변화가 생겨 사물로 하여금 상대적으로 안정된 방향으로 변화가 이루어 질 때를 말하고 있다.[1] 서로 다양한 전환 주체와 객관적인 환경의 작용으로 전환의 내용과 방향에는 다양성이 따르기 마련이다. 전환에는 자발적인 창의적 과정과 일련의 실천들이 뒤따르기 마련이다. 본 논문에서 주목하고자 하는 바도 역시 전환 과정에서 도시문화공간을 둘러싼 일련의 실천과 생산이다.

'전환'의 용어 사용도 나라마다 조금씩 차이를 나타내고 있다. 어원론적 관점에서 볼 때, 우선 영어에서 명사로 'transformation', 동사로 'transform'인데, 이는 각각 라틴어의 'transformatio'와 'transformare'에 대응한다. 여기에서 'form'은 '형식' '이념' '형태' 등을 뜻하고 있다. 때문에 고전적 의미에서의 전환은 기존의 '형식' '이념' '형태'의 방향을 '바꾸다'는 뜻이라고 이해할 수 있다. 중국과 한국만의 경우를 보면, 우선 한국에서는 '전환转换'으로 사용되지만, 중국에서는 '전형转型'으로 사용되고 있어 어휘의 사용에서 차이가 있다. 여기서 말하는 '전형'은 '전转'과 '형型'의 합성어로, '转'은 방향・추세의 변동과 개변을 이르는 뜻으로, 운동・변화・전화를 강조한다. 대신 '型'은 물체를 만들 때의 주형铸型 혹은 일정한 형식・방식・양식을 형성한다는 뜻으로 운동・변화・전환의 목표와 상태를 강조한다.[2]

'전환'에 대해서는 이미 세계적 범위에서 연구되어 온 내용이지만, 이에 비해 중국 내에서는 현 단계의 중국의 발전 상황에 맞게 '전환'에 대해 정의하고 있다. 하지만 대체적으로 경제학, 사회학, 정치학 등 각 학계마다 '전환'의 개념에 대해 서로 상이한 내용들을 제시하고 있다. '전환'에

1 余琪, ≪转型期上海城市居住空间的生产及形态演进≫, 东南大学出版社, 2011.12, p.9
2 위 책, p.9; 본 논문에서는 '전환'과 '전형' 두 어휘를 같은 뜻으로 보고 있으며 '전환'으로 통일하여 사용한다.

대한 연구는 경제학 영역에서 가장 활발하게 연구되고 있다. 먼저 경제체제의 전환에 대해 주목하여 연구를 진행하고 있다. 통상적으로 계획경제로부터 개방된 시장경제에로의 전환을 말한다. 전환은 제도의 변화와 연관되며 이는 자원 분배 방식과 생산방식의 개변을 뜻하며 소유권 구조와 장려 메커니즘의 개변을 뜻한다.[3] 그 외에도 경제의 발전 방식, 경제 구조 및 제도의 전환 등이 모두 경제학 영역에서의 연구 대상이다.

그 다음으로 활발하게 연구되는 영역은 사회학 영역이다. 사회학 영역에서는 경제의 전환으로 사회 발전의 전환을 이루어 왔다는 것이 기본적인 주장으로, 사회전환의 근본적인 원인을 경제의 전환으로 보고 있다. 인류 발전의 오랜 역사 과정을 볼 때 사회 전환에는 문명의 전환, 사회 형태의 전환, 제도의 전환 및 체제의 전환 등 네 개 방면에서의 전환이 포함되고 있다.[4] 중국의 경우 1990년대 사회주의 시장경제 체제의 확립으로 시장경제체제 혹은 경제발전방식의 전환을 가져왔고, 경제의 기초적인 지위 확립으로 사회생활 즉 사람들의 사회활동 방식에 커다란 변화를 가져오게 되었다. 이런 변화 속에서 중국의 사회구조도 근본적인 개변을 가져오게 되는데 이것이 바로 사회의 전환이다.[5] 하지만 사회의 전환을 단순 경제 전환의 결과로 보지 않고, 양자의 독립성을 인정하면서 경제 전환을 사회 전환의 여러 요소 가운데의 중요한 원인으로 보고 있기 때문에 통상적으로 사회・경제전환이라고 함께 사용하는 경향이 있다. 사회 전환의 본질이라면 인류의 실천 방식(주요하게는 생산 방식, 생활 방식 및 그로부터 파생된 사유방식)의 근본적인 것과 총체

3 위 책, p.11

4 刘玲玲, 〈对社会转型范畴的哲学思考〉, 北方论丛, 1996年 第5期, p.17

5 佘琪, ≪转型期上海城市居住空间的生产及形态演进≫, 东南大学出版社, 2011.12, p.11

적인 것의 변혁 혹은 실천, 활동 방식의 핵심 내용의 전반적인 변혁이라고 할 수 있다.[6] 간단히 말한다면 사회구조의 변화라고 할 수 있겠다.

'전환'에 관한 연구는 위의 경제·사회 영역 외에도 여러 분야에서 연구되지만, 이 논문에서는 경제와 사회적 영향을 가장 많이 받는 도시를 주목한다. 도시 관련 연구 영역에서 도시 전환의 근본 원인을 전반적인 사회와 경제의 전환에 두고 있다. 이로서 도시 영역에서의 전환이란 근본적인 사회 환경의 변화로 인하여 도시의 발전 목표, 발전 방식의 커다란 변화과정이라고 할 수 있다.[7] 좀 더 구체적으로 해석한다면, 도시 전환이란 부단히 심화되는 글로벌 경쟁 속에서 도시의 지속 가능한 발전을 위한 과정으로, 종합적인 도시 발전의 과정이라고도 볼 수 있다. 즉 도시의 경제와 시장의 작용으로 도시공간이 재구성되는 과정으로, 이는 산업공간의 가치 최대화를 추구하는 과정이다. 이런 가치는 도시의 현대화 수준과 도시 주변에 대한 영향력을 결정하는 것으로 도시의 현대화 정도와 도시 주변에 대한 영향력의 제고는 도시가 부단히 전환을 이룩하는 것이라고 할 수 있다.[8]

이런 면에서 최근 중국의 많은 도시들에서는 도시 발전의 전환을 모색하고 있다. 구체적으로는 도시의 산업적 측면에서 자원형资源型 도시로부터 산업형 도시에로의 전환, 공업생산형 도시로부터 서비스형 도시로의 전환이 통상적이다. 하지만 도시 발전에서 세계적인 경제발전 흐름과 글로벌 경쟁의 가열로 도시의 보다 창의적인 전환을 요구하고 있다. 이는 기존의 제조업과 수출 주도의 공업경제 시대에서 서비스와 소비 위주

6 刘玲玲, 〈对社会转型范畴的哲学思考〉, 北方论丛, 1996年 第5期, p.17, 재인용
7 余琪, 《转型期上海城市居住空间的生产及形态演进》, 东南大学出版社, 2011.12, p.9
8 叶南客, 李程骅, 《中国城市发展转型与创新》, 人民出版社, 2011.11, p.161

의 창조경제 시대에로의 도시전환 등을 예로 들 수 있다.[9] 이런 추세에 맞춰 최근 들어 도시공학 영역에서 도시전환을 실천에 옮기고 있으며, 관련 연구도 구체적인 도시 사례와 결부하여 진행하고 있다. 예를 들면 ≪전환기 상하이 주거공간의 생산 및 변화 연구转型期上海城市居住空间的生产及形态演进≫, ≪우한 도시공간 구축 연구武汉城市空间营造研究≫ 등을 들 수 있다.

전환의 개념을 언급함에 중요한 점은 전환은 시간적인 요소를 동반하여 진행되는 만큼 시간을 이르는 기간期間과 함께 전환기转换期[10]로 사용되고 있다는 점이다. 중국 내에서 전환기에 관한 연구는 1990년대에 들어서 학계에서 진행되었지만, 현재 구체적인 시기적 구분은 학자들마다 다르게 설정하고 있다.[11] 쉬쟈린徐家林은 1840년 중국 근대 역사의 시작으로부터 현재까지 사회전환 과정을 언급하면서, 당대에 이르러서는 1949~1978년까지를 제1차 전환기, 1978년 개혁개방시기부터 현재까지를 제2차 전환기로 구분하고 있다. 위치余琪는 ≪상하이 주거공간의 생산≫에 대해 연구하면서 1978년 개혁개방시기부터 현재까지를 통틀어 1차전환기로 구분하고 있다. 반면 츠푸린迟福林은 당대의 사회 전환을 좀 더 세부적으로 구분하여 대체적으로 1978년부터 개혁개방 30년까지(2008년)를 제1차 전환기로, 그 후부터 현재 그리고 향후 상당한 기간을 포함하여 제2차 전환기로 구분하고 있다. 본 논문에서는 대체적으로 츠푸린의 관점에 따라 1978년 개혁개방의 시작부터 30년이 지난 현 시점

9 郭梅君, ≪创意转型≫, 中国经济出版社, 2011.11, p.17

10 한국에서는 전환기转换期, 중국에서는 전형기转型期로 표현하고 같은 뜻으로 사용하고 있다.

11 迟福林, ≪第二次转型≫中国经济出版社, 2010.3; 徐家林, ≪社会转型论≫上海人民出版社, 2011,12; 余琪, ≪转型期上海城市居住空间的生产及形态演进≫참고

을 제2차 전환기로 보고자 한다.

2. 문화전환

21세기에 진입하면서 선진국을 중심으로 지식경제시대를 넘어 창조경제시대로 향하는 발걸음이 한결 빨라지고 있다. 또한 창조경제를 향한 국가발전 패턴이 옮겨짐에 따라 문화와 창의는 국가발전을 이끄는 중요한 요소로 등장하였다. 현재 중국에서 진행되고 있는 전환은 단지 정치・경제・사회구조의 전환만을 뜻하지 않고, 다양한 영역에서의 전환을 뜻한다. 도시전환 역시 그 중의 한 중요한 부분으로 경제구조, 산업구조의 전환만을 뜻하지 않는다. 도시전환은 종합적인 것으로, 어느 한 분야의 전환만으로 도시 전반의 전환을 이룰 수 없다. 도시의 경제와 산업 등 영역과 함께 도시전환 중에서도 중요한 부분은 도시의 문화구조와 도시민의 의식구조 등 무형적인 요소의 전환이다. 도시의 전반적인 전환이 잘 이루어지려면, 더욱 중요한 것은 오랜 시간과 노력이 소요되는 문화의 전환을 잘 이루어내야 한다. 또한 아직까지 경제 영역에서 전환에 관한 논의가 상대적으로 많이 진행되고 있는 시점에서 경제・사회의 전환 와중에 더욱 중요하고 근본적인 것은 문화의 전환이라는 것이 많은 학자들의 견해이다.[12]

'문화'라는 용어는 복잡성과 의미의 다중성으로 한 마디로 정의하기 어렵다. 때문에 문화의 전환도 문화의 다양한 정의에 따라 전환의 방향성이 여러 갈래로 나뉠 만큼 복잡하다. 게다가 중국적 맥락에서 문화의

12 周大明, 〈文化转型:冲突共存与整合的恋义世界〉,「社会转型与文化转型-人类学高级论坛(2012卷), p.36

전환을 고찰할 경우, 문화의 다양성과 광활한 지역적 문화특성 등 각종 요인으로 인하여, 그리고 경제적 · 사회적 요인이 겹치면서 그 양상은 더욱 난해하고 심오할 수 있다. 하지만 '문화 전환'은 용어의 의미로만 본다면 그 역시 문화 발전과정에서 특수한 과정으로 '전형'에서 '형'[13]에 해당하는 만큼 문화의 보다 심도 있는 변화를 의미한다.

일반적으로 경제적 전환은 사회적 전환을 불러일으키며, 경제적 · 사회적 전환이 이루어진 상태를 바탕으로 문화전환이 이루어진다는 것이 통상적인 문화전환의 논리이다. 이런 논리의 타당성을 어느 정도 인정하면서 20세기 말을 기점으로 약 30년 동안 중국에서 문화의 전환에 대한 언급이 지속적으로 사회 · 경제 발전의 각 단계마다 이루어져 왔다. 우선은 계획경제체제로부터 시장경제체제로 전환하는 과정에서, 또한 '세계 공장'으로서의 공업화사회가 지속되는 과정에서 언급되었다. 다음으로는 인터넷의 발달로 지식정보화사회가 지속되고 있는 세계적인 흐름과 중국의 사회현실 속에서 국가 주체의 문화정체성을 확고히 하고자 하는 차원에서 언급되었다. 마지막으로는 최근 2008년 글로벌 금융위기를 계기로 세계경제의 흐름이 창조경제로 빠르게 바뀌면서 국가적 차원에서 직접 언급하는 등 문화전환의 의미가 국가적인 거시 담론으로 승격하였다.

문화전환의 필요성과 그 추세에 대한 견해는 1997년 페이샤오퉁费孝通에 의해 처음으로 제기되었다. 그는 문화전환을 다음과 같이 언급하였다.

13 문화의 전형转型 중의 형型은 문화의 형식, 형태 및 스타일 등으로 볼 수 있다.

> 문화의 전환은 당대 인류가 공통으로 직면한 문제로 자원의 결핍, 이상 기후, 생태환경의 파괴, 환경오염 등 문제의 직면으로 포스트 공업시대에 필연코 문화의 대 전환이 발생할 것이라고 예언하였다. 그는 문화전환은 당대 인류의 공동된 문제로서 현대의 공업문명은 이미 괴멸의 막다른 길에 들어섰으며 게다가 눈앞의 이익만을 보고 장래를 생각하지 않고 무제한 소비한다면 삼림은 더 이상 회복될 수 없을 정도로 파괴될 것이고, 에너지원인 석탄과 석유도 바닥을 들어내지 않는가? 포스트 공업시대에 기필코 문화의 전환이 일어나게 될 것이며, 인류가 지속적으로 생존해 나갈 수 있는가는 현실적인 문제이다.[14]

이는 공업화에 대한 반성과 향후 인류사회의 지속적인 발전에 대한 고심 속에서 제기된 문화전환의 필요성에 대한 언급이라고 볼 수 있다. 하지만 그가 제기한 문화의 전환은 인류 발전의 거시적 차원에서 인류가 창조한 공업문명의 부정적 결과로 자연, 환경, 기후의 파괴로 인한 우려 속에서 지속적인 인간 생존을 위함에 기반을 두고 있다. 즉 문화의 전환을 인류공동의 주제로 보고 있는 것으로, 이런 논리대로라면 인류 발전사에서 수렵채취문명에서 농경문명에로, 다시 산업문명으로 발전하면서 발생되는 문화(혹은 문명)의 거시적인 전환을 들 수 있다. 때문에 중국의 현시점의 전환기에 상응한 문화전환과는 다소 거리를 보이고 있다.

정보화 시대 중국은 대내적으로는 경제・사회의 급속한 발전이 진행되고 있고, 대외적으로는 세계에로의 진출과 교류가 가속화되고 있는 등 전례 없는 시공간의 변화를 겪고 있다. 이 과정에서 서방문화의 충격

14 费孝通, ≪论人类学与文化自觉≫, 华夏出版社, 2004, p.183

으로부터 자국문화의 주체성 확립에 대한 논의를 비롯하여 자체 경제·사회 발전 수준에 맞는 문화전환을 이룩하여 최종적으로 국가적 소프트 파워를 형성하여 글로벌 경쟁 속에서 확고한 지위 확립을 둘러싼 논의가 확산되고 있다. 이는 우선 문화의 전환에 대한 긴박감에서 나타난다. 즉 개혁개방이 심도 있게 진행됨에 따라 시장경제체제가 부단히 완성되고, 국민의 문화주체적인 지위가 확립함에 따라 중국문화의 전환도 눈앞에 임박하였다. 중국문화와 국제적 관례와의 연결은 필연적으로 중국문화의 전환을 추진하며, 중국 현대화의 과정을 가속화함으로써 중국문화가 세계질서 속으로 편입되게 한다.[15] 이런 과정에서 일부 학자들은 중국적 시각에서 보는 문화전환을 다음과 같이 정의하고 있다.[16] 중국에서의 문화전환은 우선 먼저 세계적, 전반적, 관념상의 전환으로, 선진적인 것을 쫓아가던 후발자의 자세로 타인의 영향을 받던 데로부터 차츰 타인한테 영향 주는 역할을 담당함을 말한다. 다음으로는 현재 중국의 문화전환은 특히 인터넷의 발달로 인한 가치관의 전환을 말하고 있다. 마지막으로 사회적 연결 방식의 변화로 인한 주체의식의 전환을 뜻하고 있다. 이러한 문화전환은 크게는 정보화 시대 특히는 인터넷의 급속한 발달에 그 기반을 두고, 글로벌 환경 속에서 주도적인 지위의 차지를 목적으로 하고 있다.

문화전환에 관한 가장 최근의 언급은 2008년 글로벌 금융위기를 겪으면서이지만, 이 시기 언급은 단순 문화전환을 넘어 문화의 창의적 전환

15 程建平, 〈中国文化转型的路径分析〉, 河南师范大学学报(哲学社会科学版), 2007年, 第34卷 第4期, p.164

16 赵旭东, 〈从社会转型到文化转型〉, 中山大学学报(社会科学版), 2013年, 第3期(总243期), pp.116-118

이라는 새로운 방향으로 바뀌고 있다. 그 배경에는 우선 경제적 상황의 변화로 과거 수출과 외국 투자를 중심으로 하는 경제성장 방식의 한계점이 여실히 들어났다. 중국 내 인건비용 상승, 불합리한 산업구조로 인한 막대한 자원낭비 등 문제점으로 인하여 중국 경제의 발전을 위한 돌파구 마련이 시급해 졌기 때문이다. 게다가 2020년까지 문화산업을 국민경제의 기반 산업으로 육성을 목표로, 그리고 더 나아가서는 문화강국 건설하고자 하는 국가적 전략과도 맞물려 있기 때문이다. 또한 서방 선진국들의 창조경제를 향한 다양한 실천들이 본보기가 되어 중국의 경제・사회・문화 전반에 이르는 창의적 전환의 계기를 마련하였다고 볼 수 있다. 오늘날 창의는 경제・사회・문화 등 전반 영역에 걸쳐 대두되고, 있고 각 영역에서 창의를 요구하고 있다. 하지만 창의에 관한 논의는 2004년 상하이에서 중국의 창의산업발전의 길을 모색하기 위한 〈중국 도시발전을 이끄는 창의경제创意经济领航中国城市发展〉 포럼을 발단으로 이미 탐구가 시작되었고, 베이징 등 도시의 실천으로 한층 활기를 띠었다. 지금은 전국의 많은 도시들에서 관련 논의와 실천이 진행 중이다.

최근 들어 문화 영역에서 창의적 전환에 관한 논의는 일반 학계를 넘어 국가 차원의 담론으로까지 승격하였다. 특히 2011년 3월에 제정된 〈중화인민공화국 국민경제와 사회발전 제12차 5개년계획中华人民共和国国民经济和社会发展第十二个五年规划纲要〉(이하 〈12차 5개년 계획〉으로 약칭)과 그해 10월에 제정된 〈중공중앙 문화체제개혁 심화와 사회주의 문화 대발전 대 번영을 추진할 데 관한 중대한 결정中共中央关于深化文化体制改革, 推动社会主义文化大发展大繁荣若干重大问题的决定〉(이하 '결정'으로 약칭)에서 중점적으로 언급되었다. 그중 〈12차 5개년 계획〉에서는 문화산업을 국민경제의 기반산업으로 육성하기 위해, 문화산업의 전환과 업그레이드, 문화・

과학의 창의성을 추진하고, 문화산업의 기술 표준을 제정하며 신흥문화산업을 육성할 데 관한 문화의 창의적 전환의 가이드라인을 제시하고 있다. 이로써 중국 내의 창의적 문화상품들이 글로벌 문화시장에서 경쟁은 물론 중국 문화의 경쟁력과 영향력을 향상하여 국가의 소프트파워를 향상시키려는 목표를 제정하였다. 그 후 발표된 〈결정〉에서는 〈12차 5개년 계획〉에서 제정한 창의적 문화전환에 관한 내용들을 세분화하여 문화콘텐츠의 창의성 제고, 문화기술의 창의성 추진, 전반 문화체제의 개혁과 혁신 등 내용을 중심으로 창의적 문화전환을 이루어 문화강국의 건설을 종국적인 목표로 제정하고 있다. 이렇듯 문화전환은 향후 상당한 기간 국가적 차원에서는 물론 사회 전반에서 이루어져야 할 중요한 부분이며 수많은 논의와 실천을 통해 이루어야 할 국가적인 과제이다.

•••

제2절 전환기 도시공간의 변화

1. 전환기 도시전환

도시는 인류문명의 성숙을 상징하고 지속적으로 인류문명을 발전시키는 동시에 인류가 만들어낸 가장 훌륭한 창조물 중의 하나이다. 인류는 오랜 역사를 거치면서 도시의 거듭된 발전을 이어 왔고, 오늘과 같은 창조의 시대이자 도시의 시대를 맞이하게 되었다. 도시의 흥망과 성쇠는 국가의 존립과 직결되어 있고, 도시의 중요성이 날로 증대되고 있다. 또한 인간의 거의 모든 생활, 소통, 혁신, 창조는 도시라는 거대한 공간을 통해서 이루어지고 있다.

1978년 개혁개방을 시작으로 지난 30년간 평균 약 10%의 고도성장을 거듭하면서 중국의 도시는 큰 변화를 맞이하게 되었다. 또한 계획경제체제로부터 시장경제체제의 제1차 전환을 성공적으로 마무리하면서 수출과 투자 주도의 성장 방식을 통해 '세계의 공장'으로 발전하였고, 성장 중심의 경제발전으로 2010년에는 제2의 경제대국으로 부상하였다. 2012년 1분기에는 2009년 이후 처음으로 7.6%의 경제 성장을 이룩하였지만, 그럼에도 불구하고 앞으로도 약 10년간 중국 내 소비시장의 증대와 2030년 도시화율 65%의 달성까지는 매년 상대적으로 높은 수준의 경제성장이 이루어질 것으로 전망된다. 반면 과거의 저가 노동력, 자원의 과소비를 대가로 하는 전통적인 발전 방식으로 이룩한 성과는 환경, 에너지, 산업경쟁력 등 여러 면에서 부정적인 작용을 불러일으켰다. 특히 2008년 글로벌 금융위기를 겪으면서 외부 경제환경의 악화로 수출주도의 경제가 더 이상 지속될 수 없게 되었다. 대내외 경제 환경의 변화로 기존 '세계 공장'의 발전단계에서 '중국 창조'의 발전단계에로의 상승이 불가피해지게 되었다. 또한 최근 도시 근로자 최저임금 외에도 근로자 인건비용이 매년 상승하면서 도시의 경제 환경이 빠른 변화를 겪고 있다. 이러한 대내외적 요인의 종합적인 작용으로 도시의 발전은 더 이상 기존의 저가 노동력, 낮은 기술력 중심의 발전 방식을 취할 수 없게 되었다. 그리고 향후 10여 년간 상대적으로 높은 경제성장을 달성하려면 산업 업그레이드는 물론 도시 발전 방식 등의 주동적인 변화를 통한 도시 발전전략의 개변, 도시전환이 불가피하게 됨을 보여주고 있다. 궁극적으로는 도시전환을 통해 도시의 생명주기를 연장할 뿐만 아니라, 도시 경쟁력의 향상을 그 목표로 하고 있다는 것이 전환의 그 핵심이다. 2007년 기준 전국적으로 655개 도시에서 중국 국내 GDP의 70%와 총 세수의 80%를 담당하고 있다.[1] 때문에 도시의 순조로운 전환은 중국 경제와 사회의 전반적인 전환에 초석을 마련할 만큼 중요한 부분이다.

1 李彦军, ≪中国城市转型的理论构架与支撑体系≫, 中国建筑工业出版社, 2012.1, p.4

1990년대 말부터 학계를 중심으로 도시 전환과 관련하여 도시 전환의 방식, 전환 목표 등은 관련 분야에서 큰 연구 과제로 등장하였음에도 불구하고, 그 정의에 대해서는 아직도 시각차가 존재하고 있다. 앞부분에서 도시 전환의 정의에 대해서 잠깐 언급한 외에도 최근의 연구들을 좀 더 구체적으로 본다면, 웨이허우카이魏后凯의 경우 도시 전환을 보다 폭 넓게 다차원 적인 시각으로 보고 있다. 그의 관점에 의하면, 도시 전환은 도시의 각 영역, 각 방면에서 발생하는 큰 변화와 전환을 말한다. 이는 여러 분야, 여러 영역, 여러 차원 그리고 다각적이고 종합적인 전환을 말한다. 그는 도시 전환의 핵심은 산업의 전환을 꼽고 있고, 도시전환을 도시 발전의 전환, 도시 제도의 전환, 도시공간의 전환 3가지 유형으로 분류하고 있다.[2] 그 외에도 선칭지沈清基는 도시전환 개념을 우선 추상적인 차원에서 도시의 발전 방향, 발전 목표, 발전 전략, 발전 양식의 중대한 변화를 의미하고, 구체적인 차원에서 도시공간의 구조, 공간 형태의 전환을 뜻하고 있다. 제도적 차원에서는 도시의 관리와 도시 관리 제도의 전환을 뜻하는 것으로, 도시전환은 전 방위적·종합적인 것 외에도 어느 한 특정된 분야에서 일어 날수 있는 것임을 강조하고 있다.[3] 이와 같이 도시전환에 대한 위의 두 연구자의 정의는 아직까지 적지 않은 시각 차이를 보이고 있는 상황이다. 도시전환은 종합적인 내용임에 대해 인식을 같이 하면서도 후자의 경우 어느 한 특정된 분야에 한에서 전환이 발생할 수 있다고 주장하는 점도 주의 깊게 봐야할 부분이다. 특히 기존의 학자들이 제기한 전환의 개념에 비해 좀 더 구체적인 내용을 담고 있다는 점 외에도 도시공간에 대한 전환을 이룩하여야 한다는

2 魏后凯, 〈论中国城市转型战略〉, 城市与区域规划研究., 2011(第01期), p.11

3 沈清基, 〈论城市转型的三大主题-科学、文明与生态〉, 城市规划学刊, 2014(第一期), p.25

관점을 언급하고 있다. 이 역시 도시전환에 관한 보다 진전된 인식이라고 할 수 있다. 단 전자의 경우 연구 논문에서 공간의 전환을 경제적 공간, 사회적 공간, 생태적 공간에 한하고 있다는 점, 다양한 공간에 대해 주목하지 못했다는 점은 아쉽지만, 이와 같은 진전된 인식은 본 연구가 진행되게 되는 이론적 기반을 제공하는 계기가 되었다고 할 수 있다.

도시전환에 대해 관련 정의의 고찰은 물론 전환의 목표와 방향성 문제, 전환 방식의 문제 등도 함께 다루어야 할 중요한 부분일 뿐만 아니라 앞으로도 계속하여 연구를 진행할 부분이다. 지금까지 중국 내의 많은 학자들은 도시전환에 대해서는 공감을 하면서도 위에서 제기한 몇 가지 문제에 대해서는 서로 다른 내용을 제시하고 있다. 그 내용을 정리하면 다음과 같다.

〈표 2-1〉 중국 국내 학계의 도시전환에 관한 견해[4]

시간	대표 학자	도시전환 내용	비 고
1996	리궈핑李國平	내향성 도시 → 외향성 도시 → 국제 도시	
2003	랜위밍连玉明	1. 시장 경쟁으로부터 전략 경쟁으로 전환 2. 인재 경쟁으로부터 도시 표준양식 경쟁으로 전환 3. 자원 경쟁으로부터 지적자원 경쟁으로 전환 4. 권력 경쟁으로부터 규칙과 제도의 경쟁 5. 대항성 경쟁으로부터 협력형 경쟁으로 전환	도시 경쟁의 시각에서
2006	황언룽黄恩龙 등	1. 자원형 도시로부터 가공제조업 도시로 전환 2. 제조업 도시로부터 서비스형 도시로 전환 3. 직접 문화창의형 도시로 전환	산업구조의 전환 시각에서
2011	웨이허우카이 魏后凯	경제적 전환, 사회적 전환, 생태 전환	도시전환의 유형의 시각에서

4 李彦军, ≪中国城市转型的理论构架与支撑体系≫, 中国建筑工业出版社, 2012.1, pp.25-26, 51; 위의 魏后凯, 沈清基의 논문 참고

시간	대표 학자	도시전환 내용	비 고
2012	리앤쥔李彦军	1. 산업의 전환으로 경제전환 기반 구축 2. 중산층의 굴기로 사회 전환 기반 구축 3. 제도의 구축으로 경제, 사회 전환을 보장	도시전환의 지지체계의 시각에서
2014	선칭지沈清基	과학적 전환, 문명적 전환, 생태적 전환	도시전환의 주제의 시각에서

〈표 2-1〉에서처럼, 각 시기 별 도시전환의 구체적 내용에 대해서는 시각적인 차이가 있지만, 2000년대에 들어 그 내용면에서 도시의 여러 차원에서 좀 더 구체성을 띠고 있음을 볼 수 있다. 리앤쥔의 경우, 기존의 연구자들에 비해 도시전환의 좀 더 심층적인 지지체계에 대해서 언급했다는 점이 주목된다. 그의 도시전환 지지체계에 대한 주장은 〈그림 2-1〉과 같다. 도시전환을 경제와 사회의 차원으로만 고찰했다는 것과 이를 경제와 사회의 전환을 기반으로 지지체계를 구축하였다는 것이 큰 아쉬운 점이다. 앞에서 이미 언급하다시피 도시전환은 종합적인 것으로, 비단 경제와 사회적 내용만 포함되는 것이 아니라 그 배후에는 문화적인 요소가 포함되어야 한다. 최근에는 선칭지의 주장처럼 기존에 제기한 도시전환의 구체적인 형태보다 차별화되고 시대발전의 흐름에 맞게 도시전환의 기본적인 가치를 어느 정도 제시하였다는 것이 주목되지만, 반면 시대 흐름의 또 하나의 중요한 가치인 '창의'에 대한 언급이 없다는 것이 아쉬움을 남긴다.

이에 필자는 그가 주장하는 도시전환의 지지체계를 기반으로 문화전환을 포함시켜 도시전환을 경제·사회·문화의 전환 등 세 부분으로 보고 있다. 또한 도시의 문화전환을 이루고자 하는, 이미 문화전환을 이룬 도시의 경우에 한해서 해당 도시의 문화전환의 지지체계를 도시 구성 요소의 중요한 부분인 (창의적, 역사적)문화공간의 활성화로 보고 있다(〈그림 2-1〉 참조).

〈그림 2-1〉 도시전환의 지지체계

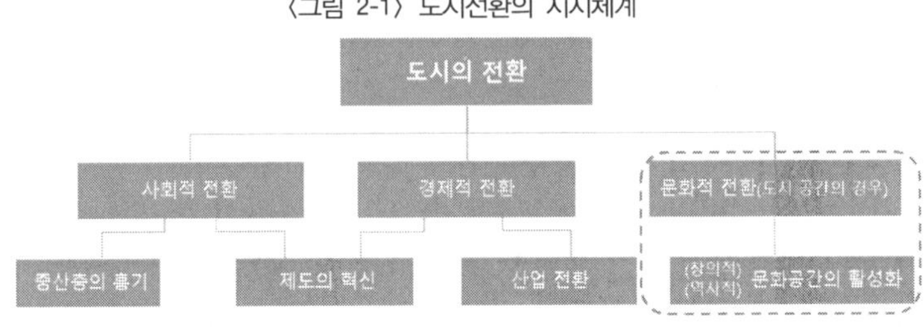

리앤쥔이 주장한 도시전환의 지지체계를 기반으로 문화전환을 포함시켜 재구성.

도시전환 과정에서 경제·사회·문화전환 중 문화전환의 유효성에 대해서는 이미 성공적으로 전환을 이룩한 해외 사례들을 통해서 검증할 수 있다. 그런 면에서 외국의 일부 사례를 볼 경우, 일부 선진국에서는 현재 중국에서 겪고 있는 도시전환을 일찍 1970년대에 이미 경험하였다. 영국, 독일 등 선진국에서는 1970년대 말을 기점으로 도시전환이 시작되었고, 영국의 경우 거의 같은 시기 전통적인 탄광산업도시였던 게이츠헤드Gateshead도 탄광산업이 사양산업으로 접어들면서 역사적, 문화적 요소가 넘치는 도시로 전환을 이루어 대 성공을 거두었다. 특히 1990년대 말에 들어서는 영국에서 처음으로 창조산업의 발전을 국가발전의 중요한 정책과제로 내세워 또 한 차례의 도시전환을 시작하였다. 2001년에 영국의 창조산업 비중이 GDP의 5%를 차지하여 그 어느 제조업보다 더 많은 비중을 차지한 것으로 나타났다.[5] 때문에 기타 국가에 비해 도시의 창의적 전환 사례에서 선도적인 위치를 차지하고 있어 영국의 사례가

5 叶南客, 李程骅, ≪中国城市发展转型与创新≫, 人民出版社, 2011.11, p.167

도시전환, 특히 문화전환의 대표적인 해외 사례라고 할 수 있다.

2. 전환기 도시의 공간

인간이 살고 있는 도시는 하나의 거대한 공간 자체이고, 그 공간에서 인간의 거의 모든 생활이 이루어진다. 그런 의미에서 도시공간은 우선 물리적이면서도 우주와 같은 물리적인 공간, 산악 등과 같은 자연적인 공간과 구별된다. 가장 기본적인 물리적 형태 외에도 경제적, 사회적, 문화적 기능을 갖고 있는 의미・상징체계로서의 '의미 공간'이다. 즉 도시공간은 사람이 어떤 목적으로 사용하거나 상징성을 부여하기 위해 만들어진 의미 공간이라는 점에서 도시의 모든 부분들은 장소적 개념을 가지고 있다.[6] 도시는 또 다른 측면에서 이런 다양한 형태와 기능 및 특성을 갖고 있는 공간들의 집합체로 볼 수 있다. 도시공간은 의미의 차원을 넘어 다양하게 파생될 수 있지만, 이는 현대적 차원에서의 관점이라고 하는 것이 더욱 바람직할 것이다. 그렇다고 모든 도시의 공간이 전부 그런 것은 아니다.

도시는 여러 차원에서 접근이 가능하다. 그중 한 가지는 도시는 하나의 생명체와도 같다는 생물학적 접근 방법이다. 도시가 그렇듯 도시의 공간 역시 생명체로서 자체의 생명주기를 갖고 있으며, 발생・발전・소멸되는 역사의 동반과 함께 한 시대의 정치・경제・사회적 생산양식을 따르기도 한다. 또한 도시는 하나의 과정이라는 것, 그리고 장소는 과정이지 유일한 단 하나의 변경 불가한 정체성을 가지고 있지 않는 다는

6 김철수, 『도시공간의 이해』, 기문당, 2001.3, p.18

것이다. 공간은 정태적인 현실을 나타내는 것이 아니라 여러 상이한 집단들의 상호작용, 경험, 이야기, 이미지와 표현을 통해서 적극적으로 생산되고 변화하는 현실을 나타낸다(Featherstoen, 1999).[7]

중국의 경우, 특히 1949년 신 중국 창건 이후 사회주의 계획경제체제를 도입하면서부터 생산, 자원분배, 소비 등 거의 모든 영역에서 국가의 계획적인 통제로 이루어졌으며, 도시도 이런 시스템에 편입될 수밖에 없었다. 계획경제체제하에서 경제영역에서 소비보다 계획적인 생산이 우선시 되었고, 도시의 공간 또한 생산과 주거 중심, 행정 기능 위주의 공간 등으로 구성되었다는 것이 대체적인 상황이다. 이 시기 도시공간(토지)의 사용, 계획 등은 계획경제 시스템에 맞게 실시되었다. 도시공간은 기능 중심이었으며, 단조로운 구조로 다양성의 부재는 물론 공간의 활력이 많이 결핍되었다.

1978년 개혁개방을 시작으로 도시공간의 전환을 위한 사전 준비단계가 시작되었다고 볼 수 있다. 중국의 도시공간은 두 가지의 큰 맥락에서 변화되어 왔다. 첫 번째는 1990년대에 시장경제체제의 도입과 중앙과 지방의 분권으로 도시공간이 새로운 활력을 얻게 되었다. 그때부터 도시 자본의 축적 형식은 변화를 가져왔다. 이런 변화는 도시를 확대재생산의 시스템에 편입시켰으며, 글로벌화가 확대됨에 따라 도시 공간은 도시전환을 이룩하는 진정한 힘으로 작용하게 되었다.[8] 이런 과정을 거치면서 도시는 부흥을 위한 기반을 마련하게 되었고, 도시공간은 자본의 확대재생산의 시스템에 편입됨과 동시에 다양한 표현 양식과 형태, 다목적 기능을 갖춘 도시공간으로 전환되었다. 이는 대체적으로는 차이의 공간space

7 Markus Schroer, 정인모 등 옮김, 『공간 장소 경계』, 에코리브르, 2010.6, p.284 재인용

8 李志刚, 顾朝林, ≪中国城市社会空间结构转型≫, 东南大学出版社, 2011.3, p.14

of differentiation, 소비공간space of consumption, 비 공식공간space of marginalization or informal space(종족이나 출생지를 기반으로 생겨난 집거지), 글로벌공간 space of globalization[9] 등으로, 전에 비해 세분화 된 양상을 보였다. 두 번째는 세계적인 보편적 현상으로 글로벌화와 정보통신기술의 발달로 시공간이 압축되었다는 것이다. 우선 글로벌화의 가속으로 공간의 변화는 경제적인 요인의 영향을 더욱 많이 받게 되었다. 예를 들면 도시 중심거리에서 외국계회사 소속의 백화점은 물론 글로벌 기업들이 모여 있는 경제개발지구 등이 한 곳으로 집중되는 현상을 많이 볼 수 있다. 그 외에도 가장 최근에는 또 스마트 시티 구축사업으로 기존 공간의 거리 극복은 물론 상대적으로 단일화되었던 도시공간이 첨단 정보・통신기술, 경제, 문화와 공간이 접목하여 융・복합의 스마트 공간 형태로 발전하여 도시의 지속가능 발전을 위한 또 하나의 새로운 도시공간모델로 등장하고 있다.

하지만 도시공간의 '활력'을 되찾는 위와 같은 변혁은 결코 긍정적인 효과만 있는 것은 아니다. 현 시점에서 가장 큰 문제점은 30년 넘게 개혁개방을 거치면서 도시는 점차 많은 자본을 축적하게 되었다. 동시에 이런 자본은 공간을 장악하는 수단으로 되어 자본의 논리에 따라 공간을 지배한다하게 되었다. 결국 공간 역시 하나의 상품으로 취급받게 되는 결과를 가져왔다. 게다가 2000년대에 들어서 현재까지 급속도로 진행되는 중국의 도시화로 도시의 급속한 팽창과 함께 자본의 중복투자와 무분별한 도시 개발사업 등의 원인으로 도시의 색깔과 매력 없는 국적 불분명의 도시가 되었다. 도시공간의 특색과 의미 및 상징성이 점차 사라지는

9 魏立华 等, 〈有关"社会主义转型国家"城市社会空间的研究述评〉, 人文地理, 2006(第4期), p.10

도시의 획일화, 동질화同质化 등 무장소성placelessness[10]의 결과로 번지게 되었다. 결과적으로 이는 도시 개성의 말살은 물론 도시 경쟁력과 활력이 떨어지고 '도시 정체성의 위기'를 초래하는 결과를 낳게 되는 것이다.

위와 같은 문제점의 분석에는 '도시공간이란 무엇인가'라는 인식이 필요하다. 공간에 대한 인식은 도시공간이 어떠한 맥락 속에서 생성, 발전, 전환, 소멸되어 왔는지에 대서도 고찰해 볼 수 있는 시각과 도구를 제공하고 있다. 과연 도시공간이란 무엇인가? 이는 도시의 특성 즉 종합적이고 복합적인, 사회적, 경제적이고 정치적인, 기술적이고, 생산적, 역사적인 것 등과 직결되어 있다. 도시공간의 객관적인 정의는 '돌, 나무, 강철, 시멘트, 유리, 등으로 만들어진 인간 주거가 가능한 토지의 물질적 흔적'으로 표현 할 수 있다.[11] 하지만 위의 정의는 자칫 도시공간은 정지된 것, 아무런 생명력이 없는 것처럼 인식될 우려가 있어 도시공간을 인식하기에는 어느 정도 한계가 있다. 도시 자체가 인간의 신성한 창조물이자 하나의 융・복합체인 것과 같이 도시를 이루는 공간에도 그런 특성을 갖고 있다. 도시공간의 보편적인 개념을 넘어 보다 전통적인 시각에서는 인간 정주 사회이론을 전개한 건축가이자 도시계획가인 독시아디스Doxiadis는 인간 정주공간에서 하나의 단위ekistics unit인 도시공간에는 동서고금을 막론하고 공통적인 구성요소로 '사람citizen・활동activity・토지land・시설facility의 네 가지 요소'로 분류하였다.[12] 위 네 가지 요소로 도

10 '무장소성이란 장소의 특징을 무심하게 지워버리는 것, 표준화 된 경관을 만들어 내는 것이다. 중요한 것은 무장소성은 일종의 태도이며, 이러한 태도가 점차 지배적 현상이 됨에 따라 깊이 있는 장소감을 가지거나 장소를 진정으로 창출하는 것은 점점 어려워지고 있다는 사실을 인식하는 것이다.' Edward Relph, 김덕현 등 옮김, 『장소와 장소상실』, 논형, 2005.4, p.179

11 김성도, 『도시 인간학』, 안그라픽스, 2014.5, p.114, 물론 위의 정의에 대해 저자도 한계를 인식.

시공간에 대한 인식을 어느 정도 증진시키지만, 도시공간 역시 다양성・복합성을 내재하고 있는 오브제라는 점에서 미루어 볼 때 위 구성 요소로는 역시 도시공간에 대한 인식의 부족을 낳을 수밖에 없다. 이에 김성도의 저서 『도시인간학』에서는 도시공간 인식을 위한 핵심 '은유 모델'[13]을 제시하여 그 동안 각각의 영역에서 도시공간에 대해 파편적으로 연구되었던 데에 비해 보다 다각적인 안목과 통찰할 수 있는 능력을 제공해준다. 이 모델은 그런 의미에서 도시공간에 대한 본질적인 인식에 좀 더 가까이 접근하고 있다(〈표 2-2〉 참조).

〈표 2-2〉 도시공간 인식을 위한 핵심 은유모델

모델	주요 내용
우주 모델	가장 유구한 역사를 지닌 모델로, 도시공간의 우주성, 종교성, 의례성에 비유하고 있다.
유기체 모델	한 도시가 하나의 유기체로 사유될 수 있다는 개념으로 18-19세기 생물학의 부상과 더불어 도래한 개념이다. 생명체와 마찬가지로 도시에도 지속적인 자기 조절과 평형 유지의 과정이 존재하며, 탄생, 성장, 완숙, 쇠락, 소멸의 생명주기가 존재할 뿐만 아니라 도시의 역사발전에는 적응과 도태 같은 진화론적 개념도 적용할 수 있다.
예술 작품 모델	도시는 무엇보다 인류가 성취한 탁월한 작품이기에 도시 연구에서도 도시 인공물을 예술 작품으로 표상하는 다양한 개념화가 빈번히 출현, 도시를 하나의 예술 작품으로 파악하려는 시도는 개별 도시의 심미성을 찬탄하면서 '예술 도시' 혹은 '도시 예술'이라고 간주한다.
기계 모델	무엇보다도 도시를 특정 기능을 수행하는 구성물로 간주하고, 핵심은 기능적 연결들이며 도시의 세부 구성 요소의 기능과 형태는 전체 도시의 합목적성과 더불어 존립 근거를 갖는다. 기계적 모델은 도시공간을 부분과 전체의 체계적으로 인식할 수 있게 해 주고, 아울러 부분과 전체의 기능을 설명해주는 유용한 관점이다. 도시를 기계 모델로 보는 시각은 엔지니어에 가깝다.

12 김철수, 『도시공간의 이해』, 기문당, 2001.3, p.43
13 김성도, 『도시인간학』, 안그라픽스, 2014.5, p.118-191

모델	주요 내용
텍스트 모델	이는 도시기호학과 공간기호학, 건축학, 문화인류학, 인문지리학 등에서 사용되는 모델로, 도시의 커뮤니케이션과 의미 작용을 비롯해 도시공간의 소통과 의미 생산에 사용되는 구체적인 방식을 이해하는 데 유용하다.
네트워크 모델	최첨단 정보 통신 네트워크가 설치된 21세기 현대 도시의 주요 양상을 성립한다. 도시는 시초부터 하나의 네트워크로 기능했기에 도시공간의 본질적 속성은 조직적 네트워크 차원에서만 이해될 수 있다. 네트워크인 현대 도시는 과거 도시가 미덕으로 간직했던 도시 기념비성의 상실과 전통적 도시 형태의 소멸이라는 우려를 낳는다.
복잡계 모델	도시의 복잡성은 무엇보다도 도시공간이 생성되는 역동적 방식으로부터 나타난다. 역동적이라는 것은 도시가 시간의 추이에 따라 변화한다는 것을 의미한다. 또한 이 변화는 특정한 외재적 동작 주체가 촉발하는 것이 아니며 단지 현재의 상태로부터 정확하게 예측되는 성질의 것도 아니다.
생태계 모델	생태계를 비롯해 도시를 하나의 시스템으로 보는 시각은 이미 1950년대부터 도시 계획 분야에 사용된 모델 중의 하나이다. 하나의 형식적 방법인 시스템 접근법은 무엇보다 본질적으로 구성 요소의 집합 또는 속성의 구조적 집합으로 정의 될 수 있는 하나의 시스템을 상정한다. 이어서 그것은 그 시스템의 내부에서 진행되는 전체적 작동 속에서 개별 구성 요소들이 담당하는 역할을 결정한다.

〈표 2-2〉에서 보다시피 물론 저자 자신도 위의 핵심 은유모델이 도시공간을 연구하면서 전부가 아님을, 앞으로 모델의 개진 필요성도 인식하고 있다. 또한 하나의 도시공간을 접근하면서 위 핵심 '은유모델'이 모두 적용 가능하다는 것은 무리가 따르지만, 몇 개의 모델을 적용하여 도시공간을 분석하는 데에는 좋은 연구 시각을 제공해 주고 있다.

본 절에서는 도시공간의 유기체 모델에 대해 좀 더 집중하여 고찰하고자 한다. 미국 MIT의 도시계획가인 캐빈・린치Kevin Lynch에 의하면 유기체 모델은 도시가 하나의 유기체로 사유 될 수 있다는 개념에서 18, 19세기에 생물학의 부상과 더불어 도래한 개념이다. 유기체 모델에 의

하면, 생명체와 마찬가지로 도시에도 지속적인 자기 조절과 평형 유지의 과정이 존재하며 탄생, 성장, 완숙, 쇠락, 소멸의 생명주기가 존재한다. 그뿐만 아니라 도시의 역사적 발전에는 적응과 도태 같은 진화론적 개념도 적용할 수 있다. 무엇보다도 육체적인 은유는 도시를 하나의 신축적이며 감성적이고, 외부 환경에 반응하는 생명적 실제로 포착한다는 것이 기본적인 내용이다.[14] 캐빈 린치는 〈도시의 이미지The Image of the City〉에서 도시는 그 자체가 하나의 생명을 가진 유기체이며, 도시에는 많은 것들이 집적되는데 천의 얼굴을 가진 도시라 해도 그 본질은 사실 인간과 인간의 활동, 그리고 토지와 시설물 및 점·선·면 등 몇 가지에 지나지 않는 구성요소로 압축할 수가 있다고 주장했다. 〈창조도시〉의 저자 찰스 랜드리Charles Landry 역시 도시를 하나의 유기체로 보고 있다. 이처럼 도시를 유기체로 보는 관점은 유기체이론이 생태학의 하위 이론으로, 도시와 결합되면서 신도시의 건설 또 최근에 각종 생태도시 건설 등에 보편적으로 사용되고 있을 정도로 사람들한테 많이 익숙해진 모델이라고 할 수 있다.

19세기 중반 미국의 헨리 데이비드 소로Henry David Thoreau를 시작으로 발전하게 된 생태학은 오늘날 생명 개체나 집단의 환경 적응 과정을 다루고 있고, 생태계가 자연의 질서를 따르는 것과 모든 생명체는 영역 확장과 수명을 연장하려는 것을 기본 원리로 하고 있다. 생명체의 생존 욕구는 생태학의 기본적 공리로, 생존을 위한 활동이 생태계 변동에 근본적 요인이 된다고 지적하고 있다.[15] 이런 생태학은 또 세분화되어 인간생태학, 도시생태학, 문화생태학 등 인류학, 사회과학 등과 접목되고

14 김성도, 『도시인간학』, 안그라픽스, 2014.5, p.133-143
15 아모스 H. 홀리, 홍동식 등 옮김, 『인간생태학』, 일지사, 1995,12. p.13

있다. 미국의 사회학자 홀리Amos H. Hawley는 이와 같은 일반 생태학의 기본 원리들을 각 분과 학문 자체의 특성에 맞게 일반 생태학의 기본 원리들을 재구성하여 적용하여야 한다고 주장하고 있다. 그의 주장대로라면, 도시생태학 중 공간은 경제적 · 사회적 · 정치적 등 질서를 받아들이고, 공간의 수명연장은 물론 공간의 생존 욕구와 생존을 위한 활동 즉 공간의 실천이 공간 변동의 근본적인 요인이라는 추론을 얻을 수 있다. 그중의 한 예로 도시공간구조의 경우, 도시생태이론에 따르면 도시공간구조는 일련의 반복된 계승과정을 통해 절정 상태climax condition에 도달함으로써 결정된다는 것이다. 이러한 절정 상태는 도시 내의 모든 요소들이 적절한 균형을 이룬 가운데 안정되고, 스스로 지속력을 지니게 됨으로써 성취된다. 생태학에서 도시의 공간조직에 대한 해석은 과정의 측면이 더욱 중요시된다.[16] 이와 유사한 맥락에서 르페브르는 공간의 복잡한 상황을 설명하면서 사회적 공간은 공간과 인간의 지속성 즉 인간의 번식과 사회적 관계 면에서 공간의 결정적인 역할을 특화시켜 연구할 필요성을 언급하였다. 이런 기본적인 원리와 인식을 도시생태학과 인간생태학의 관점에서 볼 경우 재구성이 가능한 것이며 도시공간 역시 인간처럼 활동(실천)의 과정을 통해 자체의 가치 실현에 도달 할 수 있다고 본다.

생태학적 관점에서 공간이 가치 실현의 단계(과정)에 도달하기 위해서는 인본주의 심리학자 매슬로우Abraham Harold Maslow의 '인간 기본욕구 5단계'[17] 모델이 시사하는 바가 크다. 인간 기본욕구 5단계 모델을 도시

16 황희연 등, 『도시 생태학과 도시공간구조』, 진성각, 2002.2, p.71

17 Abraham Harold Maslow, 오혜경 옮김, 『동기와 성격 지음』, 21세기 북스, 2009.4, p.84-96. 일부 선진국 도시의 경우 도시에서 생긴 잉여의 창출로 보다 '높은' 욕구 단계로, 매슬로우

생태학 차원에서 도시공간에 적용해 볼 경우 다음과 같다(〈그림 2-2〉 참조).

〈그림 2-2〉 인간 기본욕구 5단계 모델의 도시공간 적용

인간 욕구 5단계 모델		도시공간의 적용
자아실현의 욕구 (Self-actualization Needs)	자신의 본성에 진실해져야 하는 것	공간 자신의 본성에 진실해져야 하는 것
자기존중 욕구 (Self-esteem Needs)	자신에 대해서 안정적이고 호의적인 평가를 받고 싶은 욕구나 자기 존중 또는 자부심을 유지하고 싶은 욕구	해당 공간에 대한 사회의 평가
소속과 사랑에 대한 욕구 (Need for Belonging and Love)	어떤 집단·가족 내에서 자신의 자리를 간절히 원하는 것, 애정을 주고 받는 것	사회에서 공간의 분류(생산공간, 문화공간 등)
안전 욕구 (Safety Needs)	안전·안정·의존·보호의 욕구 두려움과 불안, 혼돈으로부터 해방되려는 욕구	해당 공간에 관한 보안 및 관련 정책 등의 지원
생리적 욕구 (Physiological Needs)	가장 기본적인 생리적 욕구, 예 衣食住, 성욕 등	공간 구축을 위한 가장 기본적인 인프라 및 시설

〈그림 2-2〉에서처럼 생태학적 관점에서 도시의 공간 역시 인간처럼 각 단계의 욕구가 있음을 도출해 낼 수 있다. 특히 욕구 단계 모델의 상층부로 올라갈수록 욕구의 충족은 외면적인 요소보다는 내면적인 요소가 더욱 크게 작용함을 볼 수 있다. 도시공간의 경우 '자기 존중'에 해당하는 사회적 평가를 볼 때 이는 공간을 이용하는 방문객 혹은 사회 언론 등 외부적으로부터 오는 평가라고 할 수 있겠다. '자아실현'에 해당하는 공간자체의 본성에 진실해야 함은 이미 지정된 공간의 양상에 맞게 자체의 특성 즉 본질에 충실해져야 함을 뜻한다. 때문에 이는 해당 도시공간이 추구하는 궁극적인 목표라고 하겠다.

이런 시각에서 현재 중국의 도시공간을 바라본다면, 2014년 중국의

욕구의 5단계 보다 더 높은 단계로 올라갈 수 있다. 따라서 해당 도시의 공간 역시 그들의 욕구에 맞게 매슬로우 욕구의 5단계보다 더 높은 단계의 가치를 실현 할 수도 있다. 하지만 중국 도시공간의 경우 매슬로우 욕구의 5단계가 적정하다고 본다.

도시화율은 53%에 이르렀고 이미 본격적인 도시의 시대에 진입하였다. 도시의 중요성이 날로 증대됨에 따라 도시의 순조로운 전환이 사회·경제전환의 관건적인 포인트로 작용하게 되었고, 도시의 성공적인 전환은 향후 국가의 지속적인 발전의 원동력으로 작용하게 되었다. 게다가 전환기가 장기화됨에 따라 전환에 관련한 많은 경제·사회·문화 관련 연구는 자연스럽게 도시문제에 더욱 집중되고 있다. 이런 상황으로 볼 때, 최근 일부 학자들이 주장한 것처럼 현재 도시 경제전환의 핵심 문제는 산업 공간 분포의 최적화로 도시에서 현대적인 서비스업 중심의 공간 배치 문제라고 할 수 있다.[18] 무엇보다도 중요한 것은 도시공간은 도시 전환 과정에 맞게 여러 형태로의 전환이 필수적이 되었고, 공간에 관련된 여러 문제들이 새롭게 대두됨과 함께 '생산도시'로부터 '소비도시'로의 점진적 이향으로 공간의 중요성이 그 어느 시기에 비해 증폭되었다는 점이다. 여태껏 마르크스의 관점에 따라 생산요소로 인식되고 작용하였던 공간(토지), 계획경제 체제하에서 계획된 공간이 점차 공간 자체 전환의 계기를 맞게 되었다. 이런 가운데 도시의 역사적 발전 속에서 잊혀왔던 옛 공간들 혹은 단순 주거용으로만 사용되었던 공간들이 현재에 와서 새로운 활력을 얻게 되었다.

그 외에도 전통 제조업의 위축과 도시에서 퇴출한 공업유산은 '창조도시'의 기능적 전환에 발전 공간을 제공해 주고 있다.[19] 이런 전환은 최근 들어 더욱 두드러지게 나타나고 있다. 선진국의 도시전환 동향에 반해 중국의 경우는 2000년대 들어서, 특히 2008년 글로벌 금융위기를 중요한 계기로 최근 몇 년 사이 도시공간의 여러 형태 전환 중에서도 도시의

18 叶南客, 李程骅, ≪中国城市发展转型与创新≫, 人民出版社, 2011.11, p.115

19 郭梅君, ≪创意转型≫, 中国经济出版社, 2011.11, p.15

창의적 전환에 관한 본격적인 도시계획을 수립하여 도시 성장과 발전과정에서 문제점을 해결하고 도시 생명주기를 연장하고자 한다. 이와 같은 도시 발전 취지에 맞게 일부 도시들에서도 여러 형식의 도시전환을 시도하여 도시공간을 재구성하고 있다. 그 중의 한 형식으로 문화산업단지의 구축 및 관련 정책 등의 제정이다. 예를 들면 베이징의 798 예술지구, 상하이 탠즈팡田子坊 문화산업단지, 칭다오 '창의 100' 문화산업단지, 항저우의 'LOFT 49' 창의산업단지, 청두 동교기억 문화산업단지 등이다. 이처럼 이상의 각 도시들에서는 이미 문화창의산업을 위한 실질적인 진행단계에 이르렀다. 특히 베이징의 798 예술지구의 경우 중국에서 가장 먼저 성공적으로 실행된 창의예술공간으로, 중국 내는 물론 해외에서도 벤치마킹의 대상이 되고 있다. 기존의 도시공간이 단지 주거・생산만의 기능을 하는 것을 넘어 문화와 창의적 요소가 결합되어 공간 자아 가치를 실현할 수 있는 문화소비 공간, 문화창의공간으로 탈바꿈 하고 있다는 것이다.

도시공간은 기본적으로 생물적 존재로서 생존을 위한 생리적 욕구 충족 및 생활환경의 질이 요구되지만, 궁극적으로는 문화적 존재로서의 자아실현 욕구 충족을 보장하는 생활환경의 질, 즉 의미 있는 문화 환경이 요구되는 것이다.[20] 지금까지 설명해 온 도시공간의 전환은 유기체로서의 도시공간이 궁극적으로 자아가치 실현을 위한 시대적 전환의 과정이라고 할 수 있으며 이 과정은 앞으로도 지속적으로 진행 될 것이다. 그런 과정을 위해서는 도시 (문화)공간을 전유专有하고 있는 인간의 다양한 실천이 필요하다.

20 김철수, 『도시공간의 이해』, 기문당, 2001.3, p.170

3. 전환기 문화공간으로의 전환

도시문화공간은 도시공간의 중요한 구성 부분이다. 전통적인 이해대로라면 한 민족이나 국가의 역사적 전통 혹은 문화가치관이 깃들어 있는 공간을 문화공간(혹은 문화장소)[21]이라고 인식하는 경우가 보편적이다. 현재 중국 내 학계에서 문화공간에 대한 통일된 정의가 없지만, 최근 들어 관련 연구가 비교적 활발하게 진행되고 있다. 문화공간에 대한 정의는 대체적으로 광의적, 협의적인 정의[22]로 구분하여 접근하고 있다.

1) 문화공간의 협의적 정의

문화공간의 협의적 정의는 유네스코 무형문화유산의 한 형태인 '문화공간'에 바탕을 두고 있다. 1997년 제29차 유네스코총회에서 산업화와 글로벌화 과정에서 급격히 소멸되고 있는 인류 무형문화유산을 보호하고자 하는 취지에서 '인류 구전 및 무형유산 걸작 제도'가 채택되었다. 그 후 2003년 제33차 유네스코총회에서 채택된 '무형문화유산 보호협약 Convention for the Safeguarding of the Intangible Cultual Heritage'[23]에서 무형문화유산

21 현재 중국에서 보편적 의미로서의 문화장소란 미술관, 도서관, 극장, 영화관, 오페라하우스 등 문화 관련 시설을 말하며 문화장소라는 개념을 오래전부터 사용하고 있다. 문화장소는 대중의 기본적인 문화적 수요를 만족시키기 위해 정부에서 공익성 차원에서 개방한 장소로 박물관, 미술관, 도서관, 문화관 등; 개인이나 기업의 영리적 차원에서 개방된 극장, 영화관, 오페라하우스 등 문화관련 시설 등이 대표적이다. 이는 이 논문에서 제시하고자 하는 문화공간과는 완전히 차별되는 공간이라고 하겠다.

22 王鑫, 〈工业遗产与城市文化空间构建研究〉, 中国名城, 2014.02; 郑春霞, 〈广义文化空间视角下非物质文化遗产保护研究〉, 昆明理工大学学报(社会科学版), 第12卷(第6期), 2012.12

23 무형문화유산 보호 협약 Convention for the Safeguarding of the Intangible Cultual Heritage, 2003년. '무형문화유산'이라 함은 공동체·집단과 때로는 개인이 자신의 문화유산의 일부로 보는 관습·표상·표현·지식·기능 및 이와 관련한 도구·물품·공예품 및 문화 공간을 말한다.

의 정의가 새롭게 제정되면서 무형문화유산의 우선적인 보호・전승 차원에서 문화공간cultural space이 등장하게 되었다. 그중 중요한 것은 문화공간은 관습, 표상, 표현, 지식, 기능 등과 함께 무형문화유산의 한 구성 부분으로 포함되었다는 것이다.

그 뒤를 이어 2003년에 발표된 '인류구전 및 무형유산 걸작Masterpieces of Masterpieces of the Oral and Intangible Heritage of Humanity'[24]에서 구전과 무형문화유산의 종류에 대한 분류에서 무형문화유산을 두 가지로 분류하면서 문화공간에 대한 정의는 물론 엄격한 선정표준까지 제정되었다.

무형문화유산의 종류는 다음과 같다.

(1) 대중적이거나 전통적인 문화 표현 형태이다.
(2) 문화 공간으로, 민간 혹은 전통의 문화적인 행사가 집중된 장소이다.

그리고 무형문화유산의 선정에 대해서는 여섯 가지의 기준을 제시하였다.

(1) 인간 창조의 걸작으로 독보적인 가치를 소유하고 있다.
(2) 지역 사회의 문화적 전통이나 문화 역사에 뿌리를 둔다.
(3) 해당 지역 사회의 문화정체성 확립의 긍정적인 수단으로 역할 한다.
(4) 무형문화유산 관련 기능 개발과 기술적 수준을 제고해야 한다.
(5) 현대적 문화전통에 유일한 증언으로서의 가치가 있어야 한다.
(6) 보호적 수단의 결핍, 가속되는 변화과정과 도시화의 추세로 또는 새

24 인류구전 및 무형유산 걸작Masterpieces of Masterpieces of the Oral and Intangible Heritage of Humanity, 2003

로운 환경과 문화의 영향으로 소멸의 위기에 직면한 무형문화유산을 일컫는다.

총체적으로 유네스코에서 제정한 문화공간에 대한 정의에 따르면 문화공간 자체도 무형문화유산이다. 그 외 문화공간 선정 기준에 대한 해석은 우선적으로 인류 무형문화유산을 기반으로 정의한 것임과 동시에 무형문화유산의 종합적, 장기적, 생태적 보존과 전승의 핵심 가치관을 우선시하고 있음을 알 수 있다.

중국 정부에서도 무형문화유산에 대한 보호가 강화됨에 따라 2005년에는 중국 내의 문화실태와 다양성을 기반으로 하는 〈국가급 무형문화유산 대표작 신청 및 임시 시행 평가방법国家级非物质文化遗产代表作申报评定暂行办法〉[25](이하 〈평가방법〉으로 약칭)을 제정하였다. 위 〈평가방법〉에서는 문화공간에 대한 유네스코의 정의 수용을 기반으로 한 것 외에도 〈평가방법〉의 제3조에서는 '정기적으로 전통문화행사 혹은 전통문화의 표현 양식을 집중적으로 보여 줄 수 있는 장소로, 공간성과 시간성 모두를 갖고 있어야 한다.'라는 내용을 추가하여 문화공간에 대해 재 정의하고 있다.

단 유네스코와 중국 정부에서 정의한 문화공간은 대부분 마을, 촌락 등 도시공간 외의 공간을 배경으로 한다는 점에서 본 논문에서 다룰 도시문화공간과는 일정한 거리를 두고 있다.

25 ≪国务院办公厅关于加强我国非物质文化遗产保护工作的意见≫, 国务院办公厅, 2005

2) 문화공간의 광의적 정의와 전환

문화공간의 광의적 정의는 유네스코의 무형문화유산 보호와 전승을 위한 문화공간과 달리 도시문화공간에 주목한다. 현재 중국 내 문화공간 관련 연구는 문화의 다양성, 복합성 외에 최근에 대두되는 창의성과 문화생산, 문화소비 등 인식으로부터 출발하여 접근하고 있지만, 연구자마다 인식의 시각차를 보이고 있다.

대표적인 정의로는 다음과 같다.

(1) 문화공간은 활동적이어야 하고 생명력이 있어야 한다. 문화공간에 대한 전승과 발전 그리고 재창조가 계속되어야 한다.(郑春霞, 2012)

(2) 일정한 물질공간의 범위 내에서 사람들의 보편적인 공통된 의식을 갖고, 문화의 생산과 소비가 함께 이루어지는 동시에 도시의 문화적 특성을 보여주어야 한다.[26] (姜建蓉, 2012)

(3) 사람들이 감지, 체험할 수 있고 그리고 다양하고 부단히 변화하는 도시문화적 요소를 담고 있는 여러 장소들을 말한다. 이런 장소들에는 무형과 유형의 문화적 분위기와 정서가 녹아 있다.(王鑫, 2014)

도시의 한 부분인 도시문화공간은 도시와 유기적으로 결합되어 있고 호흡을 함께 하고 있다. 때문에 위와 같은 도시문화공간에 대한 정의의 보완으로, 본 논문에서는 도시문화공간을 도시의 문화와 역사성·정체성이 담긴, 지속적인 문화생산, 소비가 가능하고 시대 흐름에 맞게 재창조 되는 문화적인 유기체의 장场으로 보고 있다.

26 姜建蓉, 〈城市文化空间：推进文化强市建设的新路径〉, 宁波日报, 2012.4.3

최근 사람들의 문화소비 지출과 문화체험 수요가 동시에 증가됨에 따라 많은 도시들에서 문화공간의 구축에 박차를 가하고 있다. 이는 사회・경제적 전환이라는 국가적 발전 상황, 그리고 구舊 도시지역 개발이라는 도시 발전 패턴의 변화와 함께 하고 있다. 실제로 많은 도시들에서 도시문화공간 구축을 위한 논의가 다양하게 진행되고 있고, 이미 성공적으로 운영한 사례들도 있다. 이런 도시문화공간은 도시문화의 역사성 보존・계승의 차원, 문화의 재창조 차원의 두 방향으로 구축이 진행되는데, 그중 구 도시구역의 역사・문화공간 혹은 문화창의공간으로의 전환이 가장 대표적이다. 이렇게 함으로써 도시브랜드 향상은 물론 도시 관광수입도 증가시킬 수 있는 등 여러 면에서 긍정적인 효과를 가져 오고 있다.

(1) 역사・문화공간으로의 전환 경우

우선 도시의 역사적 흔적과 기억으로만 남아있던 옛 건물, 거리, 장소 등의 공간은 도시화와 도시개발의 무차별적 진행 속에서 역사적 공간의 상징성 소멸에 대한 위기 인식과 보존・계승의 필요성을 바탕으로 하고 있다. 이 경우는 도시의 역사가 오래되거나 역사문화자원이 많은 도시들에서 진행하고 있는데, 고대 혹은 근대 만들어진 옛 공간을 재건하여 소비와 문화・역사 체험을 동시에 만족할 수 있는 다목적 용도의 공간으로 전환하는 것이 보편적이다. 그중 대표적인 것으로는 민관에서 공동으로 개발한 상하이의 신탠디新天地로서, 1920~1930년대의 도시 옛 공간을 바탕으로 음식 체험, 역사 체험 외에도 공연 등 다양한 체험거리가 갖춰져 '하이파이 문화海派文化; 혹은 상하의 문화'의 정수를 느끼게 할 수 있는 상하이의 대표적 역사・문화 공간으로 부상하였다.

다음으로는 기존의 역사적 공간을 이용하여 공간적 특성과 잘 부합되는 새로운 콘텐츠를 개발함으로써 기존 공간에 활력을 불어넣는 것이다. 이 경우 기존 공간의 역사, 설화 등을 바탕으로 예술가들과 함께 새로운 콘텐츠를 개발하여 특히 공연을 중심으로 공간의 자연풍경과 잘 조화시켜 이색적인 문화공간으로 재구성하는 것이다. 그중 가장 대표적인 것은 장이머우张艺谋 감독의 인상시리즈印象系列로서 항저우杭州 서호西湖에서 정기적으로 공연되는 대형 수상공연이다. 하나의 수상 공연으로 중국 국내외 관광객 유치 효과는 물론, 서호와 항저우의 역사문화 인식의 증대 그리고 도시 브랜드 가치 향상에 긍정적인 작용을 하고 있다.

(2) 문화창의산업단지(공간)로의 전환 경우

문화창의산업단지로 전환하는 경우 대체적으로 대 도시의 구 도시지역으로 전락된 옛 공업지구의 재 활성화에 해당된다. 기존의 공업지구는 신 중국 건설 이후 계획경제 시대 호황을 누렸지만 그 후 산업기술의 쾌속적인 발전으로 점차 쇠락되었다. 2000년대에 들어서면서 낙후된 공업지구가 도시 외곽으로 이전하는 과정에서 기존의 공장건물들을 그대로 유지하여 예술가들이 창의적으로 재활용하면서 문화창의산업공간으로 탈바꿈하였다. 특히 이런 경우는 유럽과 미국 등 일부 선진국의 경험을 바탕으로, 또 최근에는 중앙정부에서 추진하는 혁신형도시创新型都市의 건설과 보조를 맞춰 많은 도시들에서 진행 중이다.

지금까지 중국 내에서 맨 처음, 그리고 가장 오래된 문화창의산업공간으로는 베이징의 798 예술지구가 있다. 기존의 독일 바우하우스Bauhaus 스타일의 공장건물을 개조하여 현재에는 갤러리, 작품 전시실, 작가 작업실 및 디자인 회사들이 모여 있는 창의적인 공간으로 변신하였다.

구 도시지역의 이와 같은 전환에서 가장 중요한 점은 공간에 대한 인식의 변화가 기저에 깔려 있다는 것이다. 도시공간은 더 이상 사회와 경제 변혁의 매개로만 작용하는 것이 아니라 인적, 창의적, 사회 자본 등의 자유로운 순환을 제공하는 플랫폼으로 작용하고 있다.

한 도시에서 문화시설 기반의 장소가 많아질수록 도시민 그리고 관광객들의 문화접촉 기회가 많아지고, 문화적으로 풍요로운 삶을 살 수 있을 것이다. 하지만 다양성, 복합성 등 요소가 공존하는 도시에서 단지 문화장소가 많다고 하여도 도시의 매력, 도시의 문화소비, 정서적 풍요로움을 느끼기에는 분명히 한계가 존재한다. 때문에 해당 도시문화공간은 이러한 부족함을 보완하고, 또한 문화예술행위 나아가 창의적인 문화적·산업적 행위가 이루어짐으로써 공간의 가치를 실현 할 수 있는 역할을 담당하고 있다. 그 구체적인 사례가 바로 도시의 문화공간으로 통칭하는 역사·문화공간, 문화창의공간 등 특색과 매력이 있는 다양한 문화공간들이지만, 그보다 더 확장적인 사고로 도시 전체가 하나의 문화공간으로 될 수도 있다. 이런 의미에서 우선 한 도시에 진정 다양한 문화공간이 존재하여야만 도시의 역동성, 도시의 창의성, 도시의 매력 향상에 긍정적인 역할을 할 수 있다. 또한 다양한 문화공간의 존재와 그 질은 도시의 문화수준을 가늠하는 지표이기도 하다. 바로 이런 이유로 현재 중국의 많은 도시들에서 문화공간의 구축(생산)에 각별한 관심을 보이고 있는 것이다. 하지만 공간에 대한 현 단계 수준의 인식을 가져오기까지는 오랜 탐구와 실천이 진행되었다. 이에 다음절에서는 도시문화공간의 생산을 위한 공간인식의 변화 과정과 그 이론에 대해 살펴보고자 한다.

•••

제3절 이론적 배경
: '공간생산' 이론 중심으로

1. 서양에서 공간인식의 발전과정

시간과 공간은 인간 삶의 가장 기본적인 범주이자 인간이 지속적으로 탐구해야할 방대한 대상이다. 그중 공간에 대해서는 아직까지도 명쾌한 해답이 나오지 않았고, 인간 실천영역의 확장과 함께 공간도 확장 가능성을 보여주고 있다. 그만큼 공간은 복잡하고 난해한 분야임이 틀림없다. 서양의 경우 공간은 시간에 비해 오랜 세월 동안 부정적인 면이 강조되었고, 학문 영역에서도 변두리에 불과하였다. 반대로 시간은 개혁, 진보, 역동성 등과 관계를 맺고 있지만, 공간의 경우 정지·고정, 그리고 견고함 등과 관계를 맺고 있는 것이 그 예이다. 공간에 대한 인식의 '부정적'인 현상에 대한 푸코의 평가 대로라면 포스트모더니즘 진영에 있는 연구자들은 '공간은 죽은 것, 고정된 것, 비변증법적인 것, 움직일 수 없는 것'으로 취급되는 반면, '시간은 풍부하고 비옥하며 살아 있는 변증법적인 것으로 취급되는'[1] 경향을 보인다고 지적하고 있다. 이렇듯 공간은 시간에 비해 홀대를 받았지만, 시간은 대체로 공간 내 산재하는 요소들 간에 가능한 분포의 게임 가운데 하나로 나타날 따름이다[2]. 역사의 발전을 본다면 고대 국가들의 공간 정복을 비롯하여 콜럼버스Christopher Columbus의 신대륙의 발견 그리고 현대 과학기술의 발전과 함께 '제3의 공간' 영역의 확장 등 새로운 패러다임으로 역사의 발전에 기여를 하였다.

그동안 공간에 대한 연구는 다양한 영역에서 진행되었다. 예를 들면 철학 영역에서 공간이란 무엇인가, 지리학 영역에서는 자연계와 인간의 관계, 사회학 영역에서는 공간과 사회·권력·정치의 관계 등에 대해 연구를 진행하여 왔다. 그 외에도 물리학, 기하학 등 많은 영역에서 연구가 진행되어 왔다. 이 논문에서 우선 주목하는 것은 '공간이란 무엇인가'라는 공간에 대한 질문보다도 철학·사회학 영역에서 공간을 어떻게 바라보는가, 공간에 대한 인식의 변화는 어떠한가에 주목한다.

서양에서 공간에 대한 초기 탐구는 헤시오도스Hesiodos, BC 700년경에 활동한 그리스의 시인의 신화적 공간 카오스chaos에서 시작해서 창조신화를 빌어 공간을 설명한 플라톤Platon의 코라chōra, 그리고 현실세계의 차원에서 공간을 설명한 아리스토텔레스Aristoteles의 토포스topos 등을 들 수 있다. 특히 아리스토텔레스의 공간에 대한 인식은 중세에까지 영향을 미칠 정도로 공간 철학의 모티프로 확고한 지위를 차지하고 있었다.

아리스토텔레스는 『자연학』에서 운동을 연구하는 과제로 공간에 접근한다.[3] 그에게 있어서 공간은 실질적인 존재이고, 또한 자연물체의 움

1 David Harvey, 구동회 등 옮김, 『포스트 모더니티의 조건』, 한울, 2008.3, p.354, 재인용
2 Michel Foucault, 이상길 옮김, 『헤테로토피아』, 문학과지성사, 2014.5, p.44

직임을 공간의 특징으로 간주하고 있었다. 그러나 더욱 중요한 것은 아리스토텔레스한테 공간은 항상 사물과의 관계 속에서 존재하는 공간이다. 모든 사물은 공간 속에 존재하며, 사물이 없으면 공간 역시 존재하지 않는 것으로 인식되었다. 그가 말한 공간에는 두 종류가 있는데, 하나는 모든 물체가 그 안에 있는 '공통 장소topos koinos'이고, 또 하나는 물체가 그 안에 있는 첫 번째 것인 '특정 장소topos idios'이다.[4] 여기서 말하는 '공통 장소'란 모든 물체가 그 속에서 존재하는 것, '특정 장소'란 모든 물체가 점유하고 있는 것을 가리킨다(209a32). 또한 공간은 용기와 같은 것(209b30)이다. 가장 중요한 것은 사물은 용기 안에, 일반적으로 말한다면 공간 안에 있는 것이다(210a20). 좀 더 설명하자면 공간은 하나의 사물에 둘러싸인 것이며 그 사물의 한 부분이 아니다. 공간은 사물이 없어진 후에도 남아 있을 수 있기 때문에 분리가 가능한 것이다(211a5). 공간은 그릇이나 사물을 감싸고 있는 용기처럼 사물을 감싸고 있는 일종의 표면으로 생각된다. 더 나아가서 공간은 사물과 같은 장소에 동시에 있는 것이다. 왜냐하면 경계선은 경계 지워지는 것과 같은 장소에 동시적으로 있는 것이기 때문이다(212a25).[5] 이렇듯 아리스토텔레스의 공간철학은 '용기론'을 그 핵심으로 하고 있으며 '용기론'의 중심에는 공간과 사물과의 관계가 자리하고 있다. 이러한 관점은 현재까지도 그 영향을 미치지만 중세에 와서 아리스토텔레스의 자연철학은 당시 신학자들의 반발을 불러일으킨다. 전지전능한 신의 무한한 창조능력은 유한한 공간

3 Max Jammer, 이경직 옮김, 『공간개념』, 나남출판사, 2008년, p.57. 엄밀히 말하자면 『자연학』은 공간이론을 언급하지 않고 장소이론이나 공간 내 위치들의 이론에 대해 언급한다.

4 이상봉, 「서양 고대 철학에 있어서 공간」, 철학논총, 제58집 2009, p.290. 재인용

5 위 책, p.292

은 물론 무한한 공간을 창조할 수 있다는 당시 사람들의 인식과 모순이 된다. 이런 모순은 오히려 그 후의 철학자들에게 공간을 새롭게 바라보게 되는 계기를 제공한다. 14세기까지 아리스토텔레스의 개념과 플라톤의 개념은 약간만 변형된 모든 공간이론들의 원형이었지만, 이러한 개념은 주로 형이상학적 이유들에서 끊임없는 공격 대상이었다.[6]

드디어 공간 개념은 르네상스 철학이 사물과의 관계로부터 공간 개념을 독립시키면서 실재-우연성 이론과 비로소 완전히 결별했다. 사물의 본질과 실재에 대해 질문하는 대신 상호관계interrelation가 더 문제가 되었다.[7] 이탈리아 대표적인 철학자 조르다노 브루노Giordano Bruno(1548-1600)는 그의 공간철학에서 공간과 사물은 상호 독립적인 존재로 공간은 독립성을 확보하게 되었다. 그에 따르면 첫째, 모든 물체가 공간으로부터 멀리 떨어지게 되어도 공간은 여전히 머물러 있다. 따라서 공간은 독립적으로 존재한다는 것이다. 둘째, 공간은 실재도 우연도 아니고, 능동적이지도 수동적이지도 않으며 도처에 퍼지고 파고들며 모든 것을 포괄한다. 이로써 어떤 빈 곳도 허용하지 않는다는 데서 출발한다.[8] 이 시기에 와서야 비로소 공간은 사물과의 관계가 아닌 독립적인 존재로 받아들여지게 된다. 이런 인식은 그 후 상대공간의 방향으로 인식의 발전을 가져오게 된다.

아리스토텔레스를 시작으로 중세 그리고 르네상스시기를 거쳐 근대까지 공간에 대한 철학적 탐구 외에도 자연과학 영역에서 뉴턴의 절대적 공간, 아이슈타인의 상대적 공간에 이르기까지 두 영역에서 활발하

6 Max Jammer, 이경직 옮김, 『공간개념』, 나남출판사, 2008년, p.64
7 Markus Schroer, 정인모 등 옮김, 『공간 장소 경계』, 에코리브르 2010.6, p.37
8 위 책, p.37

게 이루어졌다. 이런 연구는 공간에 대한 사회학의 연구에 단초를 제공해 준다는 것이 마르쿠스 슈뢰르Markus Schroer의 주장이다. 사회학 영역에서 공간에 대해 탐구한 것은 얼마 되지 않은 19세기부터 시작되었다고 볼 수 있다. 그 중 에밀 뒤르켕Émile Durkheim(1858~1917), 짐멜Georg Simmel(1858~1918) 등이 대표적이다.

프랑스 사회학자 에밀 뒤르켕은 공간에 대한 탐구를 인식론적 차원과 사회학적 차원 두 방향으로 진행한다. 그중 사회학적 차원이 더욱 중요한 의의를 갖고 있는 것으로 보아 공간을 사회학의 범주에로 편입시켜 연구하였다. 그의 이론에 따르면 사회의 물질적 토대・지식・관념 같은 것은 사회적 영향으로 구성되었을 뿐만 아니라, 시간과 공간도 역시 사회적 영향으로 형성되었다. 그리고 공간의 질서가 사회적 질서의 재현이며 물리적 공간은 이미 항상 사회적 공간이다.[9] 예를 들면, 방위를 나타내는 동서남북도 서로 다른 사회적 집단에게는 서로 다른 양상으로 인식되며, 동일한 물리적 공간도 사회적 질서・관습・이념 같은 요소의 영향을 받아 또한 서로 다르게 인식된다는 것이다.

독일 출신의 사회학자 짐멜의 공간사상은 현대사회에도 부분적으로 적용이 가능하다. 짐멜은 공간에서의 인간행위 즉 공간과 인간의 관계 그리고 공간의 구분에 대해 주목하였다. 짐멜에 의하면 공간은 항상 이미 그곳에 있는 것이 아니라 사회적 작용으로 인해서 산출되었다는 점을 공간분석의 전제로 강조하고 있다. 또한 인간은 사회적으로 공간을 먼저 형성하고, 그 공간은 다시금 사회적으로 인간한테 영향을 미친다는 점을 언급하였다. 즉 그에 따르면 공간은 모든 사회적 사건을 제공하는 틀인

9 위 책, p.55, p.68

것이다. 인간 활동으로 인한 공간의 생산, 공간의 배치가 인간에게 주는 영향을 공간 성질과 공간 구성물이라는 두 부분으로 나누어 상응하게 공간을 분석하고 있다. 즉 배타성-국가, 해체가능-영역통치권, 고정화-집, 가까움과 거리-빈 공간, 움직임-초국가적 공간으로 공간성질과 공간 구성물 간에 대응 될 수 있다. 결론적으로 짐멜의 공간철학은 인간의 활동을 통한 공간을 강조하였다.[10] 이로써 짐멜에 와서 공간은 정식으로 인간의 활동과 관련된 사회학의 영역으로 진입하게 되었고, 그 후에 있게 될 공간 실천에 단초를 제공해 주는 요인이 되었다.

하지만 이와 같은 공간의 인식의 변화에도 불구하고 르페브르의 비평대로라면, 정신적 공간이든 추상적인 공간이든 그동안 '이론적 실천'이란 결국 전문화된 서구 지성의 자아 중심적 성찰이라는 좁은 범위에 머물러 있었다.[11] 이러한 기존 공간의 인식은 르페브르의 공간에 대한 인식의 전환을 가져오는 계기가 되었다.

2. '공간생산' 이론과 그 확장

사회적인 현실을 봤을 때 개인과 집단, 그리고 국가는 늘 시간이라는 문제보다는 공간이라는 문제에 더욱 많이 직면하게 된다. 작게는 젊은이들이 취업을 위해 여러 도시들을 전전하는 현상, 도시화의 진행과 도시의 확장으로 시골에 살던 사람들이 도시로 올라와 생존공간을 개척하고 일정한 공간을 점유하고 생존해 나가야 하는 문제를 예로 들 수 있다. 그리고 크게는 글로벌 기업들의 해외시장 개척・점령하기 위한 경쟁,

10 Markus Schroer, 정인모 등 옮김, 『공간 장소 경계』, 에코리브르, 2010.6, pp.72-74, 89-90
11 Henri Lefebvre, 양영란 옮김, 『공간의 생산』, 에코리브르, 2011.4, p.68

더 나아가 국가의 자국 영토·영해·영공 주권의 보호 등을 예로 들 수 있다. 즉 개인이건 기업이건 국가이건 크고 작은 공간문제와 대면하게 된다. 이와 같은 현상에 비추어 푸코는 오늘날 불안은 확실히 시간보다도 공간에 훨씬 더 근본적으로 관련되어 있고 현 시대는 공간의 시대라고 믿고 있다.[12]

실제로 개혁개방 30여 년이 지난 지금, 도시화가 지속적으로 빠르게 진행되는 현 시점에서 지방도시의 차원에서는 사회 전반적인 전환기에 맞게 도시공간을 재구성하는 것, 국가의 차원에서는 국토의 균형 발전이라는 국가적 장기전략 하에서, '공간'이 점차 현실적인 큰 문제로 부상하게 되었다.

사회적 현실에 대응하여 도시의 공간, 특히 도시문화공간의 재구성은 단지 담론적인 차원에서 머물지 말고 인간실천의 결과물로 실천을 통해 확대되고 재생산 되어야 한다. 이런 차원에서 앙리 르페브르Henri Lefebvre(1901~1991)와 데이비드 하비David Harvey(1935~)의 '공간생산' 이론은 위의 주장에 이론적 근거를 제공해 주고 있다.

1) 르페브르의 '공간생산' 이론

그동안 서양철학에서 '공간'은 '시간'에 비해 덜 주목 받아왔고 공간분석 또한 오랫동안 미미한 상태로 남아 있었다. 이는 최근까지 서구 마르크스주의 공간조직을 사회적 동학과 사회적 의식의 '그릇'이나 외적인 반영 또는 거울로 보았기 때문이라고 에드워드 소자Edwrad Soja는 지적하고 있다.[13] 사회학 영역에서 공간에 대한 관심을 보인 것도 19세기의

12 Michel Foucault, 이상길 옮김, 『헤테로토피아』, 문학과지성사, 2014.5, p.21, p.44

13 Edward Soja, 이무용 옮김, 『공간과 비판사회이론』, 시각과 언어, 1997.10, p.112

사건으로, 20세기 후반에 와서야 파편화 된 공간이론은 앙리 르페브르에 의하여 '전환'을 겪게 되었다. 기존의 사회학자들은 공간에 대한 분석과 담론 등을 중심으로 하는 인식과는 달리 르페브르는 당시의 프랑스 도시에서 진행되는 마구잡이식, 창의성 없이 '현대성' 이름으로 진행되는 도시건설 붐의 현실에 맞서 새로운 시각의 공간이론(즉 도시공간을 핵심으로 하는 사회적 공간 이론)을 제기한다. 그의 공간이론은 한 마디로 생산적이고 실천적이다. 그는 공간을 시간적인 것보다 우세하고 공간을 정치적이고 전략적이라고 주장하고 있다. 그리고 공간의 생산은 여느 상품에 견줄 수 있을 뿐만 아니라 공간과 자연은 사회모순을 분석하는 척도라는 점에 대해서도 주장하고 있다.[14]

르페브르에게 있어서 공간은 사회적 생산물이다. 마르크스시대는 물론 어쩌면 지금까지도 공간은 역시 공간 내의 많은 사물들처럼 생산 요소로 작용하고 있다. 그 결과 공간은 공간 내의 많은 사물들처럼 다양한 대상의 분류·나열에만 그쳐 결국 공간은 각자 영역에서 파편화 되고 공간의 물신성의 함정에 빠지게 되었다. 이런 현상에 맞서 그는 공간을 다음과 같이 인식하고 있다.

> (사회적)공간과 (사회적)시간을 다소 변형된 '자연'의 사물, '문화'의 단순한 현상이 아니라 생산물로 간주함으로써 이러한 혼돈으로부터 벗어나야 할 필요성이 대두된다. 이는 이 용어의 용도와 의미에도 변화를 가져온다. 공간의(그리고) 시간의 생산은 공간을 시간을 다른 것들과 다를 바 없는, 손이나 기계를 통해서 만들어지는 '대상'이나 사물이 아닌

14 Henri Lefebvre, 양영란 옮김, 『공간의 생산』, 에코리브르, 2011.4, p.15, 서문 중

'이차적 자연', 즉 사회가 '일차적 자연'이라고 할 때 자재나 에너지 같이 감각적인 자료에 가하는 행동의 결과로서 나타나는 '이차적 자연'의 주요 양상으로 간주한다. 아주 특별한 의미에서 생산물이다. 일반적으로 통상적인 의미에서의 '생산물', 다시 말해서 물체나 사물, 상품이 지니지 못한 총체성이라고 하는 특성을 지닌 생산물이라는 의미에서 특별하다.[15]

특히 여기에서 주목할 것은 그동안 공간의 파편화에 대해 반대한 르페브르가 주장하는 공간은 총체성을 지닌 사회적 형태로서의 공간이라는 점이다. 그중 총체성이란 생산을 전제로 하는 공간으로서의 개념은 정신적인 것과 문화적인 것, 사회적인 것, 역사적인 것을 연결하는 것이다. 이 과정에는 공간의 발견, 생산, 창조로 이어지는 매우 복잡한 과정을 재구성함으로써 연결된다. 이는 진화의 과정이며, 유전적(발생원인)인 과정이지만 여기에도 논리 즉 동시성의 일반적 형태가 따른다.[16]

공간의 복잡성·다양성·복합성 및 유기적인 특성은 르페브르에게 있어서도 마찬가지다. 공간의 복잡성에는 공간과 자본의 관계, 공간을 둘러싼 다양한 이념 등이 포함되어 있다. 다양성에는 역사적 공간, 현대적 공간, 정신적 공간 등이 포함되어 있다. 유기적인 특성이라면 공간 역시 생명체와 같이 공간 자체의 발생, 발전, 진화, 소멸의 과정이 있는 것이다. 어쩌면 공간 속에 이런 요소들이 상호간 혼재해 있을 수도 있다. 다양한 공간들을 모아 공간의 생성 방식을 하나의 이론으로(총체성)공간 자체의 생산 모델을 구현 해 내는 것이 그의 저서 『공간

15 위 책, pp.25-26
16 위 책, p.29

생산』에서의 궁극적인 목표라고 하겠다. 하지만 그도 역시 공간을 하나의 '용기'로 바라보는 시각은 '배제'할 수 없었다. 그가 주목한 '생산'은 공간의 내용물 즉 형태 속에 내재하는 사회적 생산에 주목하고 있다. 이를 위해 르페브르는 기존 철학의 이항대립 구조를 극복하고 '공간적 실천spatial practices', '공간 재현representations of space', '재현(적) 공간representational spaces'[17]의 (사회적)공간생산의 (삼중적)변증관계를 제시하고 있다(〈표 2-3〉 참조).[18]

〈표 2-3〉 (사회적) 공간생산의 변증관계

공간적 실천 (지각된 것)	생산과 재생산, 특화된 장소, 상대적인 응집력을 유지시켜주는데 필요한 사회적 훈련 각각이 필요로 하는 고유한 공간의 총체를 모두 아우른다. 이러한 응집력은, 사회적 공간과 주어진 사회의 구성원 각자가 공간과 맺는 관계에 있어서 확실한 능력과 이 능력을 실제로 사용하는 수행을 전제로 한다. 공간적 실천은 공간을 지배하며 또 전유하면서 느리지만 확실하게 공간을 생산한다.
공간 재현 (인지된 것)	인지된 공간, 즉 학자들이나 계획 수립자들, 도시계획가들, 공간을 '구획 짓고' '배열하는' 기술 관료들, 체험된 것과 지각된 것을 인지되는 것과 동일시함으로써 과학성을 추구하는 일부 예술가들의 공간을 의미한다. 이는 주어진 사회(생산양식)에서 지배적인 공간이다. 공간 재현은 생산관계, 그 관계가 부여하는 질서와 연결되어 있으며, 그렇기 때문에 기호, 코드, 정면적인 관계와도 연결된다.
재현 공간 (체험된 것)	공간에 따르기 마련인 이미지와 상징을 통해서 체험된 공간, 즉 '주민들' '사용자들' 그리고 몇몇 예술가들, 기술하는 자, 아니 단지 기술한다고 생각만하는 자들, 즉 작가들과 철학자들의 공간이다. 이 공간은 지배를 받는 공간, 즉 상상력이 변화시키고 자기 것으로 길들이려고 시도하는 공간이다. 이 공간은 대상들을 상징적으로 이용함으로써 물리적

17 중국에서의 '실천'의 개념은 마르크시즘의 인간 모든 생산 활동은 가장 기본적인 실천이라는 이론을 바탕으로 하고 있다. 실천의 범주에는 자연을 개조하여 사람들의 물질생활 수요를 만족할 수 있는 경제적 활동과 인간과 인간의 사회적 관계의 조화를 목적으로 하는 두 가지 형식으로 나눠진다. 후자의 경우 정치, 군사, 교육, 문화 등이 포함된다.

18 Henri Lefebvre, 양영란 옮김, 『공간의 생산』, 에코리브르, 2011.4, pp.59, 61, 80, 86-87

인 공간까지도 내포한다. 따라서 재현 공간들은 비언어적인 상징과 기호들의 다소 일관성 있는 체계화를 지향한다. 이것은 (코드화가 되었거나 되어 있지 않은) 복잡한 상징을 포함한다. 이때의 상징들이란 사회생활의 이면과 은밀하게 연결되어 있는 동시에 예술과도 연결되어 있다. 예술이란 잠재적으로 공간의 코드라기보다 재현 공간의 코드로 정의할 수 있다.

이상 르페브르가 제시한 (사회적)공간생산의 변증관계에 대해 좀 더 고찰해 볼 필요가 있다. 공간생산의 변증관계는 결코 고정된 것이 아니며 유동적이다. 때문에 그 이해가 한층 더 난해해 진다.

'공간의 실천'은 그 중에서 '실천'을 바라보는 시각에 따라 르페브르의 공간생산이론을 이해하기 어렵게 하고 혼란스럽게 한다. 이에 르페브르는 공간의 실천을 언급하면서 실천의 주체인 인간의 몸을 통해 지각하는 것을 말하고 있다. 공간의 실천에 앞서 공간은 인간에서 우선 먼저 인지, 체험된다. 우리가 생활하고 있는 공간은 우선적으로 모두 지각되는 공간으로, 공간의 특성에 따라 지각의 범위와 심도 등도 다양하다. 그런 의미에서 에드워드 렐프는 지각 공간은 즉자적인 필요와 실천이 중심이 되는 행동공간이라고 주장한다.[19] 예를 들면 인간이 눈을 통해서 보고, 두뇌를 통해 생각하고, 노동을 위한 몸짓, 그 외 몸과 관련된 모든 활동을 전제로 한다. 즉 지각을 전제로 하는 인간의 몸의 적극적인 실천을 기본으로 하고 있다. 다시 말해 공간의 실천은 사회적으로 코드화된 공간의 경험을 통해서 규범화된 실천을 말한다.[20]

'재현 공간'은 항상 상대적이며 늘 변화하는 과정에 있는 지식(인식과 이념의 혼합)의 개입을 배제할 수 없다. 재현 공간의 본질은 질적이고

19 Edward Relph, 김덕현 등 옮김, 『장소와 장소상실』, 논형, 2005.4, p.42

20 김남주, 「차이의 공간을 꿈꾸며: 공간의 생산과 실천」, 공간과 사회, 2000(제14호), pp.69-70

유동적이며 움직임을 부여 받는다고 르페브르는 주장한다. 또한 재현 공간은 한 민족의 역사와 그 민족을 구성하는 각 개인의 역사를 근원으로 하고 있다. 재현 공간은 상징적인 작품, 대부분의 경우 미학적인 방향을 결정하며, 한동안 일련의 표현이나 상상적인 차원에서 영향력을 행사하다가 일정한 시간이 지나면 고갈되어 버리는 유일무이한 상징적 작품만을 생산할 수 있을 뿐이다. 결과적으로 재현 공간은 그 공간이 처하고 있는 시대적, 이념적, 경제적 방면의 유기적인 작용을 받을 수밖에 없다는 것이다.

'공간 재현'은 공간생산에 특별한 영향을 줄 수 있는 요소이다. 공간 재현은 공간생산의 변증법 중 가장 복잡한 부분이다. 공간 재현은 어느 사회에서나 공간생산의 모든 국면을 지배한다.[21] 공간 재현은 공간생산의 변증법 중 가장 유동적이며 활발한 부분으로 도시문화공간으로 전환과정에서 중추적인 역할을 담당하고 있다. 한 공간이 사회의 수요, 발전 방향 등에 적응되지 않을 때 그 공간은 서슴없이 자체의 변화를 시도하고, 새롭고 다양한 방향을 모색한다. 하지만 그렇게 될 지라도 시간이 지나 고갈될 경우 상징적인 공간으로 전락되게 된다.

르페브르의 뒤를 이어 데이비드 하비는 르페브르의 '공간 생산'이론을 계승하고 있지만, 공간생산 변증관계에 대해 좀 더 정교하게 체계를 세운다. 특히 르페브르의 사회적 공간과 기타 요소들과의 관계에 대한 인식을 진일보로 발전시킨다. 르페브르는 사회적 공간과 기타 요소들의 관계에 대해 다음과 같이 인식하고 있다.[22]

21 위 논문, p.71

22 Henri Lefebvre, 양영란 옮김, 『공간의 생산』, 에코리브르, 2011.4, p.140

> 사회적 공간은 자연이나 과거의 역사로서 적절하게 설명될 수 없다. 집단들의 행위, 지식, 이데올로기, 재현 영역 안에 존재하는 요인들이라는 매개물을 고려해야 한다. 사회적 공간은 자연적이고 사회적인 다양한 사물objects들을 담고 있다. 이러한 사물들은 단순한 물건이 아니라 관계를 포함한다. 사물로서 그것들을 독특성peculiarity과 윤곽contour, 형태를 가진다. 사회적 노동은 그것들의 물질성, 자연적 상태에 영향을 주지 않으면서 시공간적 지형configuration 속에서 그것들의 위치를 재조정함으로써 그것들을 변형시킨다.

르페브르의 '공간생산' 이론의 특징이라면, 어떤 체계를 구성하거나 구조를 염두에 두고 자신의 이론을 전개하지 않았다. 그는 상황적인 것을 더 중요시 하면서 항상 현실을 인식하고, 사유하고, 그것을 변화시키는데 도움을 주는 현행적인 것에 관심을 두었다.[23] 르페브르는 시종일관 총체적인 공간에 대해 주의를 기울이면서 공간의 파편화를 경계하였다. 그의 공간은 거시적인 것이며, 인간이념을 바탕으로 한 공간의 총체적인 실천을 염두에 두었다. 때문에 이와 반면에 그의 이론대로라면 미시적이고 실질적인 비평, 공간 구축 등 영역에까지는 영향을 미치지는 못하였다. 그럼에도 불구하고 공간에 대한 전반적인 인식의 변화를 가져오기에는 충분한 것이었다.

23 류지석, 『공간의 사유와 공간이론의 사회적 전유』, 소명출판사, 2013.4, p.154

2) 하비의 '공간실천'론

르페브르의 뒤를 이어 하비는 르페브르의 '공간생산' 이론을 대체적으로 수용하고 있지만 그의 공간생산의 변증관계의 모호함을 진일보 보완한다. 하비는 『도시의 정치경제학The urban experience』(1989) 『포스트모더니티의 조건The condition of postmodernity』(1989) 두 저서에서 '공간생산' 이론보다 구체성을 띤 '공간실천'의 네 가지 측면을 제시하였다. 이는 하비의 공간 특성에 관한 인식을 배경으로 하고 있다. 그는 공간 정복은 먼저 그것이 사용 가능하며 가소성이 있으며, 인간행동을 통한 지배가 가능하다고 인식될 수 있어야 함을 요구한다.[24] 즉 공간 점유(상대적 혹은 절대적)의 주체마다 자신의 목적을 위해서 공간을 재구성, 인식, 통제함을 바탕으로 하고 있다. 이런 인식의 차원에서 그는 '공간의 접근성과 거리', '공간의 전유와 활동', '공간의 지배와 통제', '공간의 생산'의 공간적 실천은 위 네 가지 측면이 작용하는 사회적 관계 속에서만 삶의 효력을 발생한다고 주장하고 있다.[25](〈표 2-4〉 참조) 또 한편으로는 '사회적 공간'을 생산된 공간 즉, 생산과 재생산을 둘러싼 사회적 관계들의 사회적 네트워크라고 말하고 있다.[26] 이와 같은 인식은 특히 하비에 이르러 관계론적 시각으로 더욱 두드러지게 나타나며 이로써 르페브르의 '공간생산' 이론은 하비를 거치면서 보다 명확성을 띠게 된다. 이는 하비의 관계론적 시공간(내부적 관계라는 개념, 그리고 시간을 통해 특정 과정 또는 사물 안으로 내재화된 외부의 영향들이란 개념을 함축한다)[27] 철학을

24 David Harvey, 초의수 옮김, 『도시의 정치경제학』, 한울, 1996.1, p.227
25 David Harvey, 구동회 등 옮김, 『포스트모더니티의 조건』, 한울, 2013.8, pp.262-263
26 정호기, 「기억의 정치와 공간적 재현」, 전남대학교 박사학위 논문, 2002, p.28
27 David Harvey, 임동근 등 옮김, 『신자유주의 세계화의 공간들』, 문학과 과학사, 2008, p.197

바탕으로 하고 있다. 그의 관계론적 공간 개념은 행위자의 위치, 관계적 공간을 병존하는 사회적 관계들 뿐 아니라 인간의 무의식, 감정, 복합적 기억, 상상력, 창조력이 응축되어 있는 힘의 지점으로 보고 있다.[28] 하비의 관계론적 공간철학은 주어진 한 공간과 기타 관련 요소들의 관계를 고찰함으로써 르페브르의 공간생산 변증법의 '단일적' 혹은 '종적인' 변증관계를 횡적으로 확장시켰다. 하비가 제안하는 공간실천의 횡적 분야에는 '접근성과 거리화', '공간의 전유와 활용', '공간의 지배와 통제', '공간의 생산'의 네 분야가 포함된다.

〈표 2-4〉 하비의 '공간적 실천'

	접근성과 거리화	공간의 전유, 활용	공간의 지배, 통제	공간의 생산
구체적인 공간적 실천	재화·화폐·사람·노동력·정보 등 흐름, 교통·통신체계, 시장과 도시계층	토지이용과 건조환경, 사회적 공간 및 기타 '텃새권' 지정, 의사소통과 상호부조의 사회적 네트워크	토지의 사적 소유, 국가와 행정적 공간 구분, 배타적 공동체와 근린, 배제적 지역구제 여타 사회통제 형태	물리적 하부구조의 생산(교통·통신, 건조 환경, 토지 정리 등), 사회적 하부구조의 지역조직(공식·비공식적)
공간의 재현	사회·심리·물리적 거리 측정, 지도 만들기, '거리마찰'이론	개인적 공간, 점유공간에 대한 심상지도, 공간적 계층, 상징적인 공간 표현, 공간적 '담론들'	금지된 공간, '영역적 규범', 공동체, 지역문화, 민족주의; 지정학, 계층	지도화·영상 표현·통신 등 새로운 체계, 새로운 예술 및 건축 '담론들', 기호학
재현의 공간	유인/격퇴, 거리/욕망, 접근/부인, '미디어가 곧 메시지'임을 초월	친숙함, 가정, 열린 공간, 대중적 스펙터클을 위한 장소(거리·광장·시장), 도상학과 낙서, 광고	생소함, 두려움의 공간, 자산과 소유, 기념비성과 고안된 의례 공간, 상징적 장벽과 상징적 자본, '전통의' 생성, 억압의 공간	유토피아적 계획, 상상의 경관, 공상과학 소설의 존재론과 공간, 예술가들의 스케치, 공간과 장소의 신화, 공간의 시학욕망의 공간

위 〈표 2-4〉에서 보다 시피 하비의 공간실천은 구체적인 공간을 분석

28 이현재, 「다양한 공간 개념과 공간 읽기의 가능성」, 시대와 철학, 2012 제23권(4호), p.237

하는 하나의 틀을 제공해 주고 있다. 이 논문에서는 위 하비의 '공간실천'을 기반으로 청두시 대표적인 도시문화공간을 분석하고자 한다.

다시 르페브르의 공간생산 이론으로 돌아와, 르페브르는 위와 같은 공간생산의 변증관계를 제시하면서 결코 이것이 추상적인 모델로 존재하기를 원하지 않는다.[29] 즉 위와 같은 변증관계를 바탕으로 공간은 전략적으로 생산되어야 한다는 뜻도 내포된다고 볼 수 있다. 위의 변증관계에 대한 해석에 이어 르페브르는 궁극적인 공간생산에 대해 좀 더 본질적인 질문을 이어간다.

공간의 생산, 우선 '공간'과 '생산' 두 용어의 결합 아니 두 용어가 결합될 수 있도록 한 인식의 전환은 결코 순조롭게 이루어진 것이 아니라 여기에는 '기나긴 혁명'의 과정이 필요했다. 우선 공간을 관념론적 특히 신의 창조성을 주장하는 철학적 바탕에서는 공간 역시 신의 창조물로 간주되었기에, 공간과 생산은 결합이 불가능하였다. 훗날 공간에 대한 인식이 현실 세계로 즉 사회학의 영역으로 진입하면서 겨우 두 용어의 결합이 가능해 졌으며 드디어 르페브르에 의해 완전한 결합이 이루어졌다.

인간은 사회적인 존재로서 물질적인 것은 물론 의식, 역사, 문화 등을 생산한다. 하지만 마르크시즘의 관점에서 볼 때 생산은 한낮 구체성을 띤 사물에 한정되는 경향을 보이었다. 르페브르는 이를 극복하고자 인간 생산의 한 부분인 공간의 생산에 우선 '누가, 무엇을, 어떻게 생산하는가?'라는 질문을 담았고, 이러한 질문에 대답할 수 있어야만 비로소 생산이 완결성을 구비 할 수 있다고 하였다. 하지만 이 질문과 그에 대한

29 Henri Lefebvre, 양영란 옮김, 『공간의 생산』, 에코리브르, 2011.4, p.90

대답을 벗어난다면 그는 공간의 생산이라고 하는 개념은 하나의 추상일 수밖에 없다고 주장하고 있다.[30] 다음으로 공간의 생산 중에서 공간을 사회적인 공간에 집중하였다. 사회적 공간은 상호 침투하며 이것은 단순 사물이 아니다. 특히 도시공간의 경우 동질성-등방성으로 표현되는데 '층층이 쌓인' 다양성으로 부각된다. 사회적 공간은 작품이자 동시에 생산물이다. 즉 '사회적 존재'의 실현이다. 하지만 특정 조건이 충족되는 맥락에서라면, 사회적 공간은 물신화되고 자동화된 사물(상품과 돈)의 특성을 지니게 된다.[31] 공간은 엄밀히 생산물이며 이런 생산은 반복적인 행위가 빚어낸 반복 가능한 결과물인 것이다.[32]

르페브르에 의하면 공간은 객관적이거나 중립적인 것이 아니고, 개인 및 집단적 주체의 사회・정치적 점유와 지배의 산물이며 모든 사회는 그 자신의 공간을 생산한다. 여기서 생산이란 단순히 경제적 생산만이 아니라 더 큰 범위의 철학적 생산을 의미한다. '작품'의 생산, 지식・제도의 생산 이 모든 것이 사회를 형성한다. 그런데 이 '사회적 공간은 사회화된 공간은 아니다'. 공간은 개별 행동과 상호 행동, 표상과 권력, 잠재적 폭력과 반란이 발생하는 물질적 장소인 동시에 지식과 의미의 담론 공간이다.

이처럼 르페브르는 단지 생산의 결과에만 주목하는 것이 아니라 생산의 주체 및 그 과정에도 주목하고 있다. 공간생산은 어디까지나 총체적인 것으로 공간으로 되는 과정, 다시 말해 밖(기술)으로부터 아닌 안으로부터 생성, 과거에서 현재를 넘나드는(혹은 역순으로) 총체로서의 과정

30 위 책, p.128
31 위 책, p.174
32 위 책, p.137

을 재생산해야 한다.[33] 끝으로는 각 사회, 각 생산양식은 자신의 공간을 생산한다고 주장하고 있다. 이는 공간의 생산에 대한 통시적 관점으로 과거에도 국가나 민족의 이념 등에 따라 공간이 생산되었음을 기본적인 전제로 하고 있다.

앙리 르페브르의 '공간생산' 이론은 하비에 와서 공간적 실천으로 구체화되는 양상을 보이고 있다. 하비는 '공간의 개념화는 인간적 실천에 좌우된다. 공간의 본질에 대한 질문의 대답은 없으며 답은 인간적 실천에 있다'고 주장하고 있다.[34]

이상 르페브르와 하비의 '공간생산' 이론을 기반으로 다음과 같은 공간생산의 메커니즘을 도출할 수 있다(〈그림 2-3〉 참조).

〈그림 2-3〉 '공간생산'의 메커니즘

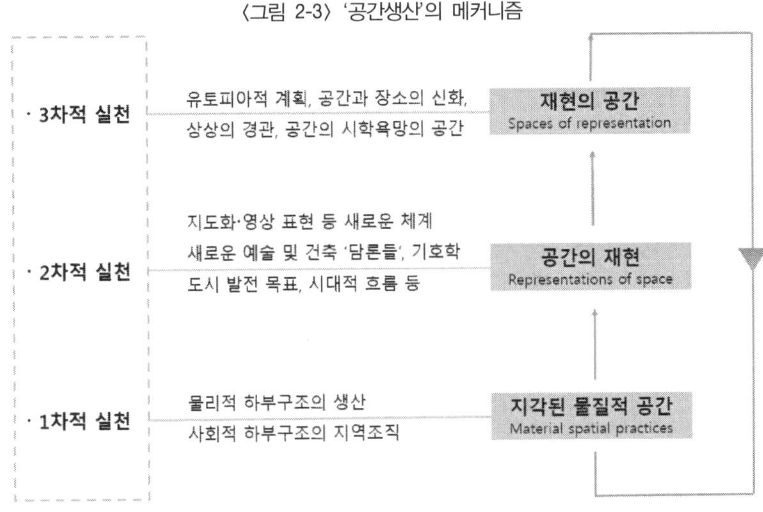

33 Henri Lefebvre, 양영란 옮김, 『공간의 생산』, 에코리브르, 2011.4, p.85

34 김오혁 등, 「공간의 개념정의에 관한 온라인 토론」, 공간과사회, 2011, 제21권 2호(통권 36호), p.254

이 논문은 위 〈그림 2-3〉에서 보여준 '공간생산의 메커니즘' 중에서 '재현의 공간'에 대해 주목한다. 이는 (도시문화)공간으로서의 가치를 이룰 수 있는 가장 중요한 부분이라고 생각한다. 이 부분은 공간과 장소의 신화, 시학욕망의 공간을 반영하며 이는 보다 구체적이고 체계적인 '공간의 재현'을 통해 이루어진다. 공간을 재현하는 과정에서 공간을 소유 혹은 전유한 주체들 예를 들면 정부, 기업, 지역주민 및 예술가 등의 노력과 공간을 점유하고 있는 공간 콘텐츠가 중요한 역할을 담당하고 있다.

• • •

제4절 도시문화공간 생산의 구성 요소

공간은 인간 삶의 기본적인 범주로 경제적 · 사회적 · 문화적 가치를 창출한다. 또한 인간은 어디까지나 공간적인 존재로서 다양한 실천을 통해 여러 종류의 공간을 생산하고 해당 공간에 의미를 부여하게 되어있다. 인간의 다양한 실천과 의미 부여를 통해 오늘날 대다수 사람들이 생활하고 있는 도시공간에 안전성, 접근성, 기능성, 경제성 및 상징성 등 인간생활에 필요한 기본적인 요건들을 제공하고 있다. 도시문화공간을 생산하면서 르페브르의 '공간생산' 이론에서 재차 언급하듯이 인간의 주체적인 작용에 따라 공간생산이 좌우되는 만큼 인간의 주체성은 결코 외면할 수 없는 요소이다. 그 외에도 공간이 생산될 수 있는 경제 · 사회 · 문화적 환경이 조성되어야 하는데 이는 콘텐츠 생산의 기반적인 요소로 작용한다고 할 수 있다. 하지만 오늘날 공간생산의 핵심 요소로 이미 제시한 기본적인 요소 외에도 도시문화공간은 진일보로 다양한 콘텐츠와 접목되면서 혹은 그 가치가 배로 증대되거나 혹은 콘텐츠의 부재로 단조로운 공간으로 전락되는 등 콘텐츠가 공간생산에서 점차 주목받고 있다. 이점에 대해서 르페브르와 하비의 '공간생산' 관련 이론에서는 그 시대적 제한으로 말미암아 언급되지 않고 있다. 즉 르페브르의 '공간생산' 이론의 연장선에서 볼 경우, 공간생산 특히 도시문화공간의 생산은 공간을 활성화 할 수 있는 콘텐츠가 등장하면서 공간생산의 내연이 한층 풍부해 지고 있다.

이에 이 논문에서는 공간생산의 핵심 요소를 '공간 콘텐츠'로 규정하여 접근하고자 한다. 공간 콘텐츠에 대해 아직까지 명확하게 정의되어 있지 않지만 문화 콘텐츠의 하위 개념으로 대체적으로 (도시)공간을 기반으로 하는 내용물(콘텐츠)로 규정할 수 있다. 도시의 열린 문화공간일 경우 일반적으로는 다양한 볼거리, 체험거리 등이 그 범주에 속한다. 최근 연구 논문에서는 이에 좀 더 구체적으로 공간을 이루는 요소인 공간 프로그램과 운영 프로그램을 모두 포함하는 것으로 접근하고 있다.[1] 공간 콘텐츠의 요소로 공간 프로그램은 공간에 요구되는 기능적인 특성을 충족시키기 위한 공간 구성의 콘텐츠로 하드웨어적인 부분이 강조된다. 반면 운영 프로그램은 공간에 요구되는 기능적인 특성에 따른 운영을 위한 구체적인 공간 운영의 콘텐츠로 소프트웨어적인 부분이 강조되어 있다고 볼 수 있다(〈표 2-5〉 참조).

1 박종혜, 「근대건축물의 활용을 위한 공간 콘텐츠 연구」, 한양대학교 박사학위 논문, 2014.2, p.23; 곽수정, 「유휴공간의 문화공간을 위한 콘텐츠 연구」, 국민대학교 박사학위 논문, 2006, p.182 참고

〈표 2-5〉 공간 콘텐츠의 분류

공간 콘텐츠	공간 프로그램 (하드웨어)	옛 건축물, 노후 산업부지, 숙박시설, 각종 전시관, 음식점, 공원, 테마파크, 박물관 등
	운영 프로그램 (소프트웨어)	전시회, 교육・체험・관광 프로그램, 공연, 축제, 콘서트, 커뮤니티, 문화행사 등

문화 콘텐츠의 관점에서 보면 공간 프로그램과 운영 프로그램 중 실제로 공간 콘텐츠를 생산하면서 도시문화공간의 경쟁력은 운영 프로그램에 의해 크게 좌우되고 정체성이 결정되는 경향이 있다. 특히 이 논문에서는 열린 도시문화공간을 연구 대상으로 하는 만큼 운영 프로그램은 (열린)공간의 생산에서 더욱 중요시 된다. 즉 도시문화공간 생산의 핵심 요소는 공간 프로그램과 같은 하드웨어보다는 운영 프로그램과 같은 소프트웨어로서 소프트웨어적인 부분들이 도시문화공간의 특성에 맞게 적절히 생산되어야 함을 의미한다.

결과적으로 도시문화공간 생산의 구성 요소를 다음과 같이 제시하고자 한다(〈표 2-6〉 참조).

〈표 2-6〉 도시문화공간 생산의 구성 요소

공간생산 주체(주체적 요소)		공간 콘텐츠(핵심적 요소)
공간 소유자, 공간 운영자, 시민, 예술가, 창의인력 등	⇒	공간 프로그램, 운영 프로그램
공간생산 환경(기반적 요소)		
사회발전 패러다임, 도시 문화적 수준, 도시 관리시스템, 정부 정책 등		

이에 다음 장에서는 중국 국내와 해외에서 성공한 도시문화공간을 선정하여 고찰하였다. 공간 생산 사례를 통해 '공간의 재현'적 측면에서

구체적으로 도시문화공간이 어떻게 생산되며 결과적으로 도시문화공간이 어떠한 진화단계에 있는지에 대해 다각도로 살펴보고자 한다.

/ 제3장 /

공간생산을 위한 중국 국내와 해외 사례 분석

본 장에서는 중국과 해외(한국, 일본, 유럽)에서 성공적이라고 평가받는 도시문화공간에 대해 고찰한다. 고찰 대상으로는 역사・문화공간으로는 중국의 서호, 한국의 전주한옥마을, 영국의 테이트 모던 미술박물관을 선정하였다. 도시창의공간으로는 중국의 798 예술지구, 일본 가나자와 시민예술촌, 이탈리아 볼로냐를 선정하였다. '공간의 재현'적 측면에서 도시문화공간이 어떻게 생산되었는지에 대해 고찰하고 끝으로 이상의 각 도시문화공간의 진화단계 및 그 특성을 도출하였다.

…

제1절 공간생산을 위한 중국 내 성공사례

2000년대에 들어 중국 국내에서는 기존의 산업공간(경제특별지구 등)의 생산에 지속적인 관심을 보였다. 이와 동시에 다른 한편으로는 도시문화공간에 대한 (재)개발과 생산이 또 하나의 주류를 이루어 진행되었다. 이는 많은 도시들에서 문화도시 육성, 도시브랜드 강화, 시민들의 문화생활 질적 향상과 밀접하게 관련된다. 게다가 도시의 동질화로 도시특색의 상실 등 여러 차원의 복합적인 요소들이 맞물려 나타난 현상이라고 볼 수 있다. 이에 본 절에서는 그 가운데서 도시역사·문화공간으로서 성공한 항저우시杭州市 서호西湖와 중국에서 첫 문화창의공간으로 상징성을 갖고 있는 베이징 798 예술지구를 대표적인 중국 국내 사례로 분석하고자 한다.

1. 항저우시 인상서호印象西湖 프로젝트

항저우시는 저장성浙江省의 성도로 중국 동남연해 지역에 위치하고 있다. 중국의 8대 고도古都의 하나로 예로부터 '하늘에는 천당, 땅에는 소주 · 항주가 있다上有天堂, 下有苏杭'는 말이 전해내려 올 정도로 '인간 천당人间天堂'이라는 아름다운 이름을 갖고 있다. 현재는 저장성의 경제 · 문화 · 과학 · 교통의 중심지로 자리 잡고 있다. 그리고 세계 레저박람회, 중국 국제애니메이션 전시회, 중국 국제마이크로필림 전시회 등 행사가 개최되고 있으며 중국에서 최적의 관광도시로도 손꼽히고 있다. 하지만 많은 국내외 행사와 관광자원에도 불구하고 밤 문화를 즐길 수 있는 다양한 콘텐츠의 결핍으로 항저우시 당국에서는 관광객 유치에 한계가 있음을 느끼고 도시의 문화자원 발굴에 적극 나선다. 마침 2004년 장이머우张艺谋 감독의 작품 - 계림桂林의 산수를 배경으로, 광서广西 장족壮族의 설화를 바탕으로 하는 수상실경공연 〈인상 · 류삼저印象 · 刘三姐〉가 중국에서 처음으로 선보여 대대적인 성공을 거두면서 항저우시 서호를 배경으로 하는 장이머우 감독의 세 번째 〈인상시리즈〉 작품 - 〈인상서호印象西湖〉 프로젝트가 시작된다.

항저우시 도시 내에 있는 서호는 중국에서 주로 감상을 목적으로 하는 담수호로 특히 호수 내의 자연경관과 잘 어우러져 '강남 3대 유명 호수江南三大名湖'로 손꼽히고 있다. 서호는 역사 · 문화적 가치와 자연풍경의 아름다움으로 인하여 1980년대에 〈국가 중점 풍경명승지〉, 〈중국 10대 풍경명승지〉로 지정되었다. 그 후 2006년에는 〈국가 5A급 관광지〉로 선정되었고 2011년에는 〈항저우 서호문화경관杭州西湖文化景观〉이 정식으로 세계문화유산에 등재되었다. 이로서 서호는 아름다운 자연경관은 물론 역사와 문화가 어우러지는 공간으로 사람들에게 한층 각인되었다. 하지만 인상서호 대형 산수실경공연이 정식으로 선보이기 전까지만 하더라도 이와 같은 공간은 대체로 낮에만 관광이 가능하고 그것도 관광객의 인상에 남는 여러 가지 볼거리를 제공하지 못한다는 한계를 갖고 있었다. 이에 공간의 활성화는 물론 공간을 밤에도 하나의 문화실천의 장소로 구축하는 〈인상서호〉 프로젝트가 가동되면서 공연의 성공은 물론 서호의 인지도 향상 더 나아가 도시의 브랜드를 향상시키는 긍정적인 효과를 창출하게 되었다. 서호의 이러한 문화적 실천은 현재 중국 도시들에서 특히 역사·문화유산을 많이 갖고 있는 도시들의 문화공간 생산에 많은 시사점을 주고 있다.

서호라는 명칭은 ≪한서·지리지汉书·地理志≫에서 무림산武林山이라는 이름에서 유래되었다.[1] 그 후 당나라 시인 백거이白居易의 시에서 '서호'라고 불리면서 지금까지 계속 사용되고 있다. 서호는 실질적인 물리적 공간으로 공간의 전유와 활용은 여러 조대를 거치면서 서로 다른 양상으로 진행되었다. 당나라唐朝 시기에 항저우의 수원지로 활용되었고, 5대 10국五代十國 시기에는 주변에 불교 건물들이 건축되었다. 그리고 남송南宋 때에는 유명한 광관지로, 청나라清朝 때에는 직접 서호 관리 기구까지 설치하여 일상적인 관리를 진행하였고 드디어 오늘 날의 모습을 갖추게 되었다.

특히 서호 공간의 재현은 종교적인 담론들과 많은 연관성을 갖고 있다. 당시 역사적 환경에 의하여 서호는 불교, 도교 등 종교들과도 밀접한 관계를 갖고 있어 종교적 색채가 짙은 공간으로 되었다. 이는 특히 5대 10국 중 오월국吳越国에서 전성기를 이루었는데 당시 왕이 불교에 심취되어 서호 주변에 지금까지 남아 있는 뢰봉탑雷峰塔과 같은 불교 건물들을 대거 건축하였다.

1 班固, ≪汉书·地理志≫, "钱唐, 西部都尉治。武林山, 武林水所出, 东入海, 行八百三十里。", 中华书局, 2005.

그 뿐만 아니라 서호는 고대로부터 많은 신화와 전설이 전해져 내려왔다. 그중 특히 ≪백사전白蛇传≫, ≪양산백과 축영대梁山伯与祝英台≫는 중국에서 사랑을 주제로 하는 '4대 설화'로 전해지고 있다. 그 외에도 역사적으로 많은 문인들 예를 들면 백거이白居易, 루쉰鲁迅 등은 서호를 내용으로 하는 시, 에세이, 소설 등 작품들을 남겨 지금까지 수많은 공간 담론들을 양산시키었다. 이러한 담론들 중 일부는 현재 공간생산의 요소로서 잘 활용되고 있다.

서호는 항저우시의 오랜 역사를 대변하는 공간이다. 또 800만 항저우 시민들이 자랑스럽게 생각하고 친근감을 느끼는 도시문화공간이기도 하다. 서호는 지난 몇 년간 단순 공간의 재현을 넘어 세계적인 감독의 창작을 기반으로 도시의 역사·문화공간을 배경으로 하는 인상시리즈印象系列 대형 산수실경공연을 펼치면서 지금은 재현의 공간으로 변모하였다. 낮에는 호수와 주변 경관을 감상할 수 있는 관광지로 활용되다가 특히 밤에는 조명 등의 원인으로 '활용되지 않는' 기존의 공간을 재해석하여 〈인상서호〉 프로젝트를 탄생시켰다. 〈인상서호〉는 공연 장소의 물리적 '전이'를 이루었다는 점에서 제작의 특징을 보이고 있고 공연 공간의 물리적 전이는 공연의 장소가 '극장'이라는 정형화된 무대에 국한된 것이 아니라는 것을 말해주고 있다(〈그림 3-1〉 참조).[2]

2 신춘호, 「장이머우식 〈印象計劃〉의 성공 요인과 한국형 〈실경산수공연〉의 가능성 탐색」, 글로벌 문화콘텐츠(제5호), 2010.12, p.175, 재인용

〈그림 3-1〉 항저우시 서호 전경 및 인상서호 공연 장면

출처: 바이두百度

〈인상서호〉 프로젝트는 여러 차원을 거치면서 재현 공간으로 거듭나게 되었다. 우선 〈인상서호〉 산수실경공연의 내용은 많은 설화 중에서도 특히 ≪백사전≫ ≪양산백과 축영대≫를 기본으로 재가공 되었다. 다음으로 이와 같은 공간의 재현 요소들은 지금에 와서 예술가들의 창작과 결합되었다. 마지막으로 수상 무대 환경면에서 자연공간을 다양하고 이색적인 조명과 특수 효과를 결합시켜 공간을 연출하여 결과적으로 재현의 공간으로 변모시켰다.

내용면에서 〈인상서호〉는 만남相見, 사랑相爱, 이별离别, 추억追忆, 인상印象의 5개 장막으로 구성되었다. 〈인상서호〉 공연 5개 장막의 내용 구성은 아래와 같다.

제1막 만남

학 한마리가 먼 하늘나라에서 우아하게 내려와 젊은 서생으로 변했다. 이때 또 다른 백학이 재빠르게 내려와 아름다운 여자로 변해 두 사람은 첫눈에 반했다. 천 년 간에 형성된 아름다운 서호 호수의 빛은 지금 이 순간만큼 오로지 두 사람 만이 즐길 수 있었다. 몽환적이고 아름다운 안개 속에서 두 사람의 애정의 증표는 놀랍게도 평범한 비단 우산이었고 관객들은 마치 설화 속의 허선许仙과 백낭자白娘子가 영원한 사랑을 맹세하는 순간을 보는 것 같았다. 인연, 어쩌면 천년의 기다림이 필요하지만

어쩌면 그저 한 순간이다. 서호에 살고 있으면 때로는 자신의 감정을 억제할 수 없다. 비록 어디서부터 시작되는지 모르지만 인연이 있으면 끌리고 심지어 생사 그리고 인간 세상을 초월한다.

제2막 사랑

서호의 물고기는 원래부터 타고난 총기를 갖고 있다. 그 물고기들은 사랑의 호수에서 자유롭게 장난을 친다. 이것은 마치 연극선戏船 위에서 보여주는 인간세상의 '어수지환鱼水之欢'의 한 장면과도 같았다. 사랑, 원래는 사람의 마음간의 맹세이고 약속이며, 두 사람 마음의 소박한 어울림이다. 오직 마음과 정신을 서로 의지함으로서 이러한 미묘한 사랑의 세계에서 친절함을 얻을 수 있다. 이는 마치 물고기가 물을 만난 것과, 하늘과 땅이 함께 기뻐해주고 즐기는 것과 같다.

제3막 이별

기쁨은 마치 화려한 폭죽이 터지는 순간처럼 짧다. 북이 요란스럽게 울리는 것은 사랑의 고난을 상징하며 보이지 않는 거대한 힘이 두 사람을 갈라놓고자 함을 암시한다. 여자로 변한 그 백학은 결국 몸부림을 치다 죽어가고, 이것은 마치 허선과 백낭자의 비극과도 같다. 그러나 백학과 인간의 슬프고도 아름다운 이별은 수많은 깃털처럼 순결하고 고귀한 감탄을 자아냈다. 인생의 모든 깨달음은 간단한 만남으로 보일지언정 그 이면에는 시적인 아픔과 고통이 감춰져 있다. 아마도 만남은 이미 이별을 정해놨고, 인간세계의 이별은 비로소 천당에서 영원할 수도...

제4막 추억

그 서생이 된 백학이 다시 한 번 자신이 사랑했던 사람과 만났던 곳으로 돌아왔을 때 꿈같은 느낌이 다시 밀려왔고, 그 아름다운 역시 그대로였으나 그 많은 여자들이 눈앞을 지나가도 그대는 어쩌면 이미 저 세상으로 떠나갔는가. 서생은 그 둘만을 위한 비雨가 생각났고 예전에 함께 사랑을 맹세했던 배를 찾아 나섰다. 그러나 자신이 사랑했던 여인은 희미한 공간에서 빛나고 있을 뿐 그저 마음속으로만 불러야만 했다. 서생은 그 회억 속에서 아름다움과 후회와 뜻대로 될 수 없음을 느꼈다.

제5막 인상

마치 이 호수처럼. 아름답고 완곡적이고 함축되고 무게감이 있다. 이는 또한 서호의 전설적인 사랑과 같다. 한 쌍의 연인이 또 다시 서서히 꿈속에서 나타나면서 멀어진다. 이때 윤회가 반복되면서 온정이 끊임없이 생겨나고, 우리한테 다가오며 우리들을 그 풍경 속으로 끌어들인다. 이러한 몽환의 궁극적인 순간은 아마도 우리가 만약에 이런 곳에서 살수만 있다면 얼마나 행복할까라고 생각도록 할 것이다. 하지만 이 모두 뿔뿔이 흩어진 인상뿐이다. 비록 하늘을 놀라게, 땅도 뒤흔들리게 하지는 않지만 그 인상을 잊어버릴 수가 없다.

출처: 인상서호 사이트(www.hzyxxh.com), 필자 번역

지금까지 〈인상서호〉 산수실경공연의 성공을 그동안 많은 연구 논문에서 세계적인 감독의 마케팅효과, 해당 지역 정체성과의 밀접한 결합 등등으로 규정짓고 있다. 하지만 그런 요소 외에 가장 중요한 것은 공간의 생산 면에서 공간코드의 정확한 해독과 재현이라고 본다. 즉 재현의

공간 면에서 단순 공간의 코드라기보다 재현 공간의 코드로 정의할 수 있다. 르페브르는 공간의 '코드'는 이론과 실천에 공동으로 적용되는 대상으로 규정하고 있다. 그에 의하면 이러한 코드는 흩어져 있는 요소들, 즉 공간에 있어서 사적인 것과 공적인 것, 접합과 차이 같은 요소들의 단일성을 포착할 수 있을 것이라고 보고 있다. 코드는 또한 기존의 공간적 실천에 의해 혹은 그 실천을 정당화해주는 이념에 의해서 격리되어 있던 것들을 한 곳으로 집결시켜 준다고 주장하고 있다.[3] 르페브르의 이런 관점에서 볼 때 ≪백사전≫ ≪양산백과 축영대≫와 같이 서호를 모티브로 하는 설화들은 그동안 중국에서 만화, TV 매체를 통해 광범위하게 전파되었지만 결국 서호라는 공간과는 격리된 존재로 작용해 왔다.

드디어 장이머우 감독에 이르러 〈인상시리즈〉가 등장하면서 서호에는 '장소 신화'가 창조되었다. 이와 같은 '장소 신화'를 가능케 한 것은 산수실경공연을 통한 서호의 공간 생산 성공으로, 공간 코드의 재활용 즉 서호의 공간 속에 오랫동안 전해 내려오던 담론과 공간 자체의 자연적 특성의 접합이라고 볼 수 있다. 결과적으로 〈인상서호〉 대형 산수실경공연에서는 기존 매체에서 보여준 한계점을 보완하여 옛 설화에서 격리되었던 것들을 서호라는 한 공간에 집결시켜 주었다. 이 점으로 보아 공간 코드는 도시역사・문화공간 생산에서 아주 중요한 요소로 작용했다고 볼 수 있다.

항저우시의 대표적인 역사・문화공간에서 〈인상서호〉 프로젝트는 큰 성공을 거두었다. 하지만 공간 콘텐츠의 다양성이라는 시각에서 볼 경우 〈인상서호〉 프로젝트에 관련하여 다양한 콘텐츠의 개발 즉 OSMU One

3 Henri Lefebvre, 양영란 옮김, 『공간의 생산』, 에코리브르, 2011.4, p.122

Source Multi Use의 차원까지는 발전하지 못하여 콘텐츠 다양성에 한계점이 존재한다. 그렇지만 결과적으로 〈인상서호〉 프로젝트는 기존의 서호라는 역사공간에서 역사적인 코드를 재 발굴하고 재조합하여 도시역사·문화공간으로 탈바꿈시킨 전형적인 사례라고 볼 수 있다.

2. 베이징 798 예술지구

베이징은 중국의 수도首都로 경제·정치·문화의 중심이다. 때문에 도시자체의 상징적 의미는 물론 베이징에서 진행되는 일련의 행사들은 전국적으로 큰 파급효과를 가져올 수 있다. 전환기를 맞아 현재 진행형인 일부 도시문화공간 생산과 관련된 다양한 시도들은 자연히 외부의 많은 관심을 끌게 된다. 특히 그 중에서 가장 대표적인 것이 베이징 798 예술지구의 공간생산이다.

베이징 '798 예술지구DAD, Dashanzi Art District'는 베이징시 차우양구朝阳区에 위치해 있으며 일명 '따산즈 예술구大山子艺术区'로도 불린다. 798 예술지구는 베이징시의 문화 아이콘임은 물론 중국의 가장 대표적인 문화창의산업지구이기도 하다. 하지만 이는 처음부터 형성된 것이 아니라 오랜 기간 우유곡절을 겪으면서 형성된 것으로 부분적으로는 성공을 거두었다고 할 수 있지만 앞으로도 그 진행 방향에 대해 여러모로 관심이 집중되고 있다. 이런 의미에서 798 예술지구의 공간생산의 과정을 중국 국내 사례로 고찰함으로써 현재 출발 시점에 놓인 청두 '동교기억' 문화창의산업단지에 일정 부분 시사점을 제시하게 될 것이다.

베이징 798 예술지구의 공간생산 역사는 신 중국 창립 후 1950년대부터 실시된 〈제1차 5개년계획第一个五年计划〉으로 거슬러 올라간다. 당시 중국은 구소련과 동독의 기술지원을 받아 '베이징 화베이 무선전 연합기자재 공장北京华北无线电联合器材厂', 즉 718 연합공장을 세운다. 그 후 1960년대에는 국가의 전자·통신 공업의 발전을 이바지 할 수 있는 706 공장, 798 공장, 751 공장 등을 육속 설립한다. 이들은 당시 러시아와 동독 공업의 최고 기술과 설비를 인입하였으며 독일의 바우하우스Bauhaus 건축 양식에 따라 공장건물을 짓는다. 그 후 국민경제 발전에서 약 30년 동안 호황을 누리지만 1990년대 들어 시장경제체제로 전환하면서 경영 실적 악화로 공장의 운영은 더 이상 지속될 수 없게 되었다. 결국 2000년대 초반 공장들이 통폐합되면서 칠성화전과학기술그룹七星华电科技集团(이하 칠성그룹으로 약칭)으로 개편·재탄생하였다. 칠성그룹은 경제적 효과가 낮은 공장과 산업시설을 정리하면서 이 과정에서 기존 공간의 명실상부한 경영자로 등장한다. 공장 측에서는 일부 비어있는 공장지대 예를 들면 798 공장지대를 아주 저렴한 가격으로 임대를 놓자 베이징시와 그 주변의 예술가들이 자연적으로 이곳에 몰리게 되는 결과를 가져오게 되었고 이는 많은 예술가들에게 낮은 진입장벽을 마련해 주는 계기가 되었다. 이로서 기존 전자제품을 생산하던 공간으로부터 차츰 예술가들이 자발적으로 예술과 문화를 생산하는 문화적 분위기가 넘치는 공간으로 탈바꿈하게 되었다. 이는 오늘날 798 예술지구가 세계적인 주목받게 되는 출발점이었다. 그 후로 육속 중국 내의 유명한 예술가들은 물론 해외 예술가들 그리고 예술·문화기구들도 선후로 입주를 시작하였다. 또한 매번 큰 행사가 있을 때마다 많은 중국 국내 관광객은 물론 해외 관광객들도 방문하고 있으며, 많은 외국 정상들도 방중기간 꼭 방문하기도 한다. 798 예술지구가 활성화 될 수 있던 데에는 그 외에도 우월한 지리적 위치도 한몫을 하였는데 798 예술지구가 위치하여 있는 초우양구에는 각국 대사관들이 밀집된 지역으로 대외적인 홍보에 유리하다는 점을 들 수 있다(〈그림 3-2〉 참조).

위에서 본 것처럼 베이징 798 예술지구의 공간생산은 과거 국가의 거시적인 경제정책에 의해서 시작되었지만, 결과적으로는 기존 공업공간의 쇠태로 예술가들이 모여 들면서 예술문화공간으로 재탄생하였다. 하지만 시간이 흐름에 따라 공간 생산 과정에서 오늘날 문화창의산업지구로 되기까지 약 10여년의 시간이 필요했으며 매 시기마다 서로 부동한 형태의 공간생산 양식을 보여주고 있다. 이 과정에서 해당 차우양구정부는 공간의 실질적인 관리자로, 칠성그룹은 공간의 경영자로, 예술가들은 공간의 활용자 역할을 담당하는 등 분업이 생기게 되었다. 이런 양식은 현재 중국 국내 많은 도시들에서 이미 생산된 문화산업단지에서 취하는 보편적인 양식이기도 하다.

〈그림 3-2〉 베이징 798 예술지구

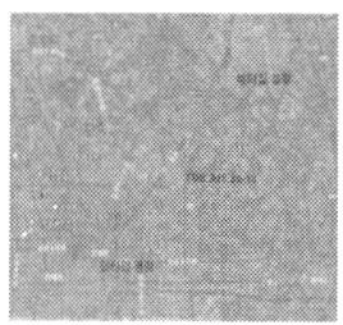

출처: 바이두百度

베이징 798 예술지구의 공간생산 과정은 대략 아래와 같은 몇 단계를 거치였다.

초창기(1995~2005): 이 시기에는 베이징 798 예술지구가 성공적으로 안착될 수 있었던 가장 중요한 계기를 마련해 주는 시기이다. 대표적인 계기로는 1990년대 중앙미술대학교가 798 공장지대 부근으로의 이전이다. 이에 따라 대학교 이전은 많은 예술가들이 모이기 시작하는 직접적인 효과를 가져왔고 그들은 자연적으로 공간을 재현하는 주체로 되었다. 그 외에도 798 예술지구가 처음에는 초기 저렴한 임대료로 많은 예술가들이 자발적으로 모였지만 그 후 임대료가 지속적으로 상승함에 따라 저임대료 효과는 점차 사라지게 되었다. 나중에 이는 예술가들의 창작에 큰 부담으로 작용하게 되었고 이와 같은 외적인 환경은 오히려 부정적인 작용을 일으키고 있음은 물론 향후 지속적으로 문제시 되었다.

2000년대에 들어 많은 예술가들이 모이기 시작하면서 개인 작업실, 중국 국내 및 해외 갤러리, 예술기구 등 육속 798 예술지구로 들어오게 되었다. 이런 추세에 힘입어 2003년, 2004년 각각 미국 〈타임Time〉志와 〈포춘Fortune〉志에 소개되기도 하였다. 그중 타임지에서는 세계에서 가장 문화 상징성이 있는 22개 도시 예술중심의 한 곳으로 평가되기도 하는 등 세계적인 잡지를 통한 공간의 재현으로 798 예술지구의 이미지는 더욱 확고해 지게 되었다.

급성장기와 침체기(2005~2013): 이 시기는 근 10년의 발전을 거쳐 또한 베이징시 정부의 정책적 지원으로 한층 도약하는 시기이다. 하지만 2008년 글로벌 금융위기로 잠시적인 침체기에 처해 있던 다변의 시기이기도 하다. 특히 2006년 초 〈베이징시 "11차 5개년" 계획 요강北京市"十一五"规划纲要〉의 발표와 함께 문화산업을 중점적으로 발전시킬 데 관한 정책적 결정에 따라 기존 798 예술지구는 〈문화예술창의산업단지文化艺术创意产业园区〉로 승격되어 많은 예술가들에게는 더없이 큰 정책적 지원이 되었다. 더욱이 2008년 '베이징 올림픽'을 계기로 해외 유명 예술기구들이 대량으로 입주하면서 2008년의 갤러리 수가 150여 곳으로 그 전해에 비해 50곳이나 증가하는 등[4] 공간생산의 범위가 크게 확대되었다.

하지만 올림픽 특수가 끝나고 바로 시작된 글로벌 금융위기로 유럽 등 선진국으로 작품 판매가 줄면서 중국 국내 갤러리는 물론 외국계 갤러리들이 798 예술지구에서 철수하는 현상이 벌어지게 되었다. 그 후에도 계속하여 이런 현상이 이어졌고 그 공간을 빌어 일부 상업성을 띤 자영업소들이 차지하게 되는 등 공간생산의 변화를 겪게 되었다.

798 예술지구의 초창기에서 급성장기와 침체기를 겪으면서 공간생산의 주체였던 예술가들이 차츰 밀려났고 그 자리를 예술품 유통업체(갤러리, 경매 사업가 등)와 같은 상업성을 띤 기구에서 차지하게 되었다. 이런 현상은 지금까지 지속되고 있지만 798 예술지구의 근본적인 속성은 개변되지 않았다는 것이 예술가는 물론 학계의 보편적인 관점이다.

현 단계(2013~): 근 20년 가까이 되는 시간을 거치면서 그동안 많은 희비가 엇갈리었다. 이 시기 공간 운영의 주체와 공간의 실질적인 생산자(주로는 예술가)간의 갈등이 지속화되고 공간생산의 주체가 빈번하게 교체되는 등 현상이 발생하고 있다. 2013년 기준, 공간을 활용하고 있는 주체로는 대개 예술가 작업실(19곳), 갤러리(172곳), 문화기구(197곳), 매점(음식점 포함, 189곳) 등이다.[5] 위의 통계대로라면 예술가 작업실 비중이 고작 3%밖에 되지 않는다. 지금은 앞으로의 발전 방향에 대해

4 迟海鹏, ≪艺术区现状研究-以背景798艺术区为例≫, 中央美术学院硕士学位论文, 2014.5, p.14

5 迟海鹏, 〈艺术区现状研究-以背景798艺术区为例〉, 中央美术学院硕士学位论文, 2014.5, p.11. 2003-2013년 사이 작업실 수가 가장 많을 때 59곳(2007년), 갤러리 수가 가장 적을 때 6곳(2003년), 문화기구가 가장 적을 때 10곳(2003년), 매점 수가 가장 적을 때 4곳(2003년)이었다.

고민하는 등 공간생산에 대해 보다 진지하게 논의해야 할 때이다. 또한 이런 고민은 현 단계 중국의 전환기 기존 도시공간이 문화공간으로 전환하면서 발생하는 구체적인 현상이기도 하다. 이런 과정은 '예술인가 상업인가', '양자를 어떻게 잘 조화시킬 것인가'는 중국 내 유사한 문화창의 산업단지들을 향해 던지는 가장 근본적인 질문이라고 생각된다. 이 논문에서는 이러한 근본적인 질문을 염두에 두고 있다.

실존의 공간은 단순히 누군가가 경험하기를 기다리는 수동적 실체가 아니라 근본적으로 인간의 활동에 의해 지속적으로 창조되고 다시 만들어진다.[6] 이로 보아 가장 중요한 것은 공간은 능동적인 존재라는 점이다. 때문에 현 단계 재현의 공간으로서 798 예술지구의 지속적인 발전은 주로 예술가(창조계급 혹은 창의인력) 중심의 실천에 의해 생산되고 있으며 그들에 의해 공간이 가치를 획득하게 되기 때문에 이에 더욱 주목할 필요가 있다고 생각한다. 우선 현재 예술가들의 개인 작업실 상황을 통해 그들이 어떤 방식으로 공간생산에 기여하는지에 대해 살펴보고자 한다(〈표 3-1〉 참조).[7]

6 Edward Relph, 김덕현 등 옮김, 『장소와 장소상실』, 논형, 2005.4, p.48
7 798 예술지구 공식 홈페이지에서 일부 작업실에 대한 내용은 불충분함으로 약한다.

〈표 3-1〉 798 예술지구의 주요 예술가들의 작업실 운영 상황

작업실 명칭	작업실 소개
베이징 묘우웨이 수공예 작업실 北京苗炜线象艺术工作室	현대사회에서 중국 전통예술의 발전과 보급을 목적으로 한다. 수공 자수刺绣와 중국화를 중심으로 중국 국내 및 해외 대가들과 교류, 소통을 한다.
마니기물 摩尼器物	전통 금속공예를 기반으로 하는 금속공예 작업실로 금속 장신구, 금속 장식품을 창작・개발한다. 궁중, 민간 금속공예의 정수를 발굴하고 현대적인 미적 감각에 맞게 금속공예 예술작품 창작을 취지로 한다.
펑링 예술디자인작업실 枫翎艺术设计工作室	'반역과 초월을 견지'하고자 하는 예술사명감을 갖고 현대예술의 실험적이고 관념적인 요소를 패션 디자인과 접목하여 전통적인 심미적 가치를 뒤엎는 작업을 진행하고 있다.
단향도 사진작업실 单向度摄影工作室	잡지 표지 사진, 광고 사진 촬영을 중심으로 하는 사진 작업실이다.
안란 时尚작업실 安然时尚工作室	디자인을 중심으로 전통 공예를 이용하여 현대적이고 예술적 미감을 가진 패션을 창작한다.
금증학 작업실 金增鹤工作室	중국 희곡 작품(경극, 그림자극) 중의 인물을 바탕으로, 페인팅 조각 작품의 창작을 기반으로 하였다. 또한 전통문화 요소를 중심으로 전통과 현대의 조화를 이루고자 하였다. 동시에 민족문화의 발전을 취지로 작품 속에 중국 문화적 의미가 함축되도록 작업을 진행하였다.
상공 건축 尚工建筑	작은 건축물의 맞춤제작, 개조를 중심으로 세계적인 건축 디자인의 추세와 중국 건축문화의 정수를 결합시켜 '실용적, 미관, 재미' 3요소를 설계의 이념으로 하고 있다.

출처: 798 예술지구 공식사이트 내용을 바탕으로 필자 정리

〈표 3-1〉에서 보다시피 예술의 각 분야를 막론하고 전통적이던 현대적이던 중국적 요소 혹은 전통과 현대의 소통에 중심을 두고 실천하고 있다. 특히 그동안 칠성그룹과의 분쟁 속에서도 자신의 예술적 사명을 다 하면서 공간생산을 이어가고 있다.

798 예술지구 공간을 구성하는 여러 요소 중에서 예술가들이 차지하는 작업실 수는 가장 적다. 반면 갤러리, 예술기구(각국 예술기구 포함)

가 차지하는 비중은 각각 약 30% 내외를 차지하고 있어, 798 예술지구 공간생산의 가장 활발한 부분이 되고 있다. 그 중에서도 대표적인 예술기구들의 공간생산에 대한 구체적인 실천을 본다면 다음과 같다(〈표 3-2〉 참고).

〈표 3-2〉 798 예술지구의 주요 예술기구

예술기구 명칭	예술기구 소개
페이스 베이징 佩斯北京, Pace Beijing	2008년 뉴욕 페이스 갤러리Pace Wildenstein 798 예술지구에 입주. 아시아의 현대예술 발전 추진하고 글로벌 예술시장과 함께 중국 예술시장의 공영을 도모한다.
이비리아 현대 예술센터 伊比利亚当代艺术中心	스페인 국제문화예술기금Fundación de Culturay Arte에서 중국에 처음으로 설립한 현대예술작품 전시, 연구, 교육과 수집 등을 중심으로 하는 복합형 학술기구이다. 중국 현대예술의 생산과 동시에 세계적 범위 내에서 중국 현대예술과 문화를 전파하고 세계적인 예술가들의 작품과 행사를 중국에 소개한다. 특히 중국 영상 보존기구를 설립하여 연구, 방영, 교류 등을 진행한다.
옥란당 玉兰堂	2007년 798 예술지구에 입주. 현대예술의 발전을 추진하고 중국 내 신진예술가들을 발굴하여 예술가 교류, 예술작품전시, 출판, 수집 등 기능을 할 수 있는 예술플랫폼을 구축하였다.
중국 조소학회살롱 中国雕塑学会沙龙, China Sculpture Institute salon	중국 조소학회가 설립한 기구. 전국적으로 조소예술영역의 중국 내 및 해외 교류를 진행하는 기구이다.
아주예술센터 亚洲艺术中心, Asia Art Center	2007년 798 예술지구에 입주한 대만의 전문적인 갤러리 운영과 예술컨설팅 기구로 국제적 예술교류는 물론 대만, 홍콩 등 지역과의 예술교류 추진을 목적으로 하고 있다.
율렌스 현대예술센터 尤伦斯当代艺术中心, Ullens Center For Contemporary Art	2007년 798 예술지구에 입주한 비영리목적의 예술센터로, 율렌스 부부의 후원으로 만들어졌다. 교육, 연구를 통한 예술교류의 플랫폼을 구축하고 있다.

출처: 798 예술지구 공식사이트 내용을 바탕으로 필자 정리

〈표 3-2〉에서 보다시피 각국 예술기구들은 798 예술지구를 이끌어가는 주력군으로서 〈표 3-2〉에서 제시된 예술기구 외에도 많은 예술기구들이 중국 내는 물론 글로벌 시장을 대상으로 운영되고 있다. 특히 많은 예술기구에서 자신이 지속적인 발전을 도모할 수 있는 핵심적인 예술가치(물론 상업적 가치도 추구)의 추구를 기구 운영의 중심으로 하였다. 이 점으로 보아 그전 한동안 글로벌 금융위기의 여파로 많은 충격을 받았음에도 불구하고 이는 798 예술지구가 지속적으로 생존해 나갈 수 있는 원동력인 것이다. 이런 원동력을 바탕으로 798 예술지구가 지속적으로 생산될 것으로 기대된다.

이상 798 예술지구의 문화공간 생산 주체인 예술가들과 중국 국내 및 해외 예술관련 기구들에 대해서 짚어보았다. 특히 그 중 공간생산에서 가장 활발한 예술가들의 경우 비록 현재 798 예술지구가 창의적 실천을 위한 공간임에도 불구하고 경제적 논리의 작용으로 공간 운영측과의 좀 더 오랜 충돌과정이 예상된다. 이는 곧 해당 도시문화공간의 생산에 직접적인 영향을 주게 된다.

• • •

제2절 공간생산을 위한 동아시아 사례

한국과 일본은 동아시아에서 아주 중요한 두 나라이다. 특히 중국과 동일 문화권에 속해 있는 관계로 또 중국보다 일찍 민관차원에서 도시문화공간을 둘러싼 구체적인 실천이 이루어졌다는 점에서 현재 중국 내의 많은 도시들의 도시문화공간 생산에 의미 있는 시사점을 제시할 것으로 기대된다.

1. 한국의 전주 한옥마을

한옥은 예로부터 한국인들의 삶이 깃들어 있는 일상생활 공간이자 전통적인 주거형태이다. 특히 한옥이 군을 이루어 마을을 형성하여 지금까지 남아 있는 경우를 보더라도 전주 한옥마을은 현재 한국에서 몇 곳 안 되는 한옥마을 중의 하나이다. 전주 한옥마을은 백여 년 동안의 우여곡절을 겪으면서 오늘날 전주시의 대표적인 도시문화공간으로 발전하였다. 이런 점에서 그동안 전주 한옥마을의 발전과정과 현재 대표적인 도시문화공간으로서 공간생산의 성공적인 점을 짚어보고자 한다.

전주 한옥마을의 형성은 1900년 초로 거슬러 올라갈 수 있으며 1940년에 본격적으로 지금의 한옥마을 형태를 형성하였다. 그러다가 1960~1970년대 도시로의 인구유입과 도시 확장으로 인한 주거문제를 해결하기 위해 도시 외곽 지역에 아파트를 신축하게 되면서 아파트에서 생활하는 것이 점차 보편적인 주거문화로 바뀌게 되었다. 게다가 당시로서 아파트에 비해 한옥의 불편함과 당국의 한옥마을 지역에 건물 신축에 대한 규제 등 여러 요소들이 공동으로 작용하면서 예전에 한옥에서 살았던 원주민(상류층 포함)들이 이주하면서 한옥마을은 점차 쇠퇴와 함께 공동화된 공간으로 변해갔다. 그러다가 1990년대에 대내외적 요인의 작용으로 일대 공간의 대 변화를 겪는다. 첫 번째 요인은 정책적 요인으로, 1999년 〈전통문화특구 기본 및 사업계획〉으로 도시 한옥군에 대한 계획적인 개발을 통해 전통적인 경관 형성과 주변의 문화유적지 연계를 통한 지역의 활성화를 도모하고 전통미를 갖춘 문화・예술의 공간으로 조성하였다. 2002년 〈전주시 한옥보전지원 조례〉의 제정, 2003년 〈전통문화구역지구 단위계획〉을 지정・고시함으로써 본격적인 전통 한옥의 보전 및 정비, 육성 사업에 착수하였다. 2009년까지 진행 예정인 전통 문화지역 조성을 위한 거리 및 문화시설 건립, 규제 완화 및 한옥 개보수 지원, 전통 문화구역 시설 및 공공 기반시설 정비의 〈전주 한옥마을 조성사업〉 등이다.[1] 이와 같이 약 10년간에 걸쳐 점진적으로 추진한 정책에 의하여 공간의 변화가 이루어 졌다.[2] 이런 일련의 정책과 계획을 기반으

1 이선희, 「전통문화구역 정책이 주민사회에 미친 영향 - '전주 한옥마을'을 사례로」, 전북대학교 대학원 석사학위청구논문, 2008, p.40

로 지금의 전주 한옥마을은 보다 더 세련되고 깨끗하고 쾌적한 도시공간으로 변모하였다. 두 번째 요인으로는 세계적인 대형 행사로 월드컵을 들 수 있다. 1990년대 후반에 들어 '한일 월드컵'이 확정되고 월드컵 경기 장소 중의 한 도시로 전주시가 선정되면서 국제적인 대형 이벤트에 맞게 보여줄 전통 문화공간이 필요하였고, 이에 맞게 새롭게 조명 받은 것이 한옥마을이었다. 특히 세계적인 대형 행사를 계기로 행사가 끝난 후 한옥마을의 인지도가 높아졌으며 그 후 매년 방문하는 관광객의 증가는 물론 전주시를 대표하는 아이콘으로 등장하였다.

하지만 전주 한옥마을이 문화가 살아 있는 공간으로 재탄생하기까지 처음부터 도시문화공간으로 거듭난 것은 아니라 이는 국가의 정책적 기조에 맞춰 민관의 공동협력으로 이루어진 것이다. 시간적으로 볼 때 우선, 공간생산의 주도자로서 관官 차원에서 조치들은 그 당시 선진국의 도시발전 흐름과 많은 연관성을 갖고 있다. 1985년 유럽 선진국에서의 〈유럽문화도시European City of Culture〉 선정사업이 가동되어 문화를 통한 도시발전 인식이 확산됨에 따라 1990년대에 들어 한국에서도 문화적 접근을 통한 도시발전, 도시 구도심 재생 시도가 이루어졌다. 이에 정부차원에서의 정책이 지정되었는데 예를 들면 문화복지, 국가의 비전을 목적으로 하는 장기 〈문화발전 10개년 계획(1990~1999)〉의 제정 그리고 '창의적인 시민' 육성, '창의적인 지역공동체' 형성, '창의적인 국가' 건설을 위한 〈창의한국-21세기 새로운 문화비전·새 예술정책(2004)〉 등이다. 이

2 실제로 전주 한옥마을의 보존에 관하여서는 1970년대 초에 이미 관련 정책이 시행되었다. 하지만 전주 한옥마을이 활기를 갖게 된 것은 1990년대 말이었다. 「전주 한옥마을 조성사업의 도심재생성과 분석 및 개선방안」, 전북발전연구원, 2010, p.69, 〈전주시의 한옥보전정책 전개과정〉 참고

런 국가차원의 정책에 힘입어 각 지방정부에서도 문화를 통한 도시재생 사업이 이루어 졌고, 좀 더 구체적으로 문화를 통한 공간생산 전략으로 이어졌다. 다음으로, 국가의 거시적 차원의 정책으로 2004년 참여정부의 국가균형발전 계획에 따른 지역특화발전특구 조성사업으로 전주시에 전통한옥·한지생활특구를 지정하여 전통 문화예술도시의 특성을 살린 전통 문화구역 조성하는 것이었다.

위와 같은 정책에 힘입어 공간 재구성이 이루어졌으며 현재에는 전주소리문화관, 전주 전통 문화연수원, 전주 자수민속박물관, 한방문화센터 등 전통 문화시설 등이 갖추어져 지역 특색에 맞는 다양한 문화체험을 할 수 있게 되었다. 하지만 이런 시설의 구축은 구도심 재생(공간생산)의 측면에서 하드웨어적인 부분으로 많이 접근하였다. 이에 대한 반성과 비판으로 소프트웨어적인 부분 즉 콘텐츠 생산에 많은 비중을 두게 됨은 물론 전통의 생산과 예술가들의 스케치 등 요소가 가미된 콘텐츠의 다변화를 시도하면서 지금까지 이어지고 있다. 여태껏 보다 오랜 시간동안 지속적으로 진행되어 온 대표적인 문화행사로는 대체로 관주도적 성격의 축제라고 할 수 있지만 전주 한옥마을을 알리고, 해당 공간의 생산하는 면에서는 일단 성공하였다고 평가된다(〈표 3-3〉 참고).

〈표 3-3〉 전주시 관주도 성격의 축제

명 칭	축제 목적	축제 내용
전주 대사습놀이	전주 대사습놀이의 효율적인 보존, 유능한 국악예술인 발굴 및 양성	판소리 명창부, 농악부, 기악부, 무용부 등 10개 부문
전주비빔밥 축제	요리경연, 소통, 체험교육, 화합, 어울림, 참여의 장场을 만듬	화이부동和而不同 정신이 스며있는 한국의 대표음식 '비빔밥'을 중심으로 맛, 멋, 흥, 건강이 어우러진 음식 큰 잔치
전주세계 소리 축제	판소리를 중심으로 한국의 전통음악을 세계에 널리 알리고, 전 세계 다양한 음악적 유산과 폭넓게 교류하는 장	판소리를 중심으로 한 자연과 인간, 역사와 전통, 세계와 인류가 소통하는 신명 장, 고품격의 국제 음악축제

출처: '한바탕 전주(tour.jeonju.go.kr)' 사이트의 내용을 바탕으로 필자 정리

〈표 3-3〉에서 보다시피 위 축제는 모두 농후한 지역적 특색을 갖고 있다는 것이 가장 큰 특징이다. 하지만 단지 지역적인 특색 재현에 국한되지 않고 지역적인 브랜드 차원을 넘어서고 있다. 예를 들면 전주 비빔밥축제, 전주 세계소리축제와 같이 행사기간 예술가・전문가들이 한 자리에 모여서 '세계와 소통한다'는 점이 전주 한옥마을처럼 특정된 공간의 생산에서 돋보이는 측면이라고 할 수 있다. 특히 2012년 전주가 유네스코 '음식 창의도시'로 선정되면서 전주 한옥마을 공간은 음식과 문화와 관광을 결합시킨 복합문화공간으로 발전하고 있다. 한 예로 2014년 제13회 전주세계소리축제의 일부분 행사는 지금까지 연속 5회째 한옥마을에서 진행되고 있다. 제13회 전주소리축제 '대마디, 대장단'을 주제로 28개 국가에서 음악가・공연자들이 참석하여 200여개의 공연을 펼치었다. 그중에는 각국의 전통공연은 물론 전통을 재해석한 음악, 월드음악 등 다채로운 음악공연이 축제기간 펼쳐지고 있다. 전주소리축제는 3년 연속 '국제 페스티벌 베스트 25'에 선정되어 전주 한옥마을은 물론 전주

시 도시 브랜드를 향상시키는데 큰 역할을 담당하고 있다. 또한 축제 중 그 무엇보다 중요한 것은 축제기간에 단지 전문 음악인 외에도 전주시 그리고 주변 도시들의 민간 음악단체들도 함께 참여하여 지역주민은 물론 관광객들과 소통해 음악에 대한 이해의 제고 그리고 축제기간 전주 한옥마을에 다양한 음악 콘텐츠를 제공한다는 점이다.

위와 같은 대형 축제 외에도 또 전주 한옥마을에는 한식 체험, 전통 한옥숙박 체험, 천연염색과 다례 체험 및 한지 체험 등 체험시설과 관련 프로그램들이 있다. 이런 프로그램들은 축제 때에만 체험하는 것이 아니라 상시적으로 체험할 수 있어 방문객들은 문화공간 자체의 체험 외 다양한 체험거리를 접할 수 있다. 이런 점은 2010년 유네스코 '음식 창의도시'로 선정된 청두시에서 콴자이샹즈 역사·문화공간을 생산하면서 많은 시사점을 제시하고 있는 부분이다. 단 전주 한옥마을에서 진행되는 위의 축제들이 한해 중 특정된 시간대에 정해져 단기간 진행된다는 점은 아쉬움으로 남아 있다. 이런 아쉬운 점을 줄이고자 하는 것이 바로 현지 주민들의 협력과 동참을 이끌어 내어 형성된 문화공동체의 등장으로 이는 공간의 일상적인 생산에 크게 도움이 되는 부분이다.

지금까지의 전주 한옥마을 공간생산의 주도자로서의 관 차원에서 이루어 졌다면, 다음으로는 지방정부의 막대한 예산 투입과 한옥마을 보존에 관한 주민들과 예술가들의 노력이라고 하겠다. 하지만 그중 보다 더 중요한 것은 재현된 공간적인 측면으로 전통의 생산, 예술가들의 스케치 등 요소의 포함 외에도 구체적으로는 주민자치위원회, 한옥마을공동체 등을 비롯한 관련 민간단체들의 활약이 두드러졌을 뿐만 아니라 다양한 협력체계 즉 한옥마을의 민관산학협력체계의 구축으로 이루어낸 성과라고 볼 수 있겠다.[3] 그 가운데는 2006년 설립되어 20여개의 단체를 포함한 한옥마을공동체의 경우 문화공간의 콘텐츠 생산자로서 몫을 톡톡히 담당하고 있고[4] 또한 매주 상설공연 프로그램을 통해 공간을 생산하고 있다(〈표 3-4〉 참조). 이로서 위에 제시된 관의 주도로 진행되는 행사들을 보완하는 역할을 하게 되었고 평소에도 더 많은 체험거리와 볼거리를 제공해 주게 되었다.

〈표 3-4〉 전주 한옥마을 예술공동체 상설공연 프로그램[5]

시기	공연구분	공연내용	주관단체
첫째 주	퓨전타악 및 전통연희공연	사물놀이, 모듬북, 설장고, 선반공연 등	전통예술원 모악
둘째 주	전통국악공연	기악, 판소리, 민요 등 전통국악 공연	누리예술단
셋째 주	뮤직콘서트	록밴드, 아카펠라, 통키타 등 대중음악 공연	노래모임 우리 동네
넷째 주	대중예술공연	다양한 색깔의 동호회 및 청소년 등 상설공연단 공연	문화기획 쇼코리아

위와 같은 지역주민들의 상설공연 외에도 10여 곳의 미술 갤러리가 있어 지역 예술가들은 전주 지역의 문화적 특색과 현대인의 삶을 담은 다양한 소재의 작품을 전시하고 있다.[6] 전주 한옥마을은 단지 전통만을

3 김진석, 「전주 한옥마을 조성사업-거버넌스 형성을 통한 지역개발의 사례」, 지역경제, 2005. 12, pp.225-226

4 한옥마을예술공동체는 노래모임 우리동네, 강령탈춤전승회, 국악실내악단 청어람, 전통 예술원 모악, 쇼코리아가 모여 전통문화중심도시의 위상에 맞는 다양한 예술활동을 통해 한옥마을의 문화 활성화를 위한 전문성을 가진 공연활동을 하며 문화예술의 현대적 계승과 일상적인 문화체험공간의 활성화를 도모하기 위한 단체. 이 단체는 전주 전통 문화중심도시를 한국 및 해외에 알릴 수 있는 민간문화예술 사절단의 역할을 하고자 한다. - 전북문화재단 홈페이지(www.jjcf.or.kr) 참조

5 김동영, 「도심활성화에서 신예술가집단의 역할」, 전북대학교 대학원 박사논문, 2010.8, p.174

6 〈전주 한옥마을..걷노라면 눈이 즐겁다〉, YTN, 2014.11.9 방송

생산하는 공간이 아니라 지역사회와 지속적으로 소통하는 전형적인 도시문화공간임을 재차 확인해 주고 있다.

오늘날의 전주 한옥마을은 관광객의 발길이 끊이지 않는 명소로 2013년에만 500만 명의 관광객이 찾을 정도로 과거 구도심에서의 탈출은 물론 한옥의 발전방향을 제시하는데 이어 한韓브랜드와 한韓스타일의 창출에 큰 기여를 하고 있다. 전주 한옥마을이 전통 문화공간으로서 공간생산의 성공은 〈표 3-3〉, 〈표 3-4〉에서 보다시피 1차적으로는 한국 문화원형의 성공적인 활용, 2차적으로는 문화원형을 활용하여 지역을 기반으로 한 글로벌 소통에서 찾을 수 있겠다.

2. 일본의 이시가와현 가나자와 시민예술촌

가나자와金泽시는 일본에서 대표적인 창조도시로 평가받고 있을 뿐만 아니라 기타 많은 나라의 벤치마킹 대상으로 되고 있다. 가나자와시는 성공적인 창조도시 사례로 시사하는 바도 크지만 이 논문에서는 그 가운데서 구체적인 창의공간인 가나자와 시민예술촌金泽市民艺术村을 중심으로 공간의 구성과 문화·창의공간이 될 수 있었던 공간생산 체계에 주목하였다.

가나자와시는 예로부터 예능과 공예의 전통을 간직하고 있는 도시이다. 제2차 세계대전 중 전쟁의 피해를 받지 않아 이러한 도시의 문화정체성을 토대로 지속적으로 전통을 계승·발전시켜 왔다. 지금은 과거의 전통이 시민의 일상 생활문화로서 뿌리 내리고 있는 문화예술도시로 자리 잡고 있다. 하지만 1970~1980년대 고도 성장기 '포스트 포디즘'의 대량생산과 대량소비가 종말하고 두 번에 걸친 중동석유전쟁 그리고 1985

년 '플라자 합의Plaza Accord' 결과로 일본은 장기적인 침체기에 처하게 되었다. 따라서 당시 가나자와는 도시 기반산업이었던 방직산업이 점차 쇠퇴해 지고 지역 경제가 위기에 처하게 되었다. 이런 문제의 해결을 위해 채택한 것이 반도체와 하이테크기업 유치와 섬유기계로 대표되는 기계공업이 하이테크화에 대응하여 지역경제의 위기를 극복하고 새로운 '내발적 발전Endogenous Development'의 주역이 되는 것이다.[7] 산업뿐만 아니라 도시의 문화면에서도 가나자와는 '문화'와 '산업'이 연계된 '내발적 발전'의 독자적인 발전방식을 적용하였다.

가나자와의 '내발적 발전' 방식은 대체로 다음과 같은 부분으로 구성되었다. (1) 지역정체성으로, 전통 공예도시로서의 지역정체성을 토대로 도시발전전략을 공예도시로 설정하였다. 또한 이런 성과가 인정받아 2009년 유네스코 창의도시(크라프트&포크아트 분야)로 선정되었다. (2) 도시문화 주체의 형성으로, 창조도시와 세계도시를 지향하는 가나자와시의 도시발전 전략을 제안한 주체는 행정・경제계・민간 등으로 구성하고 있다. (3) 도시문화시설의 구축으로, 대표적 문화시설 '가나자와 시민예술촌'과 '가나자와 21세기미술관'은 도시재생과 지역 활성화의 거점, 지역의 창조성을 견인하는 대표적인 문화창의공간으로 형성되었다.

가나자와의 '내발적 발전'은 지역사회의 문화발전에 기여는 물론 21세기 창조시대에 지속적으로 새로운 가치를 창출하고 있다. 가나자와시는 예전부터 우세였던 전통공예를 기반으로 문화유산에 대한 보존을 뛰어넘어 시민이 갖고 있는 창조의 힘을 빌어 진정한 문화의 내발적 창조단계를 향하고 있다. 이를 위해 가나자와시에서는 '가나자와 시민예술촌',

7 佐々木雅幸, 정창원 옮김, 「창조하는 도시」, 소화출판사, 2004.7, p.128

'전통공예 보존', '오케스트라 앙상블 가나자와', '세계 공예도시 회의', '국제적 시점에서 전통공예를 되살리기'[8] 등을 위한 다양한 문화행정을 펼치고 있다. 이에 이 논문에서는 그 중에서도 특히 민관의 성공적인 협력으로 주목 받고 있으며 창조문화의 산실인 가나자와 시민예술촌의 공간 형성과 다양한 활동을 통한 공간생산에 집중하여 고찰하고자 한다.

가나자와 방직산업의 시작은 1919년으로 거슬러 올라 갈 수 있다. 1923~1927년 사이에 현재의 각 공방과 기타 공간을 구성하는 기본적인 틀을 갖추게 된다. 제2차 세계대전 이후 일본의 고도성장기와 함께 호황을 누렸지만 20세기 말 결국 방직산업이 사양 산업으로 전락되면서 1993년에 종말을 맞는다. 근대문화유산의 활용을 놓고 가나자와시에서 고민이 없었던 것은 아니었다. 당시 시장으로 있던 야마데 다모쓰山出保는 '잘 조화를 이룬 큰 기둥들과 오랫동안 사용하여 옛 향수를 느낄 수 있는 마룻바닥에 감동하여, 원래의 창고를 보존하여 이 분위기 속에서 예술활동을 펼치기로 하자'고 결단을 내린 것[9]이 오늘날 문화창의공간으로 발전할 수 있는 시발점이 되었다. 최종적으로 가나자와의 오래된 공예 전통의 우세를 십분 발휘하여 〈문화・예술의 거리〉를 조성하여 연극・음악・미술 등 문화행사를 진행할 수 있는 창조의 장을 구축하기로 결정하였다. 이로서 1996년 가나자와시는 도시의 기반산업인 방직산업의 쇠태로 폐업한 공장건물, 즉 근대산업유산을 이용하여 부지 면적 약 9.7만㎡의 가나자와 시민예술촌을 만들게 된다. 가나자와 시민예술촌은 세계의 문화, 일본의 문화, 현대적 문화, 지역문화가 잘 조화되는 문화의 다중화 전략[10]으로 전 일본에서도 전례 없는 '365일, 24시간' 이용 가능한

8 위 책, pp.144-154
9 위 책, p.145

‘창조의 장’으로 구축되었다. 또한 시민・예술가들을 포함하여 여러 분야의 사람들에게 수시로 문화 행사를 진행할 수 있고 다양한 예술 장르를 아우르는 연습・교류 및 ‘창조의 장’을 마련하였다. 이로서 쾌적한 환경에서 많은 사람들의 문화창조 욕구를 불러일으킬 수 있는 좋은 계기로 작용하고 있다. 가나자와 시민예술촌의 설립은 문화의 창조를 담당하는 젊은이들이 모이고, 새로운 시민예술의 창조적 활동을 진행하기 위해 공연・음악・무용・미술 등의 연습・창작・연구 및 성과 발표의 장으로서 이용되는 것부터 시민문화의 향상과 풍요로운 지역문화 육성을 목적으로 하고 있다.[11] 가나자와 시민예술촌의 설립 초기만 해도 드라마 공방, 뮤직공방, 에코라이프 공방, 아트 공방으로 구성되었지만 지금은 보다 더 다양한 공간들의 구축과 다양한 프로그램을 구성하여 공간생산 더 나아가 문화창조의 폭을 넓혀가고 있다. 그 외에도 실습동, 교재 창고, 커피숍 등 시설들이 갖추어져 있다(〈표 3-5〉 참조).

10 大場吉美, 「金沢市民芸術村、そして金沢市の文化戦略とその意味」, NIRA Case Study Series No.2007-06-AA-7, 2007.6, p.13

11 위 논문, p.17

〈표 3-5〉 가나자와 시민예술촌 공간 구성

	명 칭	공간 특성	이용 목적	면적(㎡)
1	멀티 공방	연극, 무용, 음악, 미술 등 다양한 창작 활동을 진행하는 장소.	토막극, 합창, 무언극, 플라멩코, 탭 댄스 연습 등	148.34
2	연극 공방	연극 창작 공간으로 창조적인 내용과 플랫폼을 이용하여 「공간+창조+운영+관계」 = 창조적 인간사회를 형성. 이상의 네 가지 요소가 향후 연극의 새로운 도전으로 된다.	연극 연습	총면적(842.27) 1층(546.00) 2층(296.27)
3	아트 공방	장르와 연령, 아마추어나 예술가에 관계없이 아트에 관심 있는 시민은 모두 참여 가능. 풍부한 경험을 할 수 있는 장으로 정보 발신의 거점으로 되기를 지향하고 있다.	예술품 전시와 제작	제작 공간(495), 계단(182.37), 창고(182.37)
4	음악 공방	나무의 향이 넘치는 공간에 무대가 설치되었다. 무대가 설치된 중앙 스튜디오 옆으로 5개의 소규모 스튜디오가 차례로 설치되어 있고 각 스튜디오마다 서로 다른 악기가 설치됨.	음악 연습	총면적(497.68) A,B스튜디오(30); C,D스튜디오(24); E스튜디오(21), 중앙스튜디오(240)
5	오픈 스페이스	모든 시민이 사용 가능한 공간. 시민의 휴식과 산책 등이 가능.	휴식의 장소	계단(502.91), 창고(268.54), 수상무대(6m×6m)
6	사도야마里山의 집	시민들의 다목적 문화활동을 위해 만들어진 가나자와시 교외의 오랜 농가 건축을 그대로 본떠 만든 건물.	전시, 창작, 예술문화에 관한 연수 및 회의	총면적(301.51) 1층(168.36), 2층(133.15)
7	퍼포밍 스퀘어	대다수의 예술활동을 지원할 수 있는 가나자와 시민예술촌에서 가장 큰 연습실을 갖고 있는 공간. 또 2개의 작은 연습실을 갖고 있어 개인, 단체, 그룹의 연습에 이용된다.	예술문화와 관계되는 연습	대연습실(403.5) 소연습실(31.5, 22)
8	다이와마치大和町 광장	1997년 만들어져 시민의 휴식할 수 있는 광장으로 활용됨.	시민휴식, 산책, 조깅 등 여가활동	
9	가나자와 장인대학교	9개 분야의 전통 공예의 전수를 목적으로 이를 계승할 인재를 육성하여 장인으로서 사회 평가를 받는 것을 목표로 하고 있다.		

출처: 가나자와 시민예술촌 홈페이지(www.artvillage.gr.jp) 내용 필자 재구성

〈표 3-5〉에서 보다시피 각 공간마다 다양한 프로그램을 갖고 연습 혹은 창작을 진행 할 수 있으며 특히 공간 이용료가 평균 540-1080엔/6시간으로 저렴한 비용으로 이용가능하다. 가나자와 시민예술촌에서는 매주 다양한 전시・강좌・공연 등 문화행사가 진행되고 있다. 뿐만 아니라 이상의 다양한 공방 외에도 독특한 공간으로 1996년에 설립된 가나자와 장인대학교를 들 수 있다. 장인대학교에서는 장인기술에 대한 자료를 수집・연구하고 이를 아래 세대에 전수하며 또한 우수한 전통기술을 집합하고 새로운 것을 창조하여 시민들에게 환원한다. 그 외에도 시민들과의 교류의 장으로 될 수 있도록 하는 것을 대학교 운영의 방침으로 제정하였다. 장인대학교에서 전공은 석공, 기와, 판금, 조원술 등 9개의 세부전공분야로 나뉘며 학생들은 전액 무료 지원으로 3년간의 (도제식)양성과정을 밟게 된다. 학생들은 3년간의 양성과정을 거친 후 대학교에서는 〈가나자와 장인 기능사金沢匠の技能士〉 자격증을 수여받으며 지역의 전통공예를 전수해 나갈 수 있는 장인으로 성장해 나가게 된다. 1996년 10월부터 2011년 9월까지 총 5기에 걸쳐 모두 243명의 〈가나자와 장인 기능사〉를 배출하였다.[12] 가나자와 장인대학교의 이런 방침과 커리큘럼으로 가나자와 전통공예의 전수, 문화유산 보건인력의 육성 더 나아가 전통공예분야에서 창의인력의 육성에도 한 몫을 하고 있다.

이와 같이 가나자와 시민예술촌의 성공적인 운영은 당국의 선진행정 뒷받침 외에도 가나자와 예술창조재단金沢芸術創造財団(이하 재단으로 약칭)의 효율적인 운영・관리와 직접적인 연관성이 있다. 재단은 1993년 가나자와시 공공홀 운영재단財団法人金沢市公共ホール運営財団으로 출범하여

12 가나자와 장인대학교金沢職人大学校 홈페이지(www.k-syokudai.jp), 2014년 12월 30일 검색

현재에는 가나자와시 문화홀, 가나자와시 아트홀, 가나자와시 시민예술촌, 가나자와 21세기미술관 등 문화시설들을 운영하고 있다. 또한 가나자와의 예술·문화 창조에 관련되는 사업을 적극적으로 계획하고 실시하며, 시민의 생애에 걸쳐 그들을 위한 문화예술 토양을 마련하고 예술문화의 진흥에 기여하는 것을 재단의 취지로 하고 있다.[13] 이와 같이 가나자와시를 예술적 분위기가 넘치고, 예술과 문화를 즐길 수 있는 가나자와를 목표로 하고 있는 재단은 매년 가나자와 정부에서 4천만 엔의 지원금을 받아 치밀한 계획과 타당성을 거쳐 각종 공익성사업을 진행하고 있다. 일례로 2013년도 공익재단법인 〈예술창조재단 사업계획서平成25年度公益財団法人金沢芸術創造財団事業計画〉에서는 재단의 사업을 자주적 사업과 (각 문화시설)관리대행 사업으로 나누어 진행하고 있다. 그중 자주적 사업의 경우 신진예술가 육성사업, 참여·창조형사업, 교육 프로그램사업 등 세부사업이 포함되고 있고, 관리대행사업의 경우 재단 산하의 여러 문화시설의 대행을 맡고 있다. 그중 가나자와 시민예술촌의 경우 음악공방, 아트공방, 연극공방에서 어린이와 일반인을 대상으로 매월 다양한 장르와 내용의 문화행사를 개최하고 있다. 특히 어린이를 대상으로 하는 프로그램은 그들로 하여금 어릴 때부터 관련 교육과 문화체험을 자연스럽게 받게 됨으로써 향후 창의적 예술가로 될 수 있게 하는 잠재적 인력의 육성에 도움을 주고 있다. 주로 그 역할을 담당하는 인원은 공방마다 배정한 시민디렉터이다. 이처럼 재단 측은 오로지 가나자와 시민예술촌이라는 공간의 주요 활용자(시민, 예술가 등)를 위한 문화·교류·창조의 장 구축에 심혈을 기울이고 있다.

13 〈公益財団法人金沢芸術創造財団定款〉, 第3条

가나자와 시민예술촌은 지금까지의 성과를 인정받아 수많은 영예를 받았지만 아직도 시민들의 적극성을 한층 더 이끌어내야 한다는 것이 향후의 과제로 남아 있다고 오바 요시미大場吉美는 말하고 있다. 하지만, 기존의 산업유산을 활용하여 공간을 생산하면서 상업적인 가치가 우선이 아닌 시민들의 문화향수와 전통문화의 보존과 창조에 가치를 두었다는 것이 가장 큰 장점으로 부각되고 있다. 이런 점은 현재 중국 국내의 많은 문화창의산업단지에서 본받아야할 내용들이다.

•••

제3절 공간생산을 위한 유럽의 사례

세계 발전의 흐름이 포스트 포디즘으로 변화함에 따라 유럽의 일부 국가에서는 오래전부터 문화와 문화산업에 주목하게 되었으며 지금은 문화산업과 관련하여 선두주자로 달리고 있다. 특히 영국, 독일, 이탈리아 같은 국가들은 구도심, 노후 공업지구의 재활성 등 면에서 앞서고 있다. 이에 그중 보다 대표적인 영국과 이탈리아의 사례를 통해 도시문화공간 생산에 대해 고찰하고자 한다.

1. 영국의 테이트 모던Tate Modern

영국 런던은 지난 1990년대부터 약 10년의 시간을 거쳐 밀레니엄 돔Millennium Dome, 밀레니엄 브리지Millennium Bridge, 런던 아이London Eye, 테이트 모던Tate Moden, 영국 박물관 개축을 주요 내용으로 하는 범국가적인 〈밀레니엄Millennium〉 프로젝트를 가동하였다. 밀레니엄 프로젝트는 런던 도시를 관통하는 템스강 주변 지역을 중심으로 진행되는 초대형 프로젝트이다. 그것도 수백 년 동안 내려오면서 템스강 서쪽과 북쪽에 비해 상대적으로 낙후되고 소외된 남쪽지역을 경제·문화·사회 등 여러 면에서 기존의 번영한 지역과 격차를 줄여 도시의 균형 발전을 이루고자하는 취지에서 진행되었다. 이런 이유에서 〈밀레니엄〉 프로젝트는 남부지역의 재활성화에 성공을 거두면서 런던이 새롭게 부활하는 계기를 마련하였고 지금까지 긍정적인 평가를 받고 있다. 이 논문에서는 그 중에서도 영국 사회 전반에 거쳐 긍정적인 평가를 받고 있는 테이트 모던 현대미술관이 도시문화공간으로서 지속될 수 있는 공간생산에 대해 고찰하고자 한다.

19세기 전반에 걸쳐 산업혁명의 성공을 이루면서 '해가지지 않는 제국'으로 부상한 영국은 20세기, 특히 20세기 중반에 들어 극심한 노동파업과 장기적인 경제침체기에 빠져들면서 경쟁력이 없는 산업이 과감히 퇴출되게 되었다. 이 와중에 1970년대 세 차례의 석유 파동과 공해 문제로 인해 당시 런던 도시에 전력을 공급하던 뱅크사이드Bankside Power Plant(1947년 준공)화력 발전소는 1981년 폐쇄하게 되었고 이렇게 약 20여 년 동안 방치되어 도시미관 훼손은 물론 흉물로 남게 되었다. 이에 〈밀레니엄〉 프로젝트의 일환으로 당국은 기존 화력발전소의 문제를 놓고 공모를 진행하였지만 당시의 많은 건축가들은 발전소를 철거하고 새로운 건물을 지을 것을 제안하였다. 하지만 이때 스위스 출신의 건축가 헤르조그Herzog와 드 므롱de Meruon의 발전소 리모델링 제안이 받아들여지면서 기존 산업공간의 새로운 활용이 시작되었다. 마침 테이트 현대미술관이 새로운 장소를 물색하면서 당국과의 협상을 거쳐 발전소의 재활용사업에 참여하게 되었다. 발전소의 리모델링은 건물의 기존 모양을 보존하고 내부에 대한 리모델링 작업을 통해 약 8년의 오랜 시간을 거쳐 2000년 5월에 개관하였다. 이로서 도시의 흉물이 일약 세계적인 현대미술관으로 변신하면서 예전의 화력발전소에서 문화발전소로, 대중문화공간으로 새롭게 단장하게 되었다. 리모델링 후 연 면적 약 34,500㎡, 7층 규모의 각종 전시와 교육 및 체험을 할 수 있는 문화공간으로 재탄생하였다. 그리고 관련 시각예술분야를 선도할 수 있는 연구와 예술품에 대한 보존, 다양한 프로젝트 진행의 기능을 수행하는 등 문화 재생산의 장이 되었다. 2009년에는 또 한 차례의 재보수를 거쳐 방문자에게 더욱 향상된 문화공간을 제공하고 있고 지금은 새 건물을 지어 확장공사가 진행되고 있다. 현재 템스강 남쪽에 위치하고 있는 테이트 모던 미술관은 2012년의 '런던 올림픽'을 맞으면서 양호한 입지 조건과 보다 용이한 접근성 등 외적 원인으로 한해에 안정적으로 약 400만 명의 관람객이 찾고 있는 런던의 명소이자 새로운 도시 아이콘으로 등장하였고 매년 약 1억 파운드의 경제효과를 가져오고 있다. 테이트 모던 현대미술관의 운영은 자체의 수입 외에도 단지 정부의 지원이 아닌 회원과 재단, 기업들의 후원을 받아 운영되는 등 이미 자생력을 갖추었다. 2013년 기준 정부의 지원금은 테이트 모던 전체 운영자금의 36%를 차지하고 있다.[1]

테이트 모던 현대미술관(공간)은 문화와 상업사이의 상호관계 속에서 서로 상생하는 모델을 제시하여 21세기 새로운 미술관 형태를 제시하고 있다.[2] 이와 같은 성공적인 운영과 지속적으로 공간이 생산될 수 있는 요인은 상업적 운영, 정부 정책적 지원 그리고 현대미술관으로서 소장한

1 TATE REPORT(2013/14), p.56

2 Caroline Donnellan, Establishing Tate Modern: Vision and Patronage, the London School of Economics for the degree of Doctor of Philosophy, London, July 2013, p.8

많은 예술품 전시와 유명 예술가들의 작품 전시 등 핵심 콘텐츠를 제외하고도 여러 방면에서 찾을 수 있을 것이다. 아래에 그 중에서 소프트웨어를 구성하는 콘텐츠 생산의 차원 즉 문화생산 및 역할에 대해 집중적으로 고찰하고자 한다.

오늘날 테이트 모던 현대미술관은 세계 유명예술작가들의 작품 전시회 개최를 중심으로 관련 예술분야에 대한 선도적인 연구와 영국 국내 및 해외 교류를 활발하게 진행하고 있다. 테이트 모던 현대미술관은 단지 미술관의 기능을 초월하여 교육, 커뮤니티, 전문 연구, 관련 간행물 발행, 영국 내 및 해외 교류 등 여러 분야에 걸쳐 활동을 진행하고 있다. 또한 도시 낙후 지역의 재생을 넘어 사회적 사명감도 지니고 있다. 그 중에는 특히 지역주민과의 소통 확대를 위한 커뮤니티 프로젝트가 있을 뿐만 아니라 더 나아가 다양한 사람들을 위한 교육 프로그램도 마련하는 등 차별화된 콘텐츠도 포함되어 있다. 테이트 모던은 문화예술교류의 장뿐만 아니라 성숙된 도시문화공간으로서 진정으로 사회에 기여할 수 있도록 책임과 의무를 다 하고 있다는 점은 주의 깊게 봐야 할 부분이다. 특히 사회에 대한 기여와 책임은 테이트 모던에서 진행하고 있는 여러 프로젝트와 프로그램에서 잘 반영되고 있다(〈표 3-6〉 참조).

〈표 3-6〉 테이트 모던의 커뮤니티 프로젝트

	명 칭	개 요	세부 내용
1	The Town Project	지역 초등학생을 주요 대상, 지역 유산을 기반으로 지역사회의 참여를 위한 커뮤니티이다. 프로젝트의 핵심과 철학은 학교, 가족, 테이트와 함께 학습, 경험하는 것이다.	학교와 가정들에서 지역 예술가와 협력하여 지역축제 등 문화행사를 새롭게 발굴하고 지역문화를 함께 향유하도록 한다.
2	The Silent University	예술가 Ahmet Ögüt의 발기로 시작된 난민과 망명 신청자, 이주민에 대한 교육 플랫폼이다.	난민 등 사회약자를 위한 1년 기간(매주 진행) 교육 프로그램으로 그들의 지식을 재구성하여 영국 사회에 잘 적응하도록 한다.
3	Look Groups	새로운 사람들을 만나고 예술에 대해 이야기 할 수 있는 재미있는 커뮤니티이다.	예술가와의 아이디어에 대한 교류를 중심으로 매달 한 번씩 만나 소통한다. 별도의 특별한 지식이 없이 생각, 아이디어를 바탕으로 보조 학습, 큐레이터 지원으로 다양한 활동을 즐길 수 있다.
4	Verbal Eyes	젊은 사람들에게 현대 미술 작가와 테이트의 예술문화 자원을 사용하여 시각 및 언어적 표현을 탐구 할 수 있는 기회를 제공하는 학교 봉사 프로젝트이다.	매년 360명의 초등학교, 중학교 학생들이 예술가들과 함께 시각예술 작품을 만든다. 프로젝트의 초점은 예술가와 교사가 협력하여 예술품을 창작하는 것이다.
5	Tate Modern Community Garden	지역주민들에게 휴식할 수 있는 여유 시간을 제공하고, 아이들이 야생 동물을 탐험 할 수 있으며, 가족이 함께 즐길 수 있는 공간을 제공한다.	정기적으로 부모와 자녀가 참여하는 워크샵, 자원 봉사 활동의 활성화, 이벤트 등 프로그램을 가지고 있다. 지역주민으로 구성 스티어링steering 그룹은 정원의 진행 상황을 논의하기 위해 정기적으로 모임을 가진다.

출처: 테이트 모던 홈페이지(www.tate.org.uk)내용을 바탕으로 재구성, 2014년 12월 검색

〈표 3-6〉에서 보다시피 테이트 모던의 커뮤니티 프로젝트는 철저하게 지역성에 초점을 맞추어 진행되고 있다. 또한 지역의 가정과 학교를 주요 대상으로 지역 예술인들의 참여를 유도하여 학교와의 커뮤니티 형성

에 힘쓰고 있다. 이로서 지역 어린이들은 어릴 때부터 자연스럽게 예술과 지역문화를 접할 수 있게 된다. 특히 주목할 것은 커뮤니티가 지역적인 범위를 벗어나 이민자, 망명자 등 사람들과의 교육 중심의 커뮤니티를 형성하여 사회적 화합을 추진하였다는 점도 긍정적으로 평가되어야 한다.

위와 같이 다양한 커뮤니티를 형성하는 외에도 미술관에서의 오프라인 교육 프로그램과 인터넷 온라인 교육 프로그램을 진행하고 있다. 관련 학습 프로그램은 작품 수집과 전시에 관한 지식 그리고 참가자의 영감을 기반으로 그들의 예술에 대한 지식과 이해를 증진시키고 예술에 대한 즐거움을 심화시고 있다. 교육 프로그램 또한 연령별, 직업별로 세분화되어 있고 이민자, 일반 방문자, 전문가를 위한 다양한 학습방법을 제공하고 있다. 그 중에서 특히 주목해야 할 부분은 사회의 약자와 소외계층도 함께 포용하여 관련 교육을 시켜 예술·문화에 대한 이해를 증진시킨다는 것이다(〈표 3-7〉 참조).

〈표 3-7〉 테이트 모던의 교육 프로그램

	명 칭	개 요	세부 내용
1	Schools & Teachers	예술가의 작업과 테이트 갤러리 공간은 학교 교육 프로그램의 중심에 있다. 이런 교육 프로그램은 창조적, 독립적으로 생각하는 학생들을 격려한다.	· Common Projects · Early Years Open Studio programme Tate Modern(무료) · Artist-led workshops: Autumn 2014, Tate Modern(무료) 등
2	Families & Early Years	아이들과 가족의 예술성과 창의성을 풍부하게 하는 활동, 스튜디오 워크샵, 및 이벤트를 예술가와 함께 진행. 이로써 지속적으로 관객과 함께 진화, 개방, 체험 학습을 제공한다.	· Clore Learning Centre(무료) · Open Studio(무료) · Families Welcome Room: Warp & Weft(무료) · Activity Trails and Gallery Resources(무료) 등
3	Young People	15-25세 사이의 젊은 사람들을 위한 전시회 및 사회적, 문화적, 창조적인 활동 프로그램이다. 이 프로그램은 청소년을 위한 문화체험 및 비공식 학습 기회를 폭 넓게 제공, 참여를 권장. 독립적으로 예술가와 협력을 요구한다.	· BP Loud Tate 2014: Code(무료) 창의적인 젊은이들의 예술에 대한 발견, 인식 공유 및 교류를 위한 전시회 등.
4	Adults	성인을 위한 예술 학습 프로그램으로 지역, 국가 및 국제 관객과의 대화 및 교류를 위한 플랫폼을 제공하고 예술가들의 작업 사례 등에 대해 조사한다.	· Courses and lectures in the gallery · Visit to research · Group visits · Learn online
5	Local communities	예술에 대한 참여와 접근을 확대하기 위해 지역 단체와 협력하여 맞춤형 프로그램을 개발한다. 특히 예술교육 및 문화 불평등 해소에 초점을 둔다. 지역의 예술에서 제외 된 사람들과 대화를 추구, 일련의 활동을 통해 지역 사회 단체의 참여 증가를 목표로 한다.	· Visit the galleries · Tate Modern community garden · Community film club at Tate Modern · Community private views · Learning at Tate 등

출처: 테이트 모던 홈페이지(www.tate.org.uk)내용을 바탕으로 재구성, 2014년 12월 검색

그 외에 전문 연구도 활발하게 진행되고 있다. 예를 들면 2014년 10월 공식 설립된 테이트연구센터Tate Research Centre에서는 예술연구 및 지식교

환을 촉진하고 본 현대미술관에서 학습, 실천, 정보 교류의 테이트연구센터로 자리 잡고 있다. 특히 아시아 태평양 지역의 예술에 초점을, 영국의 낭만주의 미술, 창조적 커뮤니티, 큐레이터 연습과 박물관학(테이트 리버풀 합동)과 빅토리아와 에드워드 예술연구를 진행하고 있다.

테이트 모던은 도시 경쟁력의 향상은 물론 도시민의 삶의 질과 문화 향유를 할 수 있는 대중적인 도시문화공간을 제공해 주고 있다. 테이트 모던의 훌륭한 평가를 받고 있은 원인은 순수하게 우아한 건물의 창의적인 변신에서만 찾을 수 없다. 그 내면에서는 한 도시의 전반적인 이미지를 바꿀 수 있는 내적인 힘이 있었다. 즉 공간이 지속가능 할 수 있고 생기를 불어넣은 문화와 예술의 힘 그리고 다양한 콘텐츠의 역할 외에도 지역사회에 대한 책임감이 가장 컸다.

2. 이탈리아 볼로냐

이탈리아 북부에 위치한 볼로냐는 인구 37만 명 정도의 도시로, J. 제이콥스가 감탄하는 창조도시이자 21세기 창조도시 모델로 손꼽히고 있다. 볼로냐는 이탈리아에서 두 번째로 일인당 국민소득이 높을 정도로 부유한 도시에 속해있다. 현재 볼로냐는 산업의 경우 기존의 자동차, 패키지, 전자, 식품, 패션 등은 주력산업에서 점차 물류, 건강과 의료, 창조산업, 고부가가치 서비스 등 분야가 차세대산업으로 등장하고 있다. 그중 패키지산업은 '패키지 밸리'로 불릴 정도로 세계적인 메카로 성장하였다.

문화의 경우 볼로냐에는 도심을 중심으로 미술관과 박물관 37곳, 영화관 50곳, 극장 41곳, 도서관 73곳[3] 등 문화 인프라가 잘 구축되어 있을 뿐더러 접근성이 뛰어나 시민들이 쉽게 다양한 문화를 접할 수 있게 되었다. 그럼에도 불구하고 볼로냐가 주목 받는 것은 또 다른 이유 때문이다. 비록 특별한 문화유산을 내세울 것이 없는 도시이지만 도시 전체를 창조공간으로 구축한 볼로냐는 진정한 창조도시의 성공사례로 각광 받고 있다. 볼로냐는 1980년대 문화도시로의 변신을 시작하였으며 2000년에는 〈유럽문화수도〉로 선정되면서 문화도시를 향한 행보는 더욱 빨라졌고 2006년에는 유네스코 〈창의도시(음악분야)〉로 선정되기도 하였다. 특히 주목 받는 것은 '무에서 유'의 가치를 창조하였다는 점으로 새로운 밀레니엄을 맞이하면서 추진한 〈볼로냐 2000〉이 대표적이다. 〈볼로냐 2000〉의 추진으로 창의, 시민의 참여, 문화적 향유 등 여러 면에서 그리고 문화소비를 초월하여 문화생산과 창조적 발전을 지향하는 등 큰 변화와 발전을 가져올 수 있게 되었다. 그 내용을 보면, '창조적인 문화공간'을 창출할 목적으로 문화단체 및 시민들의 다양한 기획안을 포함한 300개의 콘서트, 2300개의 전람회, 260개의 컨벤션, 125개의 실험실 등 합계 2천 시간에 달하는 이벤트가 기획되고 있다.[4] 뿐만 아니라 구도심의 공동화로 기존의 문화재와 근대산업유산인 공장건물, 창고 등을 '문화 창조공간'으로 탈바꿈시킴과 동시에 보존시키는 결과를 이루었다. 이와 같은 일련의 조치에 힘입어 창조산업의 한 예로 영화의 경우, 영화와 비디오 제작 관련 분야의 업소 150곳, 특히 'Cineteca(영화 필름을 정돈해서 수집해 놓은 곳)'로 유명세를 얻고 있다.[5] 이와 같이 기존의 근대산업유

3 吉村英俊, 「第三のイタリア"ボローニャ&モデナ"にみる創造都市形成の示唆」, 地域課題研究, 2008, p.96

4 佐々木雅幸, 정원창 옮김, 『창조하는 도시』, 소화, 2004.7, pp.90-91

5 吉村英俊, 「第三のイタリア"ボローニャ&モデナ"にみる創造都市形成の示唆」, 地域課題研究, 2008, p.98

산들은 다양한 공간형태로 재탄생하여 창조공간으로 새롭게 거듭나고 있다.

이런 현상에 대하여 사사키 마사유키는 이탈리아의 볼로냐와 일본의 가나자와 두 도시에 대한 분석을 기초로 창조도시에 대해 다음과 같이 정의[6]하고 있다.

> 창조도시란, 시민의 창조활동의 자유로운 발휘에 기반을 둔, 문화와 산업이 풍부한 창조성과 동시에 탈 대량생산의 혁신적이고 유연한 도시경제 시스템을 갖추고, 세계적인 환경문제와 또는 지역적인 사회문제에 대해 창조적으로 문제를 해결하고자 하는 창조의 장이 풍부한 도시이다.

사사키 마사유키의 창조도시에 대한 정의 중 이 논문은 특히 '창조의 장'에 대해 주목한다. 과연 볼로냐 도시 전체에 이와 같은 창조공간을 만들 수 있었던 저력은 무엇인가? 사사키 마사유키는 이탈리아 사회에 광범하게 퍼져있는 〈사회적 협동조합cooperative social〉에 그 저력이 있다고 언급하고 있으며, 창조도시 성공의 한 조건으로 협동조합과 협회 등 비영리 조직이 활발해야 함을 지적하고 있다. 현재 미국, 영국, 프랑스, 이탈리아, 일본, 한국, 인도 등 국가에서도 협동조합방식을 채용하고 있으며 그 중에서 이탈리아의 협동조합이 가장 대표적이고 활발하다고 할 수 있다. 협동조합을 중심으로 하는 볼로냐 기업의 특징이라면 많이는 서비스업, 건축업, 농업에 종사하는 기업들이다. 도시에 살고 있는 도시민의 경우 절반은 어떤 형식의 협동조합에 속해있으며 협동조합의 형태

6 佐々木雅幸, 이현석 옮김, 『창조도시를 디자인하라』, 미세움, 2010.3, p.35

가 사회 전반적으로 보편화되어 있다.

협동조합 연구의 세계적 권위자 볼로냐 대학교 스테파노 자마니Stefano Zamagni 교수는 협동조합을 바로 시장경제 안에서 협동을 실천하는 훌륭한 수단으로, 호혜의 정신을 바탕으로 사회적 자본의 창출을 한다고 설명하고 있다.[7] 그는 협동조합은 기존의 순수 이익 추구의 기업에 비해 여러모로 장점을 지니고 있다고 주장하고 있다. 바로 내재적인 사회책임경영CSR(corporate social responsibility)으로 이는 사회혁신을 바탕에 두고, 기존의 자본 중심의 기업에 비해 노동 중심적인 기업이기 때문이다. 하지만 협동조합기업이라고 하여 '만능'인 것은 절대 아니다. 그 역시 외부환경의 영향을 받으며 그럴 때 역시 지혜롭게 대처하고 있다. 일반 기업은 기업의 경영이 어려우면 생산규모, 직원 축소가 우선시 되지만 협동조합의 경우 다함께 이익 분배를 줄이는 등 공동으로 대처해 나가고 있다. 그 사례로 2008년 글로벌 금융위기 기간 단 한 차례의 해고 사례도 없다는 것이 협동조합 내부의 견고성을 보여준다. 자마니는 협동조합의 7가지 원칙을 제시하고 있다.[8] (1) 자발적이고 개방적인 조합원 제도, (2) 조합원에 의한 민주적 관리, (3) 조합원의 경제적 참여, (4) 자율과 독립, (5) 교육・훈련 및 정보제공, (6) 협동조합간의 협동, (7) 지역 사회에 대한 기여 등이다.

협동조합의 적용 영역은 단지 기업뿐만 아니다. 이탈리아에서 문화예술 협동조합은 비록 전체 문화예술 분야에서 주류 형태가 아니고 그 비율도 낮지만 분명히 큰 역할을 하고 있다. 이탈리아의 경우 2008년

7 Stefano Zamagni, 송성호 옮김, 『협동조합으로 기업하라』, 한국협동조합 연구소, 2013.4, p.16

8 위 책, p.222

기준 법적으로 등록된 전체 협동조합 수는 71,578개인데 그 가운데 문화예술분야의 협동조합 수는 1,949개로 전체의 약 3.5%를 차지한다.[9]

그 중 성공적인 사례로는 볼로냐의 대표적인 문화예술 협동조합인 어린이 연극협동조합-〈라 바라카La baracca〉이다. 1976년에 설립된 라 바라카는 지금까지 줄곧 어린이와 청소년을 위한 연극 분야에서 독보적인 협동조합으로 인정받고 있다. 라 바라카는 연극에 이어 어린이와 청소년 연극 프로젝트의 개발, '아동극 국제 페스티벌' 등을 개최하고 있다. 2005년부터는 볼로냐에서 '미래의 비전, 극장의 비전 유아를 위한 문화와 연극의 축제Visions of future, visions of theatre - Festival of culture and theatre for early childhood'를 주제로 하는 '아동극 국제 페스티벌'이 개최되었다.

라 바라카 대표 루치오 다 멜리오Lucio d' Amelio는 어린이 연극 협동조합에 대해 다음과 같이 설명하고 있다.[10] '연극은 여러 사람이 함께 작업하는 것인데, 협동조합은 여러 사람이 협동하는 것이므로 운영방식이 잘 맞는다고 생각한다. 굉장히 중요한 점은 협동조합은 이익이 이 안(협동조합)에 남아 있어야 하므로 나가지 않는다는 것입니다.' '보통 극단에서는 배우는 연기만, 감독은 감독만 하는데 협동조합에서는 모든 것을 같이 할 수 있습니다. 물론 역할이 정해져 있지만 같이 해야만 합니다. 극본이 나오면 감독이 역할을 정해주는 것이 아니고 같이 작업을 하면서 좋은 아이디어를 만들어냅니다. 그렇기 때문에 역할이 자주 섞이지요. 제가 물론 감독이지만, 혼자서 결정하는 것은 없습니다. 다른 사람의 도움이 필요합니다. 바로 이런 협동작업이 우리 스토리의

9 허은영, 「문화예술 분야 협동조합 제도 도입을 위한 기초연구」, 한국문화관광연구원, 2012. 12, p.32

10 김태열 등, 『협동조합도시 볼로냐를 가다』, 그물코, 2010.10, pp.46-50

일부입니다.'

연극과 같은 창조적인 작업을 하는 경우 작업자들은 보통 자신의 주장과 의견이 강한데 이와 같은 창조적인 사람들과 공존할 수 있는가에 대해서도 그는 '여러 가지 단계가 있는데, 마지막 경우에는 젊은 사람들을 위해서 비켜줄 생각도 있습니다.'라고 이야기하면서 협동조합의 배려와 상호존중의 가치를 재차 확인하고 있다.

협동조합은 많은 기업들이 통상적으로 추구하는 경제적 자본의 창출을 뛰어넘어 인적자본을 바탕으로 사람과 사람, 사람과 사회의 관계를 중시하는 사회적 자본을 창출하는 것이 목적이다. 볼로냐의 협동조합은 경제 활동뿐만 아니라 복지와 문화 전반에 걸쳐 일반화되어 있다. 그 특징이라면, 협동조합은 조합원의 이익을 최상으로 여기며 협동조합이 속한 공동체에 대한 책임감도 강하다는 점이다. 무엇보다 협동조합은 특정 개인과 기업이 이윤을 독점하는 것이 아니라 조합원들 공동의 이익을 추구하고 이윤을 공정하게 분배하는 데에 더 큰 목적을 둔다. 나아가 협동조합은 조합원이 책임감을 갖고 조합활동에 참여하므로 네트워크를 유지하고 확대하는 강력한 원동력이라고 할 수 있다.[11]

이와 같은 문화협동조합에 대해 사사키 마사유키는 풀뿌리 문화창의의 주역으로 평가하고 있다. 앞의 여러 사례가 보여주듯이 공간의 구성을 위해 공간의 코드 적용, 문화공간의 다양한 프로그램 등이 있지만 그 가운데서도 가장 중요한 것은 볼로냐의 사례에서 보여준 것처럼 도시 전체의 창의적 공간을 생산하면서 인류가 수천 년의 역사를 거치면서 대대로 전승되어 온 지혜 – '협동'이라는 요소를 잘 활용하였다는 것이

11 이현식, 『성찰적 창조도시와 지역문화』, 글누림, 2012.5, p.24

라고 보아진다. 또한 협동을 위한 타인과의 '나눔', '상호 의존', '소통' 등 가치의 실현을 전제로 하기 때문에 보다 고도화되고 성숙된 시민사회가 형성되지 않고서는 결코 실현하기 어려운 과제이다.

•••

제4절 소결

본 장에서는 지금까지 실질적으로 공간이 지속적으로 유지되고 생산될 수 있는 '재현의 공간'적 측면에 초점을 맞춰 중국 국내, 한국 · 일본을 포함한 동아시아 및 유럽의 성공사례를 고찰하였다. 주로는 도시들의 공간을 생산하는 다양한 방식, 콘텐츠의 구성, 운영방식 등 공간생산의 요소를 중심으로 고찰하였다.

에드워드 글레이저Edward Glazer는 저서 『도시의 승리』에서 '성공한 도시들은 항상 다양한 방식으로 모습을 드러내면서 개성 있는 고유 공간을 정의하는 인간 에너지의 보고 역할을 한다.'고 주장하고 있다. 그런 차원에서 도시문화공간 역시 그의 주장과 같은 맥락에서 바라보는 것이 가능하다.

이 논문의 중국 국내 및 해외 사례로 도시 역사 · 문화공간의 경우 중국의 서호, 해외 사례로 한국의 전주 한옥마을과 영국의 테이트 모던 현대미술관에 이르는 도시문화공간에 대해 고찰하였다. 도시 창의공간의 경우 중국의 798 예술지구, 일본의 가나자와 시민예술촌과 볼로냐 도시 전체에 이르는 도시창의공간의 생산에 대해 고찰하였다. 결과적으로 이 과정에서 단계별로 도시문화공간 생산의 진화 단계를 볼 수 있었다. 각 사례별 도시문화공간 생산의 진화과정의 보다 명확한 제시를 위해서 공간생산의 핵심 요소를 도출하여 도표로 표시하면 다음과 같다(〈표 3-8〉 참조).

〈표 3-8〉 도시문화공간 생산의 진화 단계

역사·문화공간		창의공간	
중국 항저우 서호	- 공간 코드 활용 - 〈인상서호〉 대형 실경산수공연 도입 - 장예모 감독 영입 - 콘텐츠 다양성 부족	- 예술지구 구성 - 다양한 예술 주체 (작업실, 갤러리, 예술기구) - 기업 운영(칠성그룹) - 경제논리의 작동	중국 베이징 798 예술지구
한국 전주 한옥마을	- 공간 코드(전통) 활용 - 다양한 문화행사(정기 축제 및 상설공연) - 지역사회 및 글로벌 소통 - 지역 시민단체 활약	- 다양한 문화예술공간 제공 - 장인대학교 운영 - 저렴한 사용료(24시간) - 재단의 운영 - 향후 과제 : 시민들의 적극성 더 한층 이끌어내야 함	일본 가나자와 시민예술촌
영국 테이트 모던	- 밀레니엄Millennium 프로젝트의 한 부분 - 박물관의 기본 전시 외 다양한 커뮤니티 프로젝트 제공 - 다양한 각종 교육 프로그램 운영 - 지역사회에 대한 책임 의식	- 도시 전체가 창의공간 - 다양한 콘텐츠 제공 - 문화인프라 잘 구축, 접근성 뛰어남 - 문화협동조합 내재적인 사회책임경영 및 '나눔, 상호 의존, 소통' 등 가치 실현	이탈리아 볼로냐

〈표 3-8〉에서 보다시피 각 도시의 문화공간마다 공간생산의 주된 콘텐츠와 공간 운영의 주체 및 운영방식이 차별화되어 있다. 역사·문화

공간의 경우 항저우 서호-전주 한옥마을-런던 테이트 모던에 이르기까지 사회·역사적 코드를 기반으로 콘텐츠가 점차 풍부해 짐은 물론 테이트 모던 같은 경우 지역사회 문화공간으로서의 사회적 책임도 다하고 있음을 고찰할 수 있었다. 문화창의공간의 경우 베이징 798-일본 가나자와 시민 예술촌-이탈리아 볼로냐에 이르기까지 영리를 목적으로 하는 기업의 운영방식, 공익성을 목적으로 하는 재단의 운영방식, 상생을 위한 협동조합의 운영방식을 취하고 있다. 또 공간생산의 주체와 생산방식이 다름에 따라 공간생산의 효율성은 물론 문화와 창의를 위한 공간의 활력성에도 큰 영향을 주고 있음을 고찰 할 수 있었다. 이는 또한 도시문화공간 생산의 패러다임이 변화하고 있음을 보여주는 사례들이자 현 단계 중국의 도시문화공간이 현주소를 확인할 수 있는 계기가 되었다. 뿐만 아니라 향후 중국의 도시문화공간이 지향해야 할 바도 제시해 주고 있다.

과연 도시문화공간은 어떻게 생산되어야 하는가? 이에 현 시점에서 중국 도시문화공간은 어떻게 생산되고 있는가에 대해 고찰해 볼 필요가 있으며 제4장에서는 데이비드 하비의 '공간실천'론을 근거로 청두시 대표적인 도시문화공간에 대해 분석하고자 한다.

/ 제4장 /

청두시 문화산업 및 도시문화공간 분석

본 장에서는 청두시 문화산업에 관한 내용 고찰을 기반으로, 데이비드 하비의 '공간실천'론에 근거하여 청두시 대표적인 도시문화공간에 대해 중점적으로 분석하였다.* 또한 분석을 통해 도시문화공간에 현존하는 문제점을 제시하여 도시문화공간이 앞으로 어떻게 생산되어야 하는지에 대한 과제를 도출하였다.

* 본 논문에서는 이미 앞에서 지적하였듯이 르페브르와 데이비드 하비의 '공간생산' 이론으로는 오늘날 도시문화공간을 분석하기에는 한계가 있음을 인정하고 있다. 하지만 하비의 '공간실천'표에 근거하여 구체적인 도시문화공간을 분석한 후 그 한계점을 지적함으로서 제5장에서의 공간생산 패러다임 및 도시문화공간 생산의 모델을 제시를 이끌어 낼 수 있다.

제1절 청두시와 청두시 문화산업

1. 청두시 개황

청두시成都市는 쓰촨성四川省의 성도이다. 쓰촨성은 중국의 내륙 지역으로 서남지역에 위치해 있으며 경제, 공업, 농업, 관광, 문화 등 면에서 중요한 역할을 하고 있는 성省이다. 그 외에도 중앙정부에서 지정한 서부지역에서의 과학, 비즈니스, 금융 중심이자 정치・경제・문화의 중심이다. 쓰촨성의 면적은 약 48,5만km²이고, 2013년 기준 인구 약 8107만 명으로 주변 성시省市의 인구를 포함할 경우 약 2.6억 명에 달해 쓰촨성을 중심으로 하는 또 하나의 큰 소비시장을 형성하고 있다.

청두시는 지도상에서 동경 102°54′E~104°53′E, 북위 30°05′N~31°26′N 사이, 쓰촨성 중부에 위치하고 있다. 평균 해발은 약 500m, 기후는 아열대 습윤성기후에 속하고 연 평균기온은 약 17.5°C이다. 청두시는 일명 용성蓉城, 부용성芙蓉城, 천부지국天府之国으로 불리기도 한다. 고대로부터 청두는 '부용성'이라고 불려 좋은 평판을 받아왔으며, 천부지국天府之国은 청두평원 중심의 가장 풍요로운 지역이라는 의미를 갖고 있다. 서부지역의 핵심 도시 중 하나인 청두시는 약 2300년의 역사를 간직하고 있다. 새 중국 설립 이후 청두시는 그 역사적인 사명을 지속적으로 물려받아 서부지역에서 문화·경제·사회 등 여러 면에서 중요성이 날로 부각되었다.

〈그림 4-1〉 청두시 위치

출처: www.baidu.com

청두시의 중요한 역할은 1993년 중앙정부로부터 인정받아, 서남지역에서 과학, 비즈니스, 금융, 교통과 통신의 허브도시, 종합경쟁력 서부지역 1위로 평가받았다.[1] 현재 2013년 기준 청두시는 도시 면적 528.9㎢으로 9개 구区로 구성되었으며, 인구 1188만 명, 1인당 국민소득 63977위안(약 1만 달러)으로 같은 시기 중국 내 1인당 국민소득(약 5400달러)의 2배 가까운 수준이다. 그 외에도 청두시에는 53개 대학교(3, 4년제), 현재 재학생 수 70.2만 명, 2013년 기준 약 1.5억 명의 내국 관광객과 176만 명의 해외 관광객을 유치하였다.[2]

청두시는 이미 2000년부터 시작된 국가 초대형 프로젝트인 서부대개발西部大开发의 첫 단계(2000~2010년)를 마치고, 두 번째 단계(2010~2030년)에 진입하였다. 또한 현재 보다 빠른 속도로 진행되는 도시화 등 사회발전 흐름, 서부대개발 정책과 중앙정부의 전폭적인 지원으로 청두시

1 바이두百度(www.baidu.com), 검색일 2014.7.1

2 〈2013年成都市国民经济和社会发展统计公报〉, 2014.4, 출처: 청두시정부사이트(www.chengdu.gov.cn)

도시발전의 최근 10년을 되돌아본다면 그 성과는 더욱 두드러지게 나타나고 있다. 현재까지 청두시 경제·문화·사회 등 여러 분야에서 큰 성과를 이룩하였으며 중국에서는 물론 해외 많은 국가의 정부 혹은 평가기관으로부터 많은 영예를 획득하였다. 청두시는 앞으로도 도시 성장의 잠재력을 과시하고 있다(〈표 4-1〉 참조).

〈표 4-1〉 청두시가 획득한 영예

	도시 영예 획득	획득 시간
1	중국 최적의 관광도시中国最佳旅游城市	2007
2	중국 최적의 비즈니스 도시中国最佳商务城市	2007
3	전국 문명도시全国文明城市	2009
4	국가 혁신형도시 시범도시国家创新型城市试点	2009
5	유네스코 음식창의도시世界美食之都	2010
6	Forbes 향후 10년 전 세계에서 발전이 가장 빠른 도시 제1위 福布斯未来10年全球发展最快城市第一名	2010
7	가장 중국다운 문화 명성最中国文化名城	2011
8	최적이 레저 도시最佳休闲城市	2012
9	행복감 가장 높은 중국 도시 제4위中国最具幸福感城市排行榜"第四"	2012
10	10대 축제 도시十大节庆城市	2013
11	국가지적재산권 시범도시国家知识产权示范城市	2013
12	중국 20개 스마트시티 시범도시 全国首批20个智慧城市试点示范城市之一	2013

출처: 바이두 백과百度百科(www.baidu.com), 검색일 2014.7.1, 검색 내용을 기반으로 일부 수정·보완

2. 청두시 문화산업

전환기를 겪으면서 청두시에서 도시경제 발전에 도움이 되는 문화산업을 적극 육성·활용하고 있다. 이는 도시의 발전을 위해 취한 현명한 선택으로 중국 내의 많은 도시들과 함께 도시공간을 중심으로 하는 문화산업에 점차 눈을 돌리고 있다. 때문에 지금까지 청두시에서 문화산업과 관련하여 추진되어 온 정책, 청두시에 대표적인 문화기업 중 공간을 중심으로 진행하는 사업들에 대해 간단하게 짚어 볼 필요가 있다.

우선 정부의 정책 면에서 청두시는 1997년 정부업무보고서에서 문화산업에 관해 처음으로 언급하였다. 최근 몇 년 사이 특히 2010년을 전후로 문화산업은 정부업무의 중요한 구성부분 되었는데 이를 계기로 문화산업발전을 위해 더욱 박차를 가하고 있다. 2009년에는 중앙정부의 ≪문화산업진흥계획文化产业振兴规划(2009)≫에 근거하여 ≪청두 문화창의산업 발전계획成都市文化創意产业发展规划(2009~2012)≫[3]을 발표하였다. 위 계획에서는 현재 중국 내 여러 도시들에서 진행되고 있는 문화산업의 발전 현황 및 추세에 대한 분석을 기반으로 미디어산업, 창의 디자인, 공연 오락, 문학과 예술 창작, 애니메이션, 출판 및 역사문화 유적지 관광 등 7개 분야에 대해 집중 육성할 것을 밝혔다. 또한 이 계획에서는 2015~2020년까지 문화산업을 청두시의 기반산업으로 육성하여 도시 GDP의 6% 수준까지 향상을 목표로 하고 있다.

그 외에도 보다 주목할 부분은 현재 전국 각 도시에서 '문화창의'에 대한 관심과 이목이 집중되면서 청두시도 2020년까지 문화산업의 총체

3 ≪成都市文化创意产业发展规划(2009~2012)≫, 2010.10, 출처: 청두시 정부사이트 (www.chengdu.gov.cn)

적 수준을 향상할 데 관한 보다 구체적인 방안을 제시하였다는 것이다. 특히 2011년의 청두시 〈정부업무보고서〉[4]에서는 '1극 7구 다원一极七区多园'의 문화산업 공간분포계획을 발표하여 도시공간을 새롭게 구축하고자 하였다. '1극 7구 다원'란 청두시의 유형・무형 문화유산을 활용하여, 지역특색을 살리고 관련 콘텐츠를 한 곳에 모아 발전시키는 도시 발전 전략으로서 문화산업 발전과 도시공간 구축의 틀을 마련하는 것이다. 그중 '1극'이란 둥춘东村 지역을 핵심으로 하는 문화산업 성장극을 형성하고, '7구'란 청두시와 주변 지역에서 7개 구역을 선정하여 문화산업발전 구역으로 지정하며, '다원'이란 역사・문화거리, 무형문화유산 등 문화자원을 활용하여 특색 있는 문화산업단지를 조성하는 것이다. 즉 '1극 7구 다원'의 도시공간 발전계획을 통해 해당 지역이 지역의 역사, 문화 그리고 문화산업과 결합되어 도시공간이 새롭게 생산되는 것이다. 푸코는 이런 현상에 대해 '우리는 공간이 배치 관계의 형식 아래 주어진 시대를 살고 있는 것'[5]이라고 하고 있다. 그와 거의 비슷한 맥락에서 르페브르는 공간의 생산을 하나의 혁명에 비유하고 있다. 즉 새로운 공간을 생산하지 않는 혁명은 그 무한한 가능성을 충분히 현실화시키지 않는 것이다. 오히려 삶 자체는 변화시키지 않은 채 단지 이데올로기적 상부구조나 기구 또는 정치적 제도만을 바꿔 놓은 것이므로 실패한 것이다. 사회의 개조가 진실로 혁명적이려면 일상생활과 언어 그리고 공간에 미칠 참신한 능력을 보여주어야 한다고 주장하고 있다.[6]

2011년 12월 청두시 제11기 9차 회의에서 채택된 ≪중공 청두시 문화

4 ≪2011年成都市政府工作报告≫, 2012.2, 출처: 청두시 정부사이트(www.chengdu.gov.cn)
5 미셜 푸코, 이상길 옮김, 『헤테로토피아』, 문학과지성사, 2014.5, p.44
6 Henri Lefebvre, 양영란 옮김, 『공간의 생산』, 에코리브르, 2011.4, p.108

체제 개혁을 심화하고 문화도시를 건설에 관한 의견中共成都市委关于深化文化体制改革加快建设文化强市的意见≫[7]에서는 현 단계 청두시의 도시발전 상황과 결부하여 2020년까지 청두시 문화산업의 수준을 한층 더 제고시킬데 관한 내용을 담고 있다.

1) 2020년까지 청두시를 서부지역에서 가장 영향력이 있고 전국 일류 수준 그리고 국제적 지명도가 있는 〈문화도시〉를 건설한다.
2) 문화창의프로젝트를 가동하여 훌륭한 문화콘텐츠를 생산하여 시민들에게 더욱 많은 문화콘텐츠를 제공한다.
3) 문화산업 융합발전 프로젝트를 실시하여 문화산업의 핵심 발전지역을 건설하고, 문화산업을 도시 기반산업으로 육성한다.
4) 문화산업 인재의 육성 프로젝트를 실시하여 관련 인재의 밀집 지역을 구성하고 문화개혁과 발전에 인적자원을 공급한다.

그 외 문화서비스의 수준 향상, 문화제도의 개혁 등 내용도 포함하고 있다. 이상의 내용은 ≪문화산업진흥계획(2009)≫에 비해 더욱 구체화되어 있다. 그외 문화산업 육성에 관한 제도적 장치, 관련 인재육성 등 내용을 포함하고 있어 청두시 문화산업 발전을 위한 더욱 포괄적인 내용을 담고 있다. 때문에 이는 향후 약 10년 동안 청두시 문화산업의 로드맵으로 문화산업 발전에 긍정적인 작용을 할 것이라고 기대됨은 물론 청두시 문화산업 발전 과정에서 이정표로 평가된다.

다음으로 청두시 문화기업 면에서 청두문화관광발전회사成都文化旅游发

7 ≪中共成都市委关于深化文化体制改革加快建设文化强市的意见≫, 2011.12, 출처: 청두시 정부사이트(www.chengdu.gov.cn)

展集团有限责任公司, 청두매스미디어그룹成都传媒集团과 같은 대표적인 문화 기업들이 있음으로 하여 청두시의 문화산업은 보다 더 질적인 성장을 할 수 있게 되었다.

청두문화관광발전회사 같은 경우에는 관광자원(공간자원)을 기반으로 문화・관광・스포츠가 결합된 공간 콘텐츠를 기획・구축・운영하는 문화회사이다. 주로 청두시 도심 지역과 주변 지역에서 관광 중심의 공간 콘텐츠를 운영하고 있다. 청두문화관광발전회사는 여러 유형의 공간 중에서도 기존의 역사유적을 기반으로 하는 공간 콘텐츠의 운영에 초점이 맞춰져 있고, 주로는 관광과 체험 중심의 콘텐츠를 운영하고 있다.

청두매스미디어그룹는 2006년에 설립되어 현재 서부지역에서 가장 영향력이 있는 문화회사로 성장하였다. 청두매스미디어그룹은 종이매체, 영상 콘텐츠, 디지털 콘텐츠를 중심으로 해당 지역에서는 물론 서부지역에서 미디어산업 영역에서의 선두 주자이다. 2009년 중국이동통신회사와 공동으로 '청두 동구 음악공원成都东区音乐公园'을 설립하였는데 이는 베이징 798 예술지구와 차별화하여 청두의 대표적 창의공간으로 부상하고 있다.

3. 청두시 문화산업의 문제점

현재 청두시 문화산업 발전 전반을 본다면 여러 가지 문제점들의 존재하고 있다. 1997년 청두시는 정부업무보고서에서 처음으로 문화산업에 관한 언급을 시작으로 2012년 1월 청두시 제11기 제9차 전체회의에서는 '서부지역에서 가장 영향력이 있고, 전국적으로 일류 그리고 세계적으로 유명한 문화도시 건설建设中西部最具影响力, 全国一流和国际知名的'文化之

都'의 목표 제시하였다. 그리고 거의 같은 시기 ≪청두시 도시 총체적 계획(2011-2020) 설명서成都市城市总体规划(2011-2020)说明书≫를 발표하여 2020년까지 청두시를 〈창의도시创意之都〉로 건설할 것을 제시하였다.

중앙정부와 지방정부의 적극적인 지원으로 청두시 문화산업은 근 10여년 사이에 문화기업의 성장, 문화콘텐츠의 질적 수준 향상되는 등 여러 면에서 보다 큰 발전을 이루었다. 하지만 아직까지도 공간 중심의 문화산업을 포함하여 그 수준이 문화산업 발전의 초기단계에 머물러 있다는 것이 많은 학자들의 관점이다. 이는 우선 먼저 중국 내 상위 10개 도시 문화산업 발전현황의 비교(〈표 4-2〉 참조)에서 보더라도 알 수 있다.

〈표 4-2〉 전국 상위 10개 도시 문화산업 발전 현황 비교[8]

도 시	종합 순위	기 업 수 (개)		종사자 수 (명)		자산 규모 (억 위안)		영업 수익 (억 위안)	
		수량	순위	인원수	순위	규모	순위	수익	순위
광저우广州	1	31872	1	646044	1	9481.3	2	2803.7	1
선전深圳	2	27194	2	63890	2	16490.7	1	2402.6	2
항저우杭州	3	23581	3	280286	3	6788.8	4	1275.1	3
우한武汉	4	18681	4	343190	5	7393.8	3	836.2	7
청두成都	**5**	**14352**	**7**	**375585**	**4**	**3946.9**	**6**	**1131.6**	**4**
난징南京	6	12356	10	248246	7	4629.9	5	909.0	5
칭다오青島	7	15993	5	251186	6	1913.3	10	611.9	8
지난济南	8	12605	9	222765	9	3105.3	7	904.4	6
다롄大連	9	14943	6	191655	10	1742.9	11	425.1	10
선양沈阳	10	13784	8	176677	12	2341.0	9	403.4	11

출처: ≪중국 문화창의산업 발전보고서(中国文化創意产业发展报告)(2011)≫

8 邓立新, 「遵循文化发展规律建设成都文化强」, 中华文化论坛, 2012(第3期), p.167, 재인용

〈표 4-2〉에서 보다시피 문화산업이 발달한 상위 10개 도시 중 대부분 도시가 경제가 발전한 동부 연해지역의 도시이고 서부도시로는 청두시가 유일하게 순위에 올랐다. 청두시는 중국 상위 10개의 문화산업이 발전한 도시 중 종합 5위를 기록하였고, 그 발전수준이 상위 10개 도시의 중간 수준에 머물고 있어 문화산업이 발달한 도시 행렬에 들어서지 못하고 있음을 알 수 있다. 특히 문화산업이 발전한 광저우와 비교했을 때 기업 수, 기업 종사자수 등 4개 분야에서 광저우의 절반 수준에 머물러 있다.

30여 년간의 개혁개방 정책의 실시로 동부 연해지역이 서부 내륙지역에 비해 경제가 보다 많이 발전한 점을 감안한다고 하더라도 경제발전의 격차가 문화산업 발전의 격차를 가져오는 유일한 원인은 아니다. 2020년까지의 청두시 도시발전 목표에 맞춰 현재의 문화산업 발전을 정확히 진단하고 상대적으로 뒤떨어진 상황을 개변하고자 그간 학자들이 문제점들에 대해 여러 면으로 지적하였다(〈표 4-3〉 참조).

〈표 4-3〉 청두시 문화산업 문제점에 대한 학자들의 견해[9]

학자	시간	견 해
자우융후이 赵永会	2009	1) 관념 갱신 2) 단기적인 경제이익을 추구하여 문화자원의 잠재적인 효과 파괴의 금지 3) 자금 독점으로 인한 민간기업 진입 장벽 4) 문화체제의 문제점

9 이상의 내용은 赵永会, 「成都市文化产业发展现状分析」, 中共成都市委党校学报, 2009.10; 刘兴均, 「成都文化创意产业现状分析与对策」, 成都大学学报(社科版), 2011年 第6期; 吴瑕, 「成都市文化创意产业发展现状分析及建议」, 乐山师范学院学报, 第27卷 第10期. 2012.10; 徐昌等, 「对成都文化产业快速发展的思考」, 文化建设, 2011.10의 논문을 참고함.

학자	시간	견 해
류우위쥔 刘兴均	2011	1) 도시 전반 GDP 중 문화산업 비중 적음(5%미만) 2) 문화산업 구조의 불균형으로 핵심 경쟁력 결핍 3) 문화자원 발굴의 부족으로 킬러 콘텐츠 적음 4) 문화자원의 분산으로 집중도 부족 5) 인재 육성 시스템 불 완비로 융복합 인재 결핍 6) 상대적으로 비싼 문화콘텐츠의 가격으로 시민들의 공유가 부족
쉬창 徐昌	2011	1) 관념 갱신과 실효성을 중시 2) 문화콘텐츠의 특성을 이해하고 관련 파생상품을 생산 3) 신형의 문화산업 발전에 주목 4) 문화산업 시장에서 소비 주체를 육성 5) 대표적인 문화기업으로 하여금 국제시장 진출을 가능하게 할 수 있는 문화콘텐츠를 생산하도록 해야 함
우샤 吴瑕	2012	1) 낙후된 관념 2) 과학과 문화의 상호 분리 3) 문화산업 발전을 위한 플랫폼 구축을 강화

청두시 문화산업 발전 과정에서 나타난 문제점은 대략적으로 문화산업에 대한 낙후된 관념, 문화산업 발전에 필요한 시스템의 구축, 문화자원 지속적인 발굴 부족 및 관련 분야 융복합인재의 부족 등으로 귀결할 수 있다. 현재 청두시 문화산업 발전 과정의 문제점은 단지 청두시에서만 나타나는 문제가 아니고 중국의 기타 도시들에서도 존재하는 어느 정도 보편성을 띤 문제라고 볼 수 있다.

현재 중국에서 도시화의 급격한 진행으로 도시의 일부 역사・문화공간들이 무차별하게 짓밟히고 난개발의 압력에 직면하고 있다. 게다가 도시마다 고유의 특색을 잃어가고 천편일률하게 변해가는 안타까운 현실에 놓여 있다. 이러한 점을 미루어 볼 때 문화도시 혹은 창의도시를 지향하는 도시들에서 특히 공간 콘텐츠 육성 의지가 있는 도시들이라면 르페브르의 '공간생산'이라는 공간에 대한 인식의 전환이 더욱 큰 시사점을 가져다 줄 것이다.

이에 다음 절에서는 공간에 대한 인식의 전환을 바탕으로 데이비드 하비의 '공간실천'론을 기반으로 콴쟈이샹즈와 '동교기억' 문화창의산업 단지 두 도시문화공간에 대해 분석하고자 한다.

•••

제2절 역사 · 문화공간으로서의 콴자이샹즈宽窄巷子

1. 콴자이샹즈의 형성

도시공간에 대한 정확한 지각과 인지는 도시공간 생산의 기본 바탕으로 이는 우선 역사 · 사회적인 면부터 고려되어야 한다. 역사적으로 각 사회마다 공간을 생산했고 생산된 공간에는 그 공간만의 역사가 존재했다. 고대 도시는 고유한 공간적 실천 방식을 지니고 있고, 고대 도시는 자체만의 고유한 공간, 즉 전유된 공간을 탄생시켰다.[1] 현재 청두시 도시 브랜드 중 하나인 콴자이샹즈宽窄巷子는 약 300년 역사를 갖고 있고 그동안 수많은 시련을 겪으면서 현재는 도시 문화유산으로 보호받고 있다.

이미 지적한 것과 같이 공간은 역사적으로 형성되듯 콴자이샹즈는 청淸나라의 역사와 직접적으로 관련되어 있다. 기원 1616년 누르하치가 후금后金을 건립하여 청나라의 역사가 시작되었다. 1644년 명明나라의

1 Henri Lefebvre, 양영란 옮김, 『공간의 생산』, 에코리브르, 2011.4, p.77

수도 북경北京을 점령하여 명나라를 멸망시키고 중국 대륙의 소수민족 정권으로 등장한다. 그 후 약 20년 동안 명나라 잔여세력과 지방 세력들과의 전쟁 끝에 전국을 거의 정복하였고 청나라는 자신의 통치를 공고히 하기 위해 전략적으로 중요한 지방 도시들에 만성滿城을 만든다.

전국 각지에 만들어진 만성의 보편적인 특징이라면 기존의 성城 내에 새로운 성벽을 세워 원래 성과 격리된 공간을 만들어 형성되었다는 것이다. 이렇게 만들어진 만성의 대부분은 청나라에서 팔기병사와 가족들을 계획적으로 이주시키고, 해당 도시는 물론 주변 지역에 대해 지속적으로 통치를 강화하기 위한 것이 주된 목적이었다. 그 외에도 청나라 만주족의 지배라는 근본적인 사실을 그리고 한인汉人거주지와 분리된 만성은 중국의 오래된 대도시 안에서 청나라의 영토 지배권을 상징했듯이[2] 만성에는 많은 함의를 담고 있다. 엘리엇Mark C. Elliott은 청나라 만성의 정체성에 대해 다음과 같이 말하고 있다.

> 중앙권력은 지방정부와 함께 파급되지만 또한 지방정부와는 분리된 것이라는 점에서 만성은 상징적, 정치적, 전략적으로 중요했다. 따라서 청조는 이를 건설하고 유지하는 데 막대한 재정을 소비했다. 중요한 것은 만성이 청대 기인旗人의 삶의 터전이었다는 점이다. 즉 만성은 통합과 소외의 공간이었고, 전통적인 군사적 덕목이 실현되는 곳이었으며, 기인의 특권이 행사되는 곳이었고, 기인과 한인사회가 만나는 곳이었다. 만성은 상이한 문화와 제도가 만나는 결절점으로서 청대 사회 내에서 만주족의 민족성이 재현되는 곳이다. (마크C. 엘리엇, 2009, 155)

2 Mark C. Elliot, 이훈 · 김선민 옮김, 『만주족의 청제국』, 푸른 역사, 2009.12, p.154

당시 서부지역에서 성도부成都府[3]는 전략적 요충지로 1647년 청나라 병사들에 의해 점령되었다. 1718년 상주 팔기기병八旗旗兵 3000명이 성도부에 주둔하게 되었으며 만성은 1721년에 공사를 시작하여 전후 20년에 걸쳐 완공되었고 공간의 생산도 이와 함께 시작되었다. 만성은 성도부의 서남쪽에 위치해 있으며 당시 대성大城 안에 위치하고 있다고 하여 일명 소성少城으로도 불린다. 만성 성벽 둘레는 약 2.5km, 면적은 약 38ha로 당시 성도부 전체 성 면적의 3%를 차지하였다(〈그림 4-4〉 참조)[4]. 군사 주둔지의 역할로 만들어졌지만 만성 내에는 당시 북경의 전통 서민 주택인 사합원四合院을 모방하여 주택을 지었고 그 외에도 창고, 훈련장, 팔기 자녀들을 위한 관학官学, 서원, 성황묘城隍庙, 공묘孔庙 등의 기본적인 시설을 갖추고 있었으며 인구가 가장 많을 때에는 약 2만 명에 달하였다. 외부와 거의 단절된 공간으로서 만성은 내부에 있는 만주족 기인들의 사적인 외부 출입 금지는 물론 만성 밖 대성의 사람들도 접근이 금지되었다. 전국 각 주요 도시에 있는 만성과 같이 청두부 만성의 군인들은 당시 청나라 정부로부터 직급에 따라 식량과 관록을 직접 조달받았으며, 만성의 경제적인 운영은 청나라 정부에 전적으로 의지하는 형식으로 이

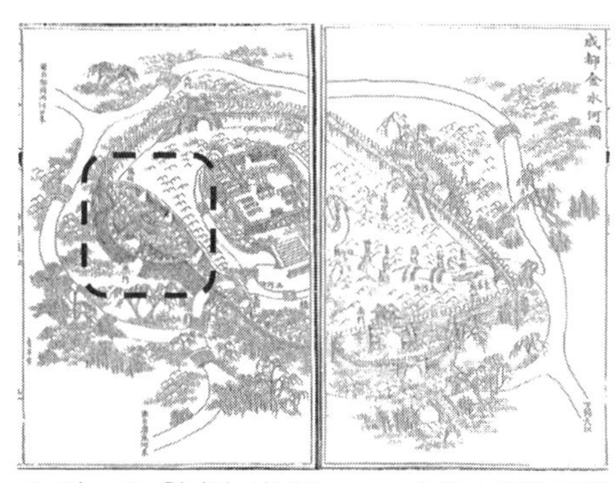

〈그림 4-2〉 청나라 성도부成都府 금수하도 중의 만성
출처: 四川通志(卷一)

3 부府: 당唐나라에서부터 청淸나라까지 사용되었던 행정구역 중의 하나, 1913년에 폐지되어 1928년에는 청두시로 개명.

4 Mark C. Elliot, 이훈・김선민 옮김, 『만주족의 청제국』, 푸른 역사, 2009.12, pp.182-183

루어졌다.

2. 시기별 공간의 생산

공간의 생산 방식은 국가, 민족, 이념 등에 따라 그리고 각 역사시기마다 서로 상이한 양상을 나타내고 있다. 이 논문의 연구 대상인 청두시 콴자이샹즈의 경우 약 300년의 시간을 거치면서 각 시기별로 부동한 방식으로 공간을 생산해 왔다. 때문에 구체적인 공간생산에 대해 시기별로 나누어 볼 필요가 있다. 대체적으로 첫 번째 시기는 청나라가 청두에 만성을 구축하였을 때이고, 두 번째 시기는 청나라 말기이며, 세 번째 시기는 2000년대에 들어서 특히 2003년 청두시 정부에서 역사・문화공간으로 탈바꿈시키기로 한 시기이다. 이상과 같이 전체적으로 세 개 시기로 나누어 공간의 구체적인 생산에 대해 고찰하고자 한다.

첫 번째 시기는 청나라 통치 시기이다. 이 시기는 청나라가 청두에 만성 구축과 함께 지배자의 의지대로 공간이 생산되었던 시기로 통치자의 권력과 이념에 의해 형태가 구성되었고 구체적인 공간으로 생산되었다. 여기에서 권력이란 당시 지고지상의 왕권을, 이념이란 대체적으로 지배자의 통치적 이념과 고대 중국의 음양오행 사상을 기반으로 한 풍수지리 사상을 말한다.

우선 권력은 전통적으로 일종의 힘을 말한다. 즉 타인을 자신의 뜻에 맞게 움직이거나 지배하는 힘으로 대개는 수직적인 작용이라고 인식되어 왔다. 이런 면에서 권력에 대한 인식은 대개 부정적이었지만 20세기 철학, 특히 푸코의 철학에서부터 권력은 또한 좀 더 긍정적인 면, 즉 생산적인 면도 가지게 되었다. 여기서의 권력은 공간을 생산하고 지배・통제하는 사회 권력이 작용한다.[5] 이런 관점으로부터 미루어 봤을 때 고대 황권皇权도 단지 억압과 지배 그리고 통치의 기능만 있는 것이 아님을 가늠할 수 있다. 그 사례는 지금의 청두 콴자이샹즈 형성에서도 잘 들어난다. 동서고금을 막론하고 역사적으로 황권은 특히 중국의 경우 지고지상의 권력을 갖고 있었다. 통상적으로 왕조 건립 초기 혹은 국가 대사 예를 들면 사법, 입법, 전쟁과 같은 경우 더없는 위력을 발휘한다.

비록 만성은 통치 권력의 직접적인 생산물이기는 하지만, 그 외에도 만성이 형성되게 된 간접적인 작용으로 이념의 작용 즉 이념의 생산성에 주목할 필요가 있다. 중국은 예로부터 음양오행 사상을 기본으로 우주만물을 바라보았다. 또한 이 사상은 고대 철학, 의학, 풍수 등 사상에 기본적인 바탕이 되어 동양철학의 근간을 이루었다. 때문에 음양오행 사상은 통치자들의 행동을 좌우하는 보이지 않는 힘으로 작용하였다. 고대 사회에서 통치자들에게 특히 왕조가 바뀌고 새로운 황권이 등장하면서 음양오행 사상과 통합을 이루어야 비로써 권력의 합법성을 인정받을 수 있었고 그렇지 않으면 '천도天道(하늘의 뜻)'에 어긋나는 것이었다.[6] 이런 내용은 소수민족 정권인 만주족 통치자들한테서 더욱 잘 들어난다. 만주족은 1644년 명나라를 멸망시킨 후 적극적으로 중원문화를 배우기에 힘썼으며 그중 음양오행 사상에 따라 공간을 구성하였다. 통치자의 이런 사상은 중국의 기타 지역 만성 구축에서도 잘 들어난다. 결과적으로 만성 공간이 만들어질 당시 이는 통치자의 권력과 국가의 지배적인 이념의

5 이무용, 「장소를 통한 문화의 소통: 공간의 문화정치와 장소 만들기」, 인문학 연구(14호), 2008.12, p.294. 공간을 문화정치학을 위한 분석의 틀로서 '공간-주체-권력'의 삼원모형을 제시한다. 본 논문에서 언급한 권력은 위 모델 중 '공간-권력'의 지형에 속한다.

6 葛兆光, 『中國思想史』(卷一), 复旦大学出版社(第2版), 2013.6, p.153

이중 작용으로 생산된 것이다.

고대 도시는 고유한 공간적 실천 방식을 지니고 있었고 고유한 공간 즉 전유된 공간을 탄생시켰다.[7] 위의 내용에서 보듯 당시 청나라의 시대적 상황과 직접적인 중앙정부의 통치 속에서 그리고 특수 목적의 군사시설인 만성은 공간적인 실천과 그에 따른 생산은 제한적이고 단일할 수밖에 없었다. 이를 하비의 '공간실천'표 중 구체적인 공간실천으로 고찰해 볼 경우 다음과 같다(〈표 4-4〉 참고).

〈표 4-4〉 청나라 만성의 공간적 실천

	접근성과 거리화	공간의 전유, 활용	공간의 지배, 통제	공간의 생산
구체적인 공간적 실천	경제 면에서 전적으로 청나라 정부에 의지, 전량제도钱粮制度 실시	주로는 청나라 군사시설 그 외 팔기병의 주거 등 용도로 사용	청나라 소유, 배타적인 구역	주방駐防을 위한 군사시설 배치, 그 외 생활, 교육, 의료 등 물리적 하부구조를 생산, 군사 중심의 폐쇄적인 사회 구조를 생산, 지배자의 통치 이념

두 번째 시기는 청나라 말기이다. 청나라 말기로 가면서 국가의 경제는 어려워졌고 만성에 대한 통제 또한 점차 느슨해지게 되었으며 만주족 통치는 점차 쇠락해졌다. 따라서 전량제도 유명무실해졌고 경제적으로 궁핍해진 성도부 만성 기인들의 생계가 가장 중요한 문제로 되었다. 결과적으로 만성의 민족 정체성 또한 점차 사라지게 되었다. 1903년 당시 성도부에 장군으로 파견된 옥곤玉昆은 만주족들의 생계 해결을 위해 만성 내 공터에 공원을 조성한 후 입장권 판매 수입으로 생계문제를 해결하였다. 당시 공원의 조성은 전국적으로 처음 있는 일로 좋은 선례를

7 Henri Lefebvre, 양영란 옮김, 『공간의 생산』, 에코리브르, 2011.4, p.77

남기었다.[8] 그 유적은 지금까지 보전되어 현재 소성少城공원의 일부가 되었다. 금지구역이었던 만성은 이 시기에 비록 국가권력의 개입 혹은 이념에 의하여 생산된 것이 아니라 당시 상황에 맞게 한 개인이 자발적으로 공간을 활용(실천)한 것으로 볼 수 있다.

만성은 비록 외부와 어느 정도 단절되기는 하였지만 그 운명은 19세기말 20세기 초 중국 대륙에서 급변하는 역사의 소용돌이로부터 결코 자유로울 수 없었다. 1911년 청나라의 멸망, 새로운 정권 중화민국의 등장과 함께 만성은 차츰 그 자취를 잃어갔다. 1913년에는 만성 북쪽 성벽에 이어 남쪽 성벽을 철거하면서 대성과 통합되었다. 1921년에는 서쪽 성벽, 1935년에는 나머지 부분을 철거하므로 만성의 성벽은 거의 모두 철거되었다. 이로써 많은 한인들이 만성에 입주하여 만주족과 한인 사이의 구분이 더 이상 존재하지 않게 되었다.[9] 즉 1911년 중국 역사상 마지막 왕조 청나라가 멸망하며 만주족 지배 종식을 기념하는 방식은 주방驻防을 해체하고 만주족과 한인을 가르던 성벽을 허물어 버리는 것이었다.[10] 하지만 단지 성벽을 철거하는 것만은 아니었다. 당시 만성 내의 주요 거리 이름은 만주어로 되어 있었는데 만주족의 기억을 갖고 있다고 하여 거리에 대한 개명운동을 벌이었다. 그중 인리두조후퉁仁里头条胡同은 콴샹즈宽巷子로, 인리이조후퉁仁里二条胡同은 자이샹즈窄巷子로 바뀌게 되었다. 현재 사용되는 콴자이샹즈宽窄巷子는 콴샹즈와 자이샹즈의 합성어로 오늘날까지 거의 백 년 동안 사용되고 있다.[11] 콴자이샹즈란 글

8 黄平, ≪清代满城兴建与规划建设研究≫, 四川大学硕士学位论文, 2006.5, p.99

9 刘小萌, ≪荆州满城成都满城大小金川史迹的考察≫, 满学论丛(第一辑), 辽宁民族出版社出版, 2011.11. p.29-30

10 Mark C. Elliot, 이훈 · 김선민 옮김, 『만주족의 청제국』, 푸른 역사, 2009.12, p.154

11 후퉁胡同(hoton)은 만주어로 본뜻은 집거구이다. 샹즈巷子는 중국어로 골목을 뜻함.

자 그대로는 '넓고 좁은 골목'을 뜻하고 있다.

현재 남아 있는 만성 건물들은 중화민국(1912~1949)시기에 마지막으로 복원된 것들이고, 새 중국이 탄생된 후 1958년 기존의 만성이 도시미관과 교통에 영향을 주는 관계로 대부분이 철거되었다.[12] 새 중국의 탄생 그리고 시대의 발전과 함께 과거 만성의 정체성은 완전히 소실되었고 당시 만주족 정체성 상징으로서의 공간(장소)은 이렇게 그 의미를 상실해 갔다. 2000년대 초까지만 하여도 청두시 구 도시 지역 중의 하나였다.

3. 청두 콴자이샹즈의 공간생산

세 번째 시기는 2000년대를 시작으로 한다. 오늘날 콴자이샹즈에는 만성의 옛 건물, 옛 거리의 극히 일부 구역만 남아있다. 1980년대에 청두시 정부에서는 역사보호구역으로 지정하였지만 20세기 말까지만 하여도 콴자이샹즈는 청두시에서 구 도시 지역이었다. 하지만 2000년대에 들어 전국적으로 구 도시지역의 재건 사업이 붐을 이루면서, 청두시 정부도 콴자이샹즈 재건 사업을 도시 건설의 중점 사안으로 정하고 그 붐에 합류하게 되었다. 특히 2003년부터 약 5년 넘는 재건을 거쳐 2008년 6월 청두시의 역사・문화의 장으로 새롭게 탈바꿈하였다. 이 과정에서 국가는 정통성과 통치 권력의 위엄을 나타내기 위해 다양한 표상체를 생산하는데 도시의 공간적 표상체는 그 중 핵심에 해당한다. 각종 건축물과 거리, 광장 등의 공간적 배치를 총괄하는 도시계획은 실용적 기능

12 袁庭栋, ≪成都的清城与满城≫,西华大学学报(哲学社会科学版), 第29卷(第2期), 2010.4, p.76

외에 통치 권위의 상징이란 측면에서도 중요한 기능을 수행한다.[13] 이러한 점을 인식의 기반으로 이 시기를 르페브르와 하비의 공간생산 관점에 근거하여 집중적으로 다루었다.

현재 중국 경제・사회가 전환기에 있음을 감안할 때 그 전 단계에 비해 여러 면에서 크고 작은 변화를 경험하고 있으며 공간 역시 마찬가지이다. 르페브르는 이에 대해, 각각의 생산양식은 전유된 고유한 공간을 갖고 있으며, 하나의 방식에서 다른 방식으로 넘어가는 이행기에는 새로운 공간이 생산된다고 가정할 수 있다. 반대로 이행기에는 새로운 공간의 생산이 관찰되는 것이며 이 공간은 곧 다른 양상으로 바뀌게 될 것임을 예견하였다.[14] 우리는 르페브르의 관점에 따라 현재 전환의 시기에 콴자이샹즈와 같은 역사적 공간 역시 완전히 사라지지 않고 침전물이나 기층으로 존재하면서 점차 그 존재감이 약화되어 마침내 재현 공간으로 변하고[15] 있고, 시기적으로 본다면 시대적 흐름에 맞게 공간이 새롭게 구축되는 시기라고 간주할 수 있다.

콴자이샹즈는 현재 청두시의 도시 중심부인 칭양구青羊区에 위치하고 있으며(〈그림 4-3〉 참조) 청두시 3대 역사・문화보호구역으로 지정되었다. 콴자이샹즈는 평행으로 되어 있는 세 개의 주요 테마 거리인 콴샹즈宽巷子, 자이샹즈窄巷子, 징샹즈井巷子와 주요 거리 사이의 45개 사합원으로 구성되어 청나라 만성건물을 기반으로 구성된 공간으로 약 6.6만㎡의 면적을 차지하고 있다. 청두시에서는 기존의 물리적・구조적 및 기능적으로 노후화된 이 도시공간을 선명한 지역 특색과 역사적 분위기가 함께

13 김왕배, 『도시, 공간, 생활세계-계급과 국가 권력의 텍스트 해석』, 한울, 2000, p.145

14 Henri Lefebvre, 양영란 옮김, 『공간의 생산』, 에코리브르, 2011.4, p.98

15 위 책, p.102

어우러지는 역사·문화보호구역으로 그리고 역사문화와 현대적인 도시 문화가 잘 조화되는 특색 있는 소비, 문화, 상업, 민속, 관광 등 종합적인 체험이 가능한 공간으로의 구축을 목표로 하고 있다.[16]

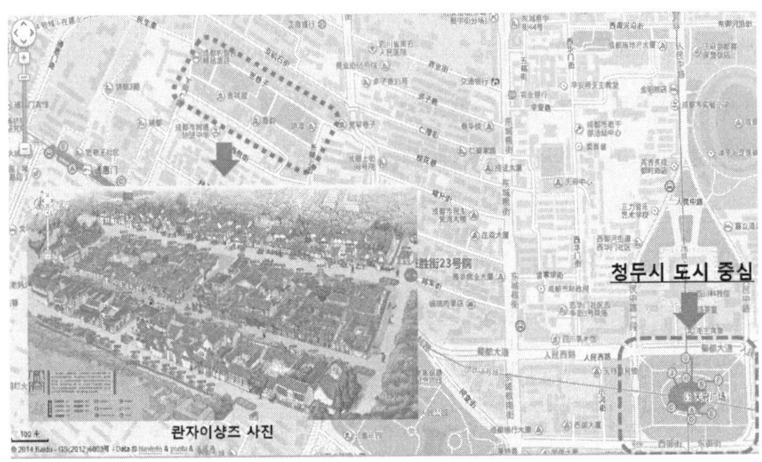

〈그림 4-3〉 청두시 콴자이샹즈의 위치
출처: 바이두百度 지도와 콴쟈이샹즈 홈페이지 내용을 재구성

아래에 하비의 '공간실천'표 근거하여 콴자이샹즈의 공간생산에 초점을 맞춰 분석하면 다음과 같다.

1) 구체적인 공간실천의 차원

(1) 접근성과 거리화

지리적 위치, 접근성은 공간 활성화의 기본 전제이자 공간의 지속성과 잠재성 평가의 중요한 지표로도 사용되기도 한다. 현재 콴자이샹즈는 청두시 도심부에 위치하고 있고 최근 지하철의 개통으로 대중교통을 통

16 〈今天看明天的宽窄巷子〉, 청두시 정부사이트(www.chengdu.gov.cn), 2004.11.13

한 접근성이 훨씬 용이해 졌다. 그 외에도 시내의 각 관광명소를 연결하는 셔틀버스가 정기적으로 운영되고 있는 것도 접근성 용이에 한몫을 하고 있다.

특히 최근 소득 증가로 문화소비 지출이 점차 늘어남에 따라 매년 명절 연휴기간에 이곳을 찾는 인원수가 증가하는 추세를 보이고 있다. 2010년 국경절 연휴만을 보더라도 연휴 첫날 약 5만 명의 관광객이 이곳을 방문[17]하였을 정도로 도시 내에서 인기 있는 문화공간으로 활용되고 있다.

(2) 공간의 전유, 활용

오늘날 콴자이샹즈의 역사・문화공간으로서의 성공은 정부가 적극적인 역할을 하였기에 가능하였다. 청두시는 1980년대에 콴자이샹즈를 ≪청두시 역사문화 보호계획成都历史文化名城保护规划≫에 포함시켰다. 그 후 특히 2008년 콴자이샹즈에 대한 재개발 사업이 마무리 되면서 청두시 3대 역사・문화보호지역으로 지정되어 역사・문화・소비가 함께 어우러지는 공간으로 활용되고 있다.

(3) 공간의 지배, 통제

중국의 많은 역사・문화공간의 재개발사업은 주로 정부 주도와 관련 기업이 참여하여 운영하는 형태로 진행되는 것이 보편적이다. 콴자이샹즈의 경우도 역시 이와 마찬가지이다. 개발 초기부터 정부의 정책지원은 물론 향후 계속 정부의 관련 정책의 뒤받침과 보호를 받게 되어 있다.

17 〈大假头天, 宽窄巷子涌进5万人〉, 华西都市报・四川在线, 2010.10.2

그 외 일부 상업적인 운영은 민간기업에서 담당하고 있다. 콴자이샹즈의 경우 청두시 칭양구정부(구청)와 청두문화관광발전회사成都文化旅游发展集团有限责任公司의 합작 형태로 운영된다. 콴자이샹즈에 대해 청두시 정부는 소유권을 갖고, 칭양구정부는 관리권을 가지며, 청두문화관광발전회사는 경영권을 갖고 있어 전형적인 민관협력의 형태를 취하고 있다.

(4) 공간생산

위와 같은 민관 협력의 형태로 근 5년 넘는 기간의 재개발 사업을 통해 건물을 철거하는 대신 '보존을 중심으로 옛 모습대로 복원修旧如旧, 保护为主', '원 위치에 원래의 모습대로 재복원原址原貌, 落架重修'의 원칙하에 콴자이샹즈의 주요 거리인 콴샹즈, 자이샹즈, 징샹즈와 기타 거리가 복원되었고 주요 거리 사이에 45개의 사합원四合院 건물도 복원되었다.

또한 사회적 하부구조로서의 콴자이샹즈를 관리・운영하는 공식적인 민관조직을 출범시켜 재개발사업은 물론 앞으로 공간운영과 발전을 공동으로 담당・추진하기로 하였다.

2) 공간의 재현 측면에서

(1) 접근성과 거리화

유규한 역사를 자랑하는 청두시로서는 현재 남아 있는 콴자이샹즈 공간이 청두의 역사를 대변하는 공간이라는 인식이 사회 전반에 퍼져있다. 게다가 오랜 세월을 겪으면서 청나라 시기에는 만성이라는 공간으로도 활용되기도 하여 공간에 내포하고 있는 역사적 의미는 기타의 공간들에 비해 훨씬 풍부하다. 이러한 역사적 자원은 현 단계 콴자이샹즈의 재구축, 더 나아가 앞으로 청두시 도시브랜드로 육성하면서 긍정적인 작용을 할 것이다. 이런 공간의 유일성, 독특성 때문에 그 가치를 인정받고 있으며 청두시는 이와 같은 공간을 바탕으로 문화도시의 건설에도 박차를 가하고 있다.

(2) 공간의 전유, 활용

콴쟈이샹즈는 비록 공간이 한정되었고 실제 역사가 오래지 않기 때문에 신화나 설화 같은 고대로부터 전승된 무형의 유산은 없다. 하지만 그동안 공간을 둘러싼 역사적 명인과 관련하여 적잖은 담론들이 생성되었다.

그중 예를 들면 현대 저명한 소설가 바진巴金(1904~2005)의 장편소설에서 당시의 만성이 배경으로 등장하였고, 저명한 중국화 화가 장차이친张采芹(1901~1984)의 예전에 살던 집이 현재까지 남아 있어 이를 둘러싼 담론들이 생성되고 있다. 역사적 공간에서의 위와 같은 공간 담론들은 공간에 대한 흥미, 공간 역사성의 재확인은 물론 궁극적으로 공간의 가치 향상에 기여를 할 수 있다.

(3) 공간의 지배, 통제

콴자이샹즈의 소유권, 관리권, 경영권을 모두 민관이 따로 갖고 서로의 직책에 충실하고 있다. 구체적인 경영・운영에 관한 것은 모두 청두문화관광발전회사에서 책임지고 있고 보다 표준화된 기업관리 시스템으로 운영되고 있다. 현지에서 살고 있는 주민이거나 상가를 운영하는 자영업자의 경우 경제적 운영에 참여권을 갖고 있다. 상호간 어느 정도의 협력 관계가 존재하기는 하지만 현재 관련 시민단체가 자발적으로 형성되었다고 보기 어렵다.

(4) 공간생산

민관 합작의 재개발사업을 통해 콴쟈이샹즈의 옛 모습 복원을 기반으로 거리마다의 특색을 살리고자 콴샹즈에는 중국요리, 다방, 민속전시관, 전통문화물품 매점이 입주해 있고, 자이샹즈에는 양식점, 패스트푸드, 특색 요리점, 커피숍이 입주해 있으며, 징샹즈에는 바bar, 청두 지방 음식점 등이 대체로 입주해 있다. 이와 같이 거리를 테마화 함으로써 재개발 전 단지 주거 기능만을 담당하던 공간이 볼거리와 먹을거리, 체험거리가 종합적으로 분포되어 있는 새로운 공간으로 생산됨으로서 공간 기능의 전환을 어느 정도 이루었다고 평가할 수 있다.

3) 재현의 공간 측면에서

(1) 접근성과 거리화

현대사회에서 공간에 대한 물리적인 접근 외에도 우선 먼저 관련 공간에 대한 도서를 통해 재현의 공간을 구축할 수 있다. 더욱 중요한 것은 매스미디어 및 인터넷의 발달로 여러 형태의 미디어를 통한 접근이 용이해 졌고 그 중요성은 날로 커지고 있다는 것이다. 현재 가장 보편적으로 사용되는 방법으로는 인터넷 지도서비스를 사용하여 2차원・3차원 공간에 대한 정보를 획득하는 것이다. 전국의 기타 지역과 마찬가지로 콴자이샹즈도 바이두 혹은 구글 지도서비스를 통해 인터넷 공간에서 재현의 공간을 구축하고 있고 관련 기술의 발달로 머지않아 가상공간에서의 체험도 가능할 것으로 기대된다. 또한 통상적으로 쓰이는 접근 방법으로는 홈페이지 방문으로 콴자이샹즈 홈페이지www.kzxz.com.cn에 접속하여 보다 다양한 내용을 접할 수 있다. 그 외에도 현대적인 소셜미디어의 발달로 중국의 대표적인 쇼셜미디어인 웨이보新浪微博의 활약이 두드러진 가운데 모바일을 사용하여 소셜미디어를 통한 접근으로 더욱 다양한 정보는 물론 양방향 소통도 가능해져 홈페이지의 기능을 뛰어넘는 공간 접근의 변화를 가져오고 있다. 콴자이샹즈의 경우 〈가장 청두다운 콴자이샹즈宽窄巷子最成都, weibo.com/kzxz〉란 이름으로 소셜미디어를 구축하고 있다.

최근 청두 주요 매체인 청두일보成都日报网의 콴자이샹즈 관련 언론보도를 보면, 특히 2013~2014년 사이 관련 보도가 증가된 것을 알 수 있다(〈그림 4-4〉 참조). 관련 언론의 보도 내용 면에서 콴자이샹즈 운영 초기의 홍보보다는 현재 진행되고 있는 각종 행사 및 공익사업 등에 초점을 맞추고 있는 양상을 보이고 있다. 이런 언론보도의 동향을 통해 향후 콴자이샹즈 공간 재현의 방향을 어느 정도 파악할 수 있고, 궁극적으로 추구하고자 하는 미래의 가치에 대해 짚어볼 수도 있다.

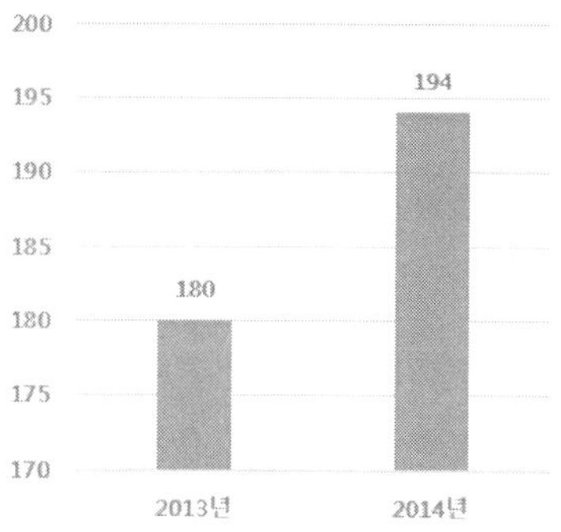

〈그림 4-4〉 콴자이샹즈 관련 언론 보도 편수
출처: news.chengdu.cn 2014.12.20 검색

(2) 공간의 전유, 활용

콴자이샹즈는 청두 역사의 흔적을 가장 오래 간직하고 있는 공간일 뿐만 아니라 최근에는 청두시 10대 도시경관十景 중의 하나로 선정되었다. 개발사업 당시의 목표에서 보다시피 청두시는 콴자이샹즈 공간을 '옛 청두의 유적, 신 청두의 만남의 장소老成都底片, 新都市客厅'로 구축하여 시민은 물론 관광객들이 친숙하게 느끼는 공간으로 구축하고자 하는 등 공간의 기능과 브랜드 향상에 힘쓰고 있다. 뿐만 아니라 해외 정상들의

방문지로서도 선정되어 대내외 홍보에도 유용하게 활용하고 있다. 그중 한 예로 2014년 3월 미셸 오바마Michelle Obama의 중국 방문 당시 청두에서 콴자이샹즈 등 역사·문화유적지의 방문이다.

(3) 공간의 지배, 통제

콴자이샹즈는 지금까지 청두의 역사가 실제적으로 남아 있는 공간으로 어디까지나 그 역사를 기반으로 하고 있다. 특히 해당 공간만이 소유하고 있는 기억은 그 공간이 앞으로도 지속적으로 존재해 나갈 수 있는 이유이자 문화자산이고 무형의 자본인 것이다. 콴자이샹즈 같은 경우 재보수를 거친 후 400m 벽면에 시대상時代相을 반영하는 벽돌로 만든 경관들을 연출함으로써 특정 공간 내 개방된 박물관으로 재현되고 있다. 예를 들면 청나라 당시 만성병영의 팔기병을 상징하는 말의 모습, 신중국 건립 후 콴자이샹즈의 사회상의 한 단면(〈그림 4-5〉 참조)을 보여줌으로써 시대적 및 상징적인 의미를 더하여 '역사적 전통'을 생성하고 있다.

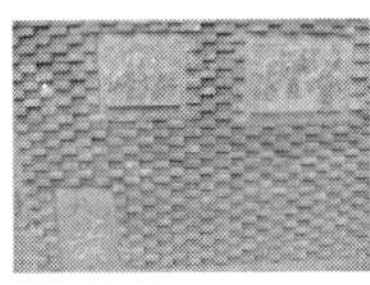

〈그림 4-5〉 콴자이샹즈 문화의 벽文化墻
출처: 필자 촬영 2014.07

이런 역사적 전통은 또 해당 공간에 존재하는 기타 다양한 역사성과 문화성, 즉 그 표현 형태인 전통 행사와 잘 어울려 재현의 공간으로 생산되고 있다. 그 중 대표적인 예로는 청두시에서 매년 개최되고 있는 '중국국제음식관광절中国国际美食旅游节'로서 2008년에는 행사의 한 부분으로 대

〈그림 4-6〉 사천 전통연극 변검

출처: 필자 촬영 2014.07

만 음식을 중심으로 하는 축제가 콴자이샹즈에서 개최됨으로서 축제 등 형식을 통해 다 차원적으로 공간의 전통을 만들어가고 있다. 그 외에도 상업 목적으로 진행되는 여러 형태의 공연도 한몫을 하고 있다. 대표적인 공연 행사로는 쓰촨 전통극인 천극川剧으로 특히 변검变脸(극중의 배우가 특이한 기법을 사용하여 얼굴 표정을 순식간에 바꾸는 것) 공연이 많은 인기를 끌고 있다(〈그림 4-6〉 참조). 이처럼 콴자이샹즈는 자체의 공간의 역사성과 지역 특유의 문화성과 잘 맞물려 전통을 생산하고 있다.

(4) 공간생산

콴자이샹즈와 같은 역사・문화공간은 기존의 공간 형태가 기본적으로 지속되다가, 시대적 흐름에 맞게 정부의 거시적인 정책 차원에서 공간이 재생산되는 양상을 보여 왔다. 2003년 콴자이샹즈의 재 복원을 거쳐 그리고 2009년 ≪청두시 문화산업발전 "12.5계획"成都市文化产业发展"十二五"规划≫이 발표됨에 따라 향후 공간생산 방향성이 대체로 결정되었다. 이번 계획에 따라 콴자이샹즈의 공간 규모가 확장되고 지역 특색을 살린 문화시설의 확대됨에 따라 콴자이샹즈를 중심으로 하는 주변 특색 상업구가 조성되었다.[18]

역사・문화 공간은 전통의 생산만은 아니다. 결국 역사적인 공간도 현대성을 외면할 수 없는 만큼 그런 점에서 콴자이샹즈에는 현대적인

18 成都市文化产业发展"十二五"规划, 市政府办公厅, 2012.6.1

다양한 문화관련 행사 특히 문화인, 예술인, 사회 유명인들을 초청하여 진행하는 행사를 포함한 여러 가지 행사가 지속되고 있다(〈표 4-5〉 참조). 결국 이런 행사들은 중요한 공간 콘텐츠로 구성되어 궁극적으로 '유토피아적' 혹은 '신화적 공간'의 생산을 위한 실천이 되겠다.

〈표 4-5〉 콴자이샹즈의 문화행사

	문화행사 명칭	행사 내용
1	콴자이 다과회 宽窄茶会	2010년부터 시작. 복잡한 도시 한 가운데 위치한 한적한 공간을 빌어 차문화 전파와 동시에 직접 체험
2	콴자이 강당 宽窄讲堂	2012년부터 시작으로 매월 한 차례씩 진행. 전문가, 문인, 교수 등을 초청하여 지역문화, 예술 및 사회적 이슈를 토론하고 시민들과 문화적인 정서를 공유
3	콴자이 거리 음악회 宽窄街头音乐季	2010년부터 매년 7-8월 진행. 중국 내 혹은 해외 유명 밴드들을 초청하여 시민・관광객들과 함께 음악의 장을 만듦
4	콴자이 연말콘서트 宽窄跨年音乐会	2009년부터 시작. 매년 새해가 시작될 때 중국 국내 및 해외 유명 가수, 밴드들을 초청하여 콘서트를 진행
5	광영창랑 光影长廊	2010년부터 시작. 거리의 벽면에 풍경사진, 민속사진 등 전시
6	백야 시회 白夜诗会	2010년부터 시작. 현지 유명 여류시인이 조직하여 비정기적으로 시를 좋아하는 사람들의 모임을 구성

출처: 콴자이샹즈 홈페이지(www.kzxz.com.cn) 내용을 재구성

이상 하비의 '공간실천'을 기반으로 하는 콴자이샹즈 역사・문화공간에 대한 분석을 통해 알 수 있듯이 청두시는 콴자이샹즈의 재건 사업을 통해 첫째는 도시명함都市名片, 브랜드을 만들고자 한다. 둘째는 상하이의 신천지新天地, 베이징의 산리툰三里屯과 차별되면서 더 높은 차원의 도시 문화공간으로 생산하고자 한다. 셋째는 청두시민의 정신적 지주, 문화 추구의 장 등[19]으로 구축하고자 하는 공간의 욕망을 표출하고 있다. 이는 도시공간 기능의 전환 차원에서 그리고 청두시 도시문화브랜드 구축

을 넘어 궁극적으로 새로운 공간의 현대적 '신화롤랑바르트의 신화'를 창조하고자하는 바램으로 그 과정을 다음과 같이 표시할 수 있다(〈표 4-6〉 참조).

〈표 4-6〉 관자이샹즈의 현대적 '신화'체계 구축

<table>
<tr><th>1. 기표</th><th>2. 기의</th><td></td></tr>
<tr><td>청나라 시기의 공간 유적</td><td>청두시에서 가장 오래된 청나라 건물, 거리</td><td></td></tr>
<tr><th colspan="2">I. 기호(의미)</th><th>II. 기의</th></tr>
<tr><td colspan="2">관자이샹즈</td><td>재개발을 통해 역사·문화 체험 및 다양한 볼거리, 먹을거리를 즐길 수 있음, 그 외 다양한 문화행사가 개최됨.</td></tr>
<tr><th colspan="3">III. 기호의 의미작용(신화)</th></tr>
<tr><td colspan="3">관자이샹즈는 청두시 도시 명함(도시 브랜드)이다.
청두시 도시 내 만남의 장소이자, 정신적 지주, 문화 추구의 장</td></tr>
</table>

19 杨健鹰, ≪宽思窄想:成都宽窄巷子策划实录≫, 汕头大学出版社 2011.8, p.187

•••

제3절 문화창의공간으로서의 '동교기억东郊记忆'

1. '동교기억'의 형성과 문화창의산업단지文化创意产业园区

공업의 발전은 한 국가의 국민경제를 지탱하고 그 수준을 향상시키는 중요한 지표이다. 신 중국 탄생 후 1950년대 구소련의 기술지원을 받아 전국 각지에 중공업 중심의 공업지구가 건설되었다. 이를 기반으로 형성된 공업지구들은 과거 한동안 해당 도시경제는 물론 국가경제의 발전을 이끄는 원동력이 되었고 또 이 시기 국가의 통일적인 계획으로 공업제품 생산을 중심으로 하는 공간을 형성하였다(〈표 4-7〉 참조).

〈표 4-7〉 계획경제시대 공업지구 공간실천

	접근성과 거리화	공간의 전유, 활용	공간의 지배, 통제	공간의 생산
구체적인 공간적 실천	국가의 통일적인 경제 지령 혹은 계획	중공업 제품 생산 중심의 공간으로 활용	정부 소유, 구소련의 기술 지원	중공업제품 생산을 위한 인프라 등 물리적 하부 구조를 생산, 계획 · 지령에 의한 사회 구조의 생산

하지만 1990년대 계획경제체제에서 시장경제체제로 전환을 시작으로 그 후 정보화사회 진입과 산업의 고도화에 직면하면서 기존의 많은 도시들의 공업지구는 더 이상 시대 발전에 따라가지 못하고 끝내는 쇠락하게 되었다. 또한 최근 도시화의 급속한 진전으로 도시 팽창 전 교외에 있던 옛 공업지구들이 차츰 도시 구역 내로 들어오게 되면서 공업지구 내 많은 공장들이 교외로 자리를 옮겨가게 되었다. 이로써 원 공업지구가 전부 철거되어 상업용도로 사용되거나 아파트를 신축하여 경제적 이득을 취하는 것이 보편적인 현상이 되었다. 이런 가운데 2000년대에 들어서면서부터 중국 내에서는 과거 공업유산의 보호에 관한 논의가 대두되면서 학계는 물론 사회적으로도 관련 문제가 이슈화되어 공업유산의 철거 아니면 재활용이라는 문제를 놓고 찬반양론이 엇갈리게 되는 상황이 벌어졌다. 그 배경에는 첫째, 국가적으로는 볼 때 '창의创新'는 국가의 종합 경쟁력을 향상시키는 중요한 요소로 등장하게 되었고 그 중요성이 날로 커지게 되었다. 2009년 9월 중앙정부에서 ≪문화산업진흥계획文化产业振兴规划≫[1]을 발표하여 문화창의산업, 영화산업 등 중점 문화산업을 육성하고 문화산업단지 구축 가속화, 문화소비 향상 등 8개 영역에 대해 향후 일정기간 중점적으로 추진하기로 하였다. 둘째, 선진국에서는 일찍 낙후된 공업지구(공간)가 창의·문화·예술과 접목하면서 도시재생으로 이어지는 성공사례를 남겼고 또 최근에는 영국을 시작으로 아시아의 한국, 일본에도 창조산업·창조경제가 화두가 되면서 '창의'가 시대적 흐름으로 되었다.

기존의 도시 산업지구 활용에 대해 찬반양론이 격돌하는 가운데 국가

1 〈문화산업진흥계획(文化产业振兴规划)〉, 国务院常务会议, 2009.9

차원의 추진 정책과 시대적 흐름의 작용으로 '문화창의산업단지'라는 새로운 도시공간형태가 많은 도시에서 육속 등장하게 되었다. 과거 노후한, 낙후된 공업시설 및 공간들을 새로운 시각에서 해석하고 공간의 활용성, 재생성 등 잠재력을 발굴하여 인간의 창의와 결합되는 새로운 공간 패러다임이 생성되었다. 산업시대의 공업지구(단지)의 구축이 도시발전에 기여를 하였다면 21세기 창조경제시대 문화창의산업단지의 구축이 도시발전을 이끄는 또 하나의 원동력으로 된다는 인식의 전환과 함께, 경제적 · 사회적 전환기 전국 각지에서 문화창의산업단지가 급부상하고 있고 구축사업 또한 활발하게 진행되고 있다. 하지만 문화창의산업단지에 대한 구체적인 개념에 대해 아직까지 중국 내에서 일괄된 언급이 없다. 보편적인 견해로는 '문화창의산업단지는 일련의 문화와 관련성이 있고 일정한 산업규모를 형성하고 있는 특정 지역을 말한다. 선명한 문화적 이미지가 있고 생산, 소비, 레저, 주거 등 융 · 복합 지역으로 외부에 일정한 흡인력이 있어야 한다. 단지 내에서는 생산-발행-공급-소비가 일체화된 문화산업사슬을 형성해야 한다.'[2] 즉 융 · 복합 창의산업을 중심으로 문화소비, 문화관광, 문화체험 등 연결되고 이상의 기능을 동시에 갖고 있는 도시문화공간을 말한다. 이러한 문화창의산업단지는 문화 소비, 체험의 공간이자 동시에 (문화)생산의 공간이다. 이 역시 중국 국내 관련 연구자들의 주장이기도 하다.[3] 문화창의산업단지의 구축은 기존 공업지구를 포함한 토지의 재활용은 물론 전반 문화산업의 발전 그리고 도시 경제발전의 한 축으로 작용하고 있으며 현 단계 중국 창의산업의 한 형태로 자리를 잡아가고 있다. 이 논문에서 분석하고자 하는

2 바이두백과百度百科, baike.baidu.com

3 高宏存, ≪论文化产业园区的"名"与"实"≫, 学习与探索, 2013.7(第7期), pp.96-97

청두시 '동교기억' 문화창의산업단지도 인식의 전환과 시대적 흐름에 맞춰 설립된 것이며 위와 같은 사회발전의 맥락 속에서 논의가 시작되어야 한다.

1950~1960년 사이 국가의 공업정책과 구소련의 기술지원을 받아 청두시 동쪽 교외에 대규모 전자, 기계, 전력설비를 생산하는 공업단지가 건설된다. 1990년대에까지만 하여도 청두시 공업 총생산액의 절반을 넘을 정도로 호황을 누렸지만 중국 내 기타 형태의 공업지구들과 마찬가지로 급속하게 쇠락하게 되며 결국 정부의 공장 이전 정책에 맞춰 교외로 이전하게 된다. 2000년대 초부터 청두시 정부에서 공장들이 이전 후 부지의 사용에 대한 오랜 논의를 거쳐 홍광전자관공장红光电子管厂의 부지가 최종적으로 〈공업유산 보호지〉로 지정된다. 2009년 청두시 정부에서는 공업유산보호를 기반으로 문화산업을 발전시킬 데 관한 인식의 전환을 가져오게 되며 이는 옛 공장 건물에 대한 복원을 거쳐 과거 계획경제시대 공업의 기억을 되살릴 수 있는 공간으로 탈바꿈하게 되는 실천으로 이어진다. 이에 2009년 5월 청두시 미디어그룹과 중국이동통신사 쓰촨성 지사의 공동 투자로 동교음악공원东郊音乐公园이 구축되며 2011년 9월 개방을 시작으로 2012년 11월에는 정식으로 '동교기억' 문화창의산업단지로 탄생하게 된다. 현재는 건축면적 약 19만㎡의 1기공사를 마무리하였다. 이와 같은 단지가 형성되게 된 배경을 도시발전 차원에서 볼 때, 2009년 청두시는 중앙정부로부터 혁신형도시创新型城市 건설사업의 시범도시로 확정되었고, 최근 청두시 정부가 추진하고 있는 '1극 7구 다원'의 문화산업 공간분포 계획과 밀접한 관계가 있다고 할 수 있다. 즉 공간의 재활용과 창의성을 결합시켜 또 하나의 도시브랜드를 구축하고자 하는 정부의 목적이 들어있다.

‘동교기억’ 문화창의산업단지는 음악을 테마로 ‘음악산업 밸리와 음악문화체험’을 중심으로 하는 문화창의산업단지의 구축을 핵심 내용으로 하고 있다. 이에 중국 이동통신회사와 공동으로 ‘중국이동 무선음악기지中国移动无线音乐基地’를 구축하여 공동으로 ‘중국디지털음악 과학 인큐베이터中国数字音乐科技孵化园’ 건설을 그 핵심으로 하고 있다. 이 뿐만 아니라 음악, 미술, 사진, 희곡, 공연 등 문화예술 요소들이 복합적으로 작용할 수 있는 문화플랫폼을 구축하여 중국 공업유산보호의 모범사례로, 전통공업사회로부터 현대적인 창의적 공업사회로 전환의 모범을 보여주고자 한다. 그리고 콴자이샹즈와 함께 청두시의 도시명함으로 되고자 하는 것이 그 목적이라고 하겠다. 2013년에는 ‘국가음악산업기지中国音乐产业基地’로 선정되기도 하였다(〈그림 4-7〉 참조).

〈그림 4-7〉 ‘동교기억’ 문화창의산업단지 지도
출처: 바이두百度지도 재구성

2. 청두 ‘동교기억’ 문화창의산업단지의 공간생산

계획경제시대 청두시 동교공업지구의 공업을 중심으로 하는 공간생산은 시대적 변화로 이상 지속 될 수 없게 되었다. 그 뒤를 이어 현재 전환기에 시대적 흐름에 맞게 '동교기억' 문화창의산업단지가 재탄생되었고 이 공간을 하비의 '공간실천'론에 근거하여 고찰하고자 한다.

1) 구체적인 공간실천의 차원

(1) 접근성과 거리화

'동교기억' 문화창의산업단지는 물리적으로 청두시 동쪽 2환二环과 3환三环 사이 성화구成华区에 소속되어 있으며, 도시 중심으로부터 약 7km, 공항에서는 25km 떨어진 곳에 위치하고 있다. 하지만 현재까지 지하철이 개통되지 않았고 시내 버스노선이 적은 등 다소 불편한 점이 있다. 이런 불편한 점의 보완 차원에서 인터넷 통신기술의 발전으로 기본적인 홈페이지 외에도 관련 웨이신, 웨이보weibo.com/eastchengdu 등 소셜미디어를 구축하여 보다 쉽게 접근할 수 있다. 또한 문화창의공간의 특성상 창의인력들이 쉽게 접근해야 한다는 점을 고려할 때 우선 현재 청두시에 각 분야 고급인력을 배출할 수 있는 20개의 대학교가 위치하고 있다는 점을 꼽을 수 있다. 그중에는 중국 9대 음악대학교 중의 하나인 쓰촨음악대학교四川音乐大学 그리고 쓰촨사범대학교四川师范大学 영상대학, 전자과학기술대학교电子科技大学 등 대학교가 '동교기억' 문화창의산업단지의 주변지역에 위치하고 있어 우수한 창의인력 공급은 물론 활발한 교류가 이루어 질 수 있게 되었다.

(2) 공간의 전유, 활용

청두시 정부의 '1극 7구 다원'의 문화산업의 공간분포계획에 힘입어 현재 주요하게 문화창의산업단지로 활용되는 외에도 관광과 결합되어

교육, 문화소비, 예술품 전시, 전문적인 공연, 숙박, 문화기업 육성 등 복합 문화산업공간으로 활용되고 있다. 현재 2단계 확장 공사가 추진되면서 공간 활용 범위는 더욱 확대될 것으로 기대된다.

(3) 공간의 지배, 통제

혁신형도시 건설이 중앙정부에서부터 지방정부에 이르기까지 슬로건으로 되면서 현재 문화창의산업의 발전은 중앙・지방정부 일과의 중요한 구성부분으로 되었다. 특히 '동교기억' 문화창의산업단지 같은 경우는 이미 국가급国家级 문화창의산업단지로 승격된 상태이다. 이로써 중앙정부의 지원 하에 지방의 대형 국영기업의 대규모 투자로 운영되고 있는데 총체적으로 보면 관주도, 국영기업 참여, 관련 문화기업의 입주 형태로 '동교기억' 문화창의산업단지가 운영되고 있다.

(4) 공간생산

'동교기억' 문화창의산업단지는 공장건물, 공장설비 등 과거의 공업문화유산을 보호하고 그 유산들을 재활용・재구성하는 형태로 공간을 확대 재생산하고 있다. 뿐만 아니라 문화・예술적인 요소 외에도 창의적인 요소를 첨가하여 문화의 생산・유통・소비 시스템을 갖춘 공간으로 구축하고자 한다.

2) 공간의 재현 측면에서

(1) 접근성과 거리화

과거 계획경제시대 옛 공간이 오늘날 문화창의산업단지로 탈바꿈 할 수 있었던 데는 그 공간에 대한 도시인들의 기억과 향수가 큰 작용을 하였다. 계획경제시대의 청두시 동교공업지구는 이미 사라졌지만, 그 시대를 상징하는 정신 특히 창업초기를 시작으로 그 후 계속 전승되었던 근면, 지혜, 헌신 등의 정신은 그 시대를 살아온 많은 청두시 시민한테는 아직까지도 남아있다. 뿐만 아니라 당시의 전국적인 인지도 면에서도 '북쪽 지방에는 수도 강철공장이 있다면, 남쪽 지방에는 홍광전자관공장이 있다北有首钢, 南有红光'는 명성을 얻어 지금까지도 청두시 시민들은 이에 대해 자부심을 느끼고 있다.

시민들의 이와 같은 보편적인 인식은 옛 공간이 새롭게 탈바꿈했어도 계속하여 머릿속에 각인되어 현재 심리적·사회적 거리감을 한층 더 가까이 하고 있다.

(2) 공간의 전유, 활용

공간의 재현적 측면에서 과거 동교공업지구의 전유와 활용은 오늘날 언론·방송을 통해 두 축으로 진행되고 있다. 한축은 과거 기억의 재생이고 다른 한 축으로는 오늘날 문화창의산업단지의 구축이다. 이는 그 시대가 지나갔지만 지금으로부터 기껏해야 겨우 50년 좀 더 되는 시간이 흘렀기 때문에 공간에 대한 전유와 활용이 현재와 과거를 오가며 동시에 진행되고 있다.

첫 번째 경우 주로 쓰촨 지방 TV방송사의 〈闻香识女人〉 토크쇼 프로그램(2014.1.8. 방송)을 통한 과거 기억의 재생이다. 과거 동교공업지구에서 근무한 근로자 특히 현재에도 사회활동을 진행 중인 분들을 초청하여 과거의 기억을 되살리고자 진행된 TV프로그램으로[4] 동교공업지구에

4 과거 동교공업지구에서 근무한 근로자들이 2005년 자발적으로 민간단체 용흠예술단龙鑫艺术团을 조성하여 무용의 형식으로 과거를 재현하고 있다. 관련 무용으로는 〈태양 아래에 모여集合

대한 과거 기억들을 생생하게 전달하고 있다. 이 TV프로그램은 토크쇼 외에도 그들이 자발적으로 예술단체를 구성하여 선보인 여러 장르의 무용도 방영하여 사회적 호응을 얻고 있다.

두 번째는 현재의 '동교기억' 문화창의산업단지의 경우로 청두시 정부에서는 문화브랜드 향상을 목표로 하고 있고, 청두 매스미디어그룹은 '서부지역에서 최고, 전국에서 일류西部地区第一, 全国一流'의 문화창의산업단지 육성을 목표로 하고 있다. 이에 중앙방송국 TV프로그램 〈중국의 아름다움 발견发现中国美〉에서도 현재의 '동교기억' 문화창의산업단지에 대한 내용을 방영(2013.10.16)하고 있다.

(3) 공간의 지배, 통제

중국의 문화창의산업단지는 주로 관주도 형태를 취하는 것이 보편적이다. 이럴 경우 공간의 소유권・관리권은 모두 중앙정부와 지방정부에 속해 있으며 현재 경영권은 문화창의산업단지에 투자한 쓰촨 매스미디어그룹에서 소유하고 있다. 그 외 문화창의산업단지에 입주한 문화기업은 관련 정부정책의 지원을 받으며 극장, 영화관 등과 같은 업체의 경우는 경영권을 갖고 있다.

(4) 공간생산

지방정부의 문화산업 추진 정책과 지방 국유기업의 투자를 통해 옛 공업지구 건축물의 재 복원과 중공업시설들의 재활용을 기반으로 공간이 생산되었다. 그 외 해당 공간이 다양한 기능을 수행 할 수 있도록

在阳光下〉, 〈격정의 세월激情岁月〉 등을 들 수 있다. 이와 같은 무용의 형식을 통해 사회 각 계층에서 무료 봉사 형식으로 과거 동교의 정신을 보여주고 있다.

창의적인 문화기업, 야외 공연장, 실내 전시관, 영화 상영관, 호텔, 음식점 등 시설이 배치됨으로써 기존의 공업생산 시대와는 완전히 다른 형태의 공간을 생산하게 되었다. 특히 주목할 것은 이런 새롭게 탄생한 공간 형태를 통해 다양한 콘텐츠들이 생산되고 많은 사람들한테 소비된다는 것이다.

3) 재현의 공간 측면에서

(1) 접근성과 거리화

최근 청두시 주요 매체인 청두일보成都日报网의 '동교기억' 문화창의산업단지에 관련 된 언론보도를 보면 2013년에 비해 2014년의 언론보도 편수가 증가됨을 알 수 있다(〈그림 4-8〉 참조). 관련 언론의 보도 내용면에서 주로는 단지 내에서 진행되는 각종 행사에 관련 된 보도내용이 많은 비중을 차지하고 있다. 그 외에도 문화창의산업단지의 발전을 추진하고자 하는 지방정부의 관련 조치가 그 뒤를 잇고 있다. 전반적으로 볼 때 아직까지 거시적인 차원에서의 일방적 전달의 언론보도가 주류를 이루며 '동교기억' 문화창의산업단지를 관련 행사의 장으로 인식하고 보도하는 경향이 다분하다. 아직까지는 창의공간으로서의 진정한 기능이 갖추어지지 않은 만큼 관련 내용의 전달에 한계가 있으며 이는 재현 공간의 측면에서 접근성을 저해하는 요소로 작용하게 된다.

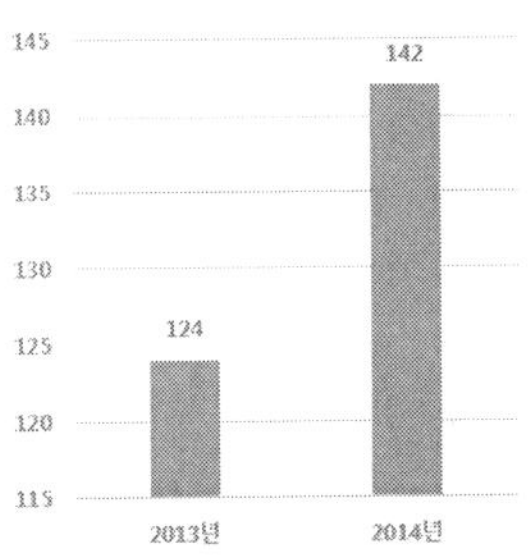

〈그림 4-8〉 언론 보도 편수
출처: news.chengdu.cn 2014.12.20 검색

(2) 공간의 전유, 활용

청두시는 문화산업을 도시경제・사회발전을 추진시키고 도시 브랜드 향상, 도시 소프트파워 강화의 중요한 수단으로 보고 있다. 이에 '동교기억' 문화창의산업단지 같은 공간의 중요성이 크게 증대되고 있다. 과거 공업유산을 바탕으로 디지털음악과 체험을 중심으로 예술전시, 공연, 음악 교육, 관련 비즈니스가 종합적으로 이루어지도록 문화창의공간을 형성한다는 것이 향후 발전방향이다. 그 외에도 관광, 숙박, 레저 등이 동시에 이루질 수 있게 기존 공간을 재구성 하여 활용하고 있다.

(3) 공간의 지배, 통제

'동교기억' 문화창의산업단지는 과거 계획경제시대 동교공업지구의 역사와 정신이 남아 있는 곳으로 현재는 그 공간을 기반으로 새롭게 재구성하여 창의적인 공간을 탄생시키고 있다. 새롭게 구축된 공간은 과거의 기억을 보존하면서 현시대의 흐름에 맞게 창의적인 요소와 결합되어 새로운 문화자산을 생산하고 있다. 공간 내 공업지구의 기억과 현시대 창의적 요소가 결합된 상징물들을 쉽게 찾아볼 수 있다(〈그림 4-9〉 참조). 이로써 과거와 현시대의 상징적 의미를 전달함으로써 과거와 현재가 공존하는 '전통'을 생성하고 있음을 알 수 있다.

〈그림 4-9〉 '동교기억' 문화창의산업단지 재현의 공간 일부

출처: 필자 촬영 2014.07

(4) 공간생산

'동교기억' 문화창의산업단지의 공간생산은 여러 면에서 진행된다. 우선 외부적으로 정부의 거시적 정책 면에서 이루어진다. 특히 2009년 중앙정부에서 〈문화산업진흥계획〉이 발표되면서 청두시 정부도 이에 발맞춰 〈청두시 문화창의산업 발전계획(2009~2012)〉을 발표하였다.[5] 이번 계획에서는 청두시 문화창의산업발전의 단기와 중기(2020년까지) 발전목표를 제정하였고 동시에 '청두 동구 디지털음악산업단지成都东区'数字音乐产业园'를 구축하기로 결정하였다. 그 뒤를 이어 2012년 발표된 〈청두시 문화산업 발전 "12.5"계획〉[6]에서는 공업유산을 기반으로 디지털음악산업과 체험을 핵심으로 하는 '동교기억' 문화창의산업단지 구축을 중심으로 공연, 비즈니스, 레저, 오락 등 기능을 종합적으로 갖춘 특색 공간을 구축한다는 향후 공간생산의 방향을 제시하였다.

다음으로 '동교기억' 문화창의산업단지는 내부적으로 시대적 흐름인 창의산업육성과 다양한 문화행사에 초점을 맞춰 여러 차원에 거쳐 공간을 생산하고 있다. 창의산업육성의 경우 디지털음악을 중심축으로 기타 디자인, 영상, 광고를 중심으로 하는 문화기업들이 입주해 있다. 중국이동통신 무선음악기지中国移动无线音乐基地는 전국 이동통신 모바일 가입자에게 무선 음악콘텐츠와 서비스를 제공해 주는 회사이다. 이 회사를 중심으로 중소기업을 위한 음악산업 인큐베이터 설립과 디지털음악 인큐베이터 설립을 목적으로 하고 있다.

다양한 문화행사의 경우 2013년 한해에만 유명인사의 강연, 공익활동, 공연 그 외에도 각종 판촉행사 등 크고 작은 행사가 800여회 진행되었

5 〈成都市文化創意产业发展规划(2009-2012)〉, 成都市政府办公厅, 2009.11.19
6 〈成都市文化产业发展"十二五"规划〉, 成都市政府办公厅, 2012.6.1

〈그림 4-10〉 '동교기억' 문화창의산업단지 문화행사의 일부

· 공업유산을 이용한 공연장 내부와 연극 〈진화론〉이 끝난 후 감독 · 배우들과 관람자들의 교류 시간

· 2014년 개최된 여름철 애니메이션 전시회(**夏日动漫展**) 출처: 필자 촬영 2014.07

다.[7] 그 중에서 첫째로, 특히 음악을 중심으로 눈길을 끄는 국제성 행사로는 2013년, 2014년 두해 연속 진행된 '청두 국제 우호도시 청년음악주간成都国际友城青年音乐周' 행사이다. 이 행사에서는 음악을 중심으로 청두시와 우호도시 관계를 맺고 있는 세계 여러 나라 도시의 청소년들을 초청하여 지역 청소년들과 그들의 민족적 특색 · 전통을 선보이는 장으로 되었다. 행사기간 음악을 중심으로 댄스, 무용, 연주 등이 실외 공연장에서 진행될 뿐만 아니라 그와 동시에 관련 문화행사 예를 들면 연극, 뮤지컬 행사도 진행되고 있다. 그 외에도 국제문화교류 행사로서 중 · 일 · 한 3국 청소년 서예교류전, 미국 인상사진전시 등 여러 가지 행사가 진행되어 가장 성공적으로 진행된 국제행사로 꼽히고 있다. 두 번째로는 정기적으로 진행되는 연극공연이다. 가장 대표적인 것은 8공간8点空间에서 열리는 각종 연극공연이다. 그중 최근 공연된 연극 〈진화론进化论〉(〈그림 4-10〉 참조) 같은 경우 황당극으로 2013년 먼저 베이징에서 성공적으로 공연되었다. 그후 2014년에는 감독이 직접 청두시에 와서 청두

7 〈全年800场文化活动闪耀东郊记忆〉, 成都日报, 2014.7.29

시에 있는 관련 대학교 강사와 연극단 단원들과 함께 협력하여 청두에서 선보인 작품이다. 이와 같은 형식으로 지역 연극 인력의 발굴은 물론 지역적 제한으로 시민들이 평소에 접하기 힘든 공연 콘텐츠를 접할 수 있게 되었다. 8공간의 공연 콘텐츠 외에도 매년 애니메이션 전시회가 열리는 등 다양한 콘텐츠를 '동교기억' 문화창의산업단지라는 플랫폼을 통해 제공하고 있다.

이와 같이 청두시 정부에서는 과거 공업유산의 재활성화에 의한 공간 생산을 통해 역사·문화공간인 콴자이샹즈에 이어 또 하나의 도시명함을 만들고자 하는 것이 우선적인 목적이다. 더 나아가 전국적으로 공업유산 재활용을 통한 디지털음악산업 중심의 문화창의산업 메카로 육성하고자 하는 것이 최종적인 목표라고 하겠다. 즉 콴자이샹즈를 중심으로 하는 현대적인 역사·문화공간의 현대적 '신화' 구축에 이어, 창의성을 중심으로 하는 현대적인 문화창의산업공간의 현대적 '신화'를 구축하고 한다(〈표 4-8〉 참조).

〈표 4-8〉 '동교기억' 문화창의산업단지의 현대적 '신화'체계 구축

<table>
<tr><th>1. 기표</th><th>2. 기의</th><td></td></tr>
<tr><td>과거 계획경제시대의 공업생산 공간</td><td>청두시에서 유일하게 남아 있는 계획경제시대 공업유산</td><td></td></tr>
<tr><th colspan="2">I. 기호(의미)</th><th>II. 기의</th></tr>
<tr><td colspan="2">'동교기억'</td><td>공업문화 유산에 대한 재활용을 통해 창의적 공간 구축, 관련 디지털 음악산업육성, 다양한 문화체험을 할 수 있음</td></tr>
<tr><th colspan="3">III. 기호의 의미작용(신화)</th></tr>
<tr><td colspan="3">'동교기억' 문화창의산업단지는 청두시 도시 명함(도시 브랜드),
전국적으로 디지털음악산업의 메카로 육성
청두시의 창의의 장이자, 시민 문화소비의 장이다.</td></tr>
</table>

•••

제4절 청두시 도시문화공간의 공간생산 한계점

르페브르는 '공간생산' 이론을 정립하면서 '누구를 위해, 왜, 어떻게 생산되는가?'에 주목한다. 그 중에서 그가 더욱 중요하게 생각했던 것은 '생산'이다. 중국의 많은 도시들에서 문화도시, 창의도시를 건설 과정에서 공간을 주목하게 되었고 따라서 공간의 중요성이 날로 커지고 있다. 하비는 관계론적 공간론으로부터 출발하여 공간의 생산을 세 층위로 나누어 제시하였고 그중 가장 중요하게 생각하는 부분은 재현의 측면에서의 공간생산이다. 특히 이 부분은 문화콘텐츠, 문화산업과 가장 밀접한 연관이 있고 또 공간과 결합하여 공간 콘텐츠를 생성한다고 이 논문은 주장한다. 또한 역사・문화공간, 문화창의공간을 막론하고 문화적 요소와 창의적 요소를 기반으로 하는 공간은 지속 가능성과 성패는 콘텐츠의 종합체라고 말할 수 있는 공간 콘텐츠와 큰 연관을 갖고 있다. 그만큼 공간생산에서 공간 콘텐츠가 차지하는 비중이 크다고 할 수 있다.

따라서 이미 제2장에서 규정한 공간 콘텐츠 정의를 기반으로 콴자이샹즈 역사·문화공간과 '동교기억' 문화창의산업단지(공간)의 공간 콘텐츠를 분류하여 공간 콘텐츠 중심의 공간생산에 대해 구체적으로 고찰할 수 있다.

1) 콴자이샹즈 역사·문화공간의 경우

콴자이샹즈 역사·문화공간은 2008년에 약 5년간의 재건을 거쳐 개방한 후 지금까지 매년 1천만 명의 관광객이 찾는 명소로, 그 외에도 '중국 10대 특색 상업거리中国十大特色商业街区'로 지정될 정도로 사회적으로 크고 작은 명예를 획득하였다.[1] 전반적인 사회 여론 조사와 관련 연구 결과에 의하면 상업공간으로서 성공을 거두었다는 것을 알 수 있다. 상업공간으로는 성공하였다고 하지만 진정한 역사·문화공간으로 거듭났는지는 아직까지 회의적이다. 이에 콴자이샹즈 역사문화공간에 대한 좀 더 구체적인 공간 콘텐츠의 구성을 고찰하였다(〈표 4-9〉 참조).

1 四川省商会网络信息综合服务平台(www.96scsh.com)

〈표 4-9〉 콴자이샹즈 역사·문화공간의 공간 콘텐츠 구성[2]

공간콘텐츠	공간 프로그램	중국요리점	7 곳
		양식점	11 곳
		다방	4 곳
		커피숍	3 곳
		바Bar	9 곳
		박물관	1 곳
		숙박시설	1 곳
	운영 프로그램	징샹즈 정기 시장	2008년부터 창의적 공예품 판매
		콴자이 다과회	2009년에 시작하여 매년 3-4월 진행
		콴자이 연말콘서트	2009년부터 매년 연말 진행
		콴자이 거리 음악회	2010년에 시작하여 매년 8월 진행
		백야 시회	2010년에 시작하여 비정기 진행
		콴자이 강당	2012년 4월에 시작하여 정기적으로 진행
		광영창랑	상설 거리 사진 전시회

위의 〈표 4-9〉에서 보다시피 공간 콘텐츠를 구성하는 요소 중 공간 프로그램이 많은 폭을 차지하고 있다. 공간 운영프로그램은 2009년부터 운영되기 시작하였고 1년 중 운영되는 프로그램이 적을 뿐만 아니라 기간도 상대적으로 짧음을 알 수 있다. 즉 공간 인프라 특히 상업 인프라 구축에 치중하여 공간이 생산되었음을 알 수 있지만, 공간의 특성을 살리고자 관련 운영프로그램도 어느 정도 운영하고 있음을 알 수 있다. 이는 2009년, 2010년에 각각 발표된 연구에서 이미 어느 정도 지적되었

2 唐克 等, 〈成都宽窄巷子旅游开发商业模式及其运行问题〉, 西南民族大学学报(人文社会科学版) 2012, 第10期. 콴자이샹즈 홈페이지 참조하여 재구성. 위 논문에서 제시한 공간프로그램의 구체적 수는 현재 조금 변할 수 있다.

다.[3] 〈청두 콴자이샹즈 옛 거리 관광 개발 중 존재하는 문제점〉에서는 전반 공간구성에서 쇼핑, 음식, 오락・레저가 차지하는 비중이 각각 41%, 39%, 17%로 이로서 공간의 거의 대부분 차지한다고 지적하고 있다. 〈청두시 콴자이샹즈 관광체험 실증 분석〉에서도 역시 상업적 분위기가 농후함을 지적하였다. 그리고 관광객의 청두 옛 문화를 체험하고자 하는 욕구지수 대비 실제 체험지수 간 큰 폭으로 차이가 생겨, 청두시의 가장 오래된 역사・문화공간이지만 실제적으로 그런 요소가 피부에 와 닿지 않음을 지적하고 있다. 또한 지금까지 진행된 관련 연구는 실물 소비자의 체험에 대부분 집중되고 운영프로그램 즉 문화소비에 관한 만족도 연구는 이루어지지 않고 있다.

2) '동교기억' 문화창의산업단지(공간)의 경우

2009년 중앙정부에서부터 처음으로 문화산업진흥을 위한 정책 발표를 시작으로 그 후 일련의 관련 정책 발표와 함께 각 도시들마다 문화산업단지 구축의 붐이 일고 있다. 관련 자료의 통계에 의하면 2013년 연말 기준으로 전국에 약 2000여 곳의 문화산업단지가 이미 건설되었고, 건설 준비 중인 그리고 이름을 문화산업단지라고 변경한 곳까지 합치면 그 수를 훨씬 초과할 것으로 조사되었다.[4] 실제적으로 현재 중국의 문화산업 발전은 시작단계에 머물러 있다. 때문에 문화산업단지를 구축한 경험과 인재가 부족할 뿐만 아니라 지속적으로 발전할 공간 콘텐츠가 부족하

3 王洁佳, 〈浅谈成都宽窄巷子仿古街区旅游开发中存在的问题〉, 消费导刊, 2009.2; 杨春蓉, 〈成都市宽窄巷子旅游体验实证分析〉, 西南民族大学学报(人文社会科学版), 2010年 第9期, 2010.4

4 张成源, 〈打"幌子"的文化产业园应坚决叫停〉, 中国文化报, 2013.11.27

고 명확한 발전 방향이 없다. 이는 현 단계의 문화산업단지 구축에서 실제적인 문제점인 동시에 전문가들의 보편적인 견해이다.

그 중에서 중국 서부지역에 위치하고 있는 '동교기억' 문화창의산업단지는 정부의 정책, 대기업의 과감한 대규모 투자에 힘입어 〈4A 국가급 관광지国家级旅游景区〉, 〈쓰촨성 문화산업시범기지四川省文化产业示范基地〉 등 영예를 획득하면서 전국적으로도 어느 정도 지명도를 갖고 지금까지 빠른 성장세를 보여 왔다. 비록 설립된 시간은 오래지 않고 앞으로도 성장 잠재력이 큰 점을 고려하면서 지금까지의 공간생산 과정을 짚어보고자 공간 콘텐츠의 구성을 우선 고찰하였다(〈표 4-10〉 참조).

〈표 4-10〉 '동교기억' 문화창의산업단지의 공간 콘텐츠 구성

<table>
<tr><td rowspan="11">공간콘텐츠</td><td rowspan="8">공간 프로그램</td><td>음식점</td><td>9 곳</td></tr>
<tr><td>극장</td><td>12 곳</td></tr>
<tr><td>레저 시설</td><td>커피숍 등 10 곳</td></tr>
<tr><td>오락 시설</td><td>영화관, Bar 등 10 곳</td></tr>
<tr><td>쇼핑 시설</td><td>음악 관련 CD, 악기 등 9 곳</td></tr>
<tr><td>숙박 시설</td><td>공업 유산 테마형 호텔 등 2 곳</td></tr>
<tr><td>국가음악산업기지
国家音乐产业基地</td><td>중국에서 처음으로 되는 중소음악기업을 위한 인큐베이터, 디지털음악 과학기술 인큐베이터로 육성</td></tr>
<tr><td>창의적 사무실
创意办公</td><td>옛 공장 건물을 창의적으로 활용하여 창의적인 근무환경을 마련하여 전위적이고 시대의 흐름을 인도하는 형상을 부각시킴.</td></tr>
<tr><td rowspan="3">운영 프로그램</td><td>음악예술교육 프로그램</td><td>전통음악, 현대음악, 무용, 악기 등을 중심으로 하는 교육 프로그램</td></tr>
<tr><td>공연 프로그램</td><td>극장 공연과 비정기적 실외 공연</td></tr>
<tr><td>전시 프로그램</td><td>예술전시와 애니메이션 전시 등 테마별 전시</td></tr>
</table>

출처: '동교기억' 문화창의산업단지 사이트(www.eastcd.com) 내용 재구성

위의 〈표 4-10〉에서 보다 시피 공간 콘텐츠를 구성하는 요소 중 공간 프로그램이 많은 비중을 차지하고 있고, 특히 음악을 중심으로 하는 관련 운영프로그램이 운영됨을 알 수 있다. 정부의 지원과 대기업의 투자로 큰 성장 잠재력을 갖고 있으며 공간 프로그램과 운영 프로그램은 앞으로 확대 가능성을 남겨 두고 있다. 지금까지의 발전상황에 대한 소비자들의 견해는 〈문화창의형 관광지 고객만족도 연구〉 등 관련 실증연구를 통해 좀 더 구체적으로 알 수 있다.[5] 특히 공간에 대한 관광객의 기대지수와 인지지수 간 차이에 대한 조사를 보면 공업유산과 음악적 요소의 창의적 결합에는 지수 간 차이(0.1351)는 근소한 수치로 나타나 거의 관광객의 기대수준에 도달하였다고 볼 수 있다. 이는 또한 공업유산의 창의적 활용에 어느 정도 긍정적인 인식을 갖고 있음을 알 수 있다. 우선 공간 프로그램에 대한 조사 항목 중 중점적으로 경관에 대해 보면 경관의 창의성(0.3089) < 창의적 경관의 풍부함(0.3552) < 경관의 미감(0.3784)로 나타나 전반 경관에 대한 기대 지수와 인지 지수 간 차이가 크지 않아 대체적으로 경관의 창의성에 대해서는 긍정적임을 알 수 있다. 하지만 아래의 운영 프로그램에 대한 조사 항목, 예를 들면 음악을 주제로 하는 창의적 행사(0.5405) < 음악적 분위기(0.6216) < 음악을 주제로 한 행사의 풍부함(0.6905)에서는 기대지수와 인지지수 간 차이가 크게 나타난 것으로 볼 수 있고 그 중에서 행사의 다양성 면에서는 가장 큰 차이를 나타내고 있다. 즉 운영 프로그램 면에서 아직까지 관광객이 실제로 느끼게끔 창의적 수준으로 향상되지 않음을 반증한 결과가 되겠다. 위의 음악을 주제로 하는 창의적 행사, 음악적 분위기, 음악을 주제

5 淳伟德, 欧阳艳梅,「文化创意型旅游地游客满意度研究」, 西南民族大学学报, 2014年(第2期)

로 한 행사의 풍부함 등은 공간 콘텐츠 운영의 핵심 내용이지만 실제 관광객들의 기대와는 큰 차이를 보이고 있음을 알 수 있어 운영 프로그램의 질적 향상 및 관련 콘텐츠의 개발에 노력을 기울여야 한다고 보아진다.

이상의 콴자이샹즈의 역사・문화공간과 '동교기억' 문화창의산업단지(공간)의 실제적인 공간 콘텐츠 분석과 실증적인 연구 결과에 의하면 아직까지 도시문화공간이 전반적으로 기초 인프라 혹은 상업적인 면에 치중하고 있다. 반면, 실제 공간생산에서 핵심 부분을 차지하는 운영 프로그램 구성, 창의성 등에 대한 투입과 관심은 많이 부족함을 알 수 있다. 이는 또한 현재 중국의 많은 도시문화공간들이 공동적으로 갖고 있는 문제점이다. 보다 더 큰 문제점은 공간의 생산에서 아직도 공간을 물리적인 공간으로 인식하고 '내용물'이 들어있는 관점으로 접근하고 있다는 사실이다. 그렇다면 다음 장에서는 도시문화공간은 '어떻게 생산되어야 하는가' 그리고 그 방향성에 대해 짚어보고 향후 도시문화공간의 생산에 대해 제안하고자 한다.

/ 제5장 /

청두시 도시문화공간의 공간생산 방안

본 장에서는 앞에서 언급한 공간에 대한 기본 인식, '공간생산' 이론 및 중국, 한국・일본 및 유럽 사례 고찰과 청두시 도시문화공간 분석을 바탕으로 우선 도시문화공간 생산의 논리를 재구축하고자 한다. 다음으로 인프라 중심의 한계를 벗어나기 위한 현 단계 중국 도시문화공간 생산의 기본모델을 제시하고자 한다. 마지막으로 이미 제시한 도시문화공간 생산의 기본모델을 바탕으로 필자의 시각이 미칠 수 있는 범위에 한해서 청두시 대표적인 도시문화공간인 콴자이샹즈와 '동교기억' 문화창의산업단지의 현 단계보다 좀 더 생산성을 확보한 공간생산에 대해 제안하고자 한다.

제1절 도시문화공간 생산 패러다임의 변화

1. 도시문화공간 생산 논리의 성찰

오늘날 공간생산에는 르페브르와 하비의 '공간생산' 이론에만 한정되어 있지 않다. '공간생산' 이론의 연장선에서 다시 공간생산의 논리를 재조명해 보면 실제로 여러 가지 논리가 작용하기 마련이다. 그 가운데 크게는 권력의 논리, 경제적인 논리, 생태적인 논리, 산업적인 논리, 문화적인 논리 등이 포함되어 종합적으로 작용한다. 때문에 이 논문에서는 르페브르의 '공간생산' 이론을 풍부히 하는 작업이 필요하다고 본다.

이런 의미에서 이 논문에서는 그 중에서도 콘텐츠 생산 및 체계의 구축 면에 보다 더 큰 관심을 두고 있다. 궁극적으로 공간 콘텐츠의 질적 수준이 문화공간의 경쟁력을 좌우한다고 보고 있지만, 실제적으로 도시문화공간의 경우 어떤 논리로 접근하는 가에 따라 공간생산 방식이 차별화되고 결국 상이한 결과를 초래하게 된다. 그렇다고 해서 그중 어느 한 가지 논리만을 고집하는 것 또한 편협한 사고방식이고 종합적으로 고려하여 접근하는 것이 바람직한 선택이다.

제3장에서의 중국 내 사례, 한국・일본을 포함한 동아시아 사례 그리고 유럽 사례를 통해 각 도시들마다 문화공간이 어떤 방식과 콘텐츠를 중심으로 생산되는가에 대해 고찰해 보았다. (도시)공간의 생산은 공간(장소)마케팅, 브랜딩 등 작업보다 우선시 되고, 생산된 공간을 기반으로 이상의 작업들이 보다 쉽게 그리고 차별화하여 이루어 질 수 있다. (도시)공간의 생산은 이미 언급한 공간생산의 여러 논리에 따라 다양한 차원에서 이루어 질 수 있다. 예를 들면 형태적 차원, 기능적 차원, 시각적 차원, 콘텐츠 생산 차원 등이다. 이 논문에서 주목하는 것은 주요하게 공간생산의 콘텐츠 차원으로 이는 공간생산의 내적인 요소들이다.

오늘날 중국에서의 도시공간에 대한 관심은 국가와 지방정부는 물론 일반 시민들까지 다양한 주체들에서 표출되고 있다. 그 중에서 상징적인 도시공간, 이색적인 도시공간 등에 대한 관심은 날로 높아지고 있다. 특히 최근 도시민들의 경제적 수준이 향상됨에 따라 문화향유에 대한 욕구 증가로 많은 도시들에서 도시의 역사・문화공간 혹은 문화창의공간을 구축하고 있으며 이에 보다 많은 관심을 집중시키고 있다. 따라서 사람들은 시간이 지날수록 해당 공간의 외적인 요소보다는 내적인 요소에 더욱 관심을 갖고 민감하게 반응하고 있다. 이는 분명히 사람들은 공간의 물리적 의미보다는 내적인 의미에 보다 큰 관심을 기울이고 있음을 보여주고 있다. 지금까지 많은 도시들에서 추진되어 온 특정 도시문화공간은 주로 정부를 주체로 관련 기업의 투자・참여로 추진되어 왔었고 이는 중국의 도시문화공간의 생산에서 가장 보편적인 형식이기도 하다. 하지만 그와 더불어 도시문화공간에는 과도한 상업화, 대기업 투자로 해당 공간에 대한 자본 독식의 우려, 문화공간에서의 콘텐츠 부족과 콘텐츠 수준 저하 등 문제점들이 보편적으로 나타나고 있다.

하지만 도시문화공간 생산의 패러다임이 새롭게 바뀌고 있기에 우선 현재의 중국의 도시문화공간이 어느 수준에 머물러 있는지 짚어볼 필요가 있다. 매튜 카모나Matthew Carmona는 〈장소(공간) 만들기의 6가지 차원〉에서 시기별로 세 가지 수준으로 나타난다고 지적하였다.[1]

(1) 개별 건물이나 역사적인 기념물을 보호하는 것, (2) 1960년대와 1970년대에 걸쳐 역사적인 건물이 모여 있는 환경도 보호할 필요가 있다는 지각, (3) 지역의 재활성화 정책으로서 이는 역사적 건물이나 지구를 보호하더라도 이들을 활발하게 경제적으로 이용할 필요가 있다고 인식하는 것이다.

그의 이러한 관점은 비록 유럽 도시 중심의 관점이고 그중 세 번째 물결은 그 지향점을 미래에 두고 있지만 현재 중국 도시발전의 보편적인 상황을 감안할 경우 대체적으로 제3단계에 머물러 있다고 보아진다. 제3단계의 물결은 또 한 방면으로는 도시공간의 생산에서 자본이 팽창하는 효과를 불러 올 수 있는 결과를 초래하기도 한다. 즉 자본은 이제 고전적인 유형의 생산, 즉 생산수단(기계)이나 소비재 생산을 떠나 공간생산으로 몰려들었다.[2] 르페브르는 이러한 상황은 공간에 존재하는 모순과 갈등의 원인이라고 지적하고 있다. 그는 이와 같은 공간의 모순과 갈등은 그것들이 함축하는 내용, 그것들이 부추기는 전략과 전술, 특히 계급갈등과 더불어 여전히 건재한다고 지적하고 있다. 공간의 모순이 이것들을 감싸고, 이것들을 전제로 하며, 이것들 위에 쌓이며 이것들을 한층 높은

1 Matthew Carmona 등 지음, 강홍빈 등 옮김, 『도시설계』, 대가, 2009.4, p.357

2 Henri Lefebvre, 양영란 옮김, 『공간의 생산』, 에코리브르, 2011.4, pp.481-482

단계로 끌어올려 재생산하고 증폭시킨다.[3] 오늘날 대부분 도시공간은 경제적인 이해관계에 따라 운영되고 자본의 논리에 따라 재생산되며 파편화되는 경향이 강하다. 현 단계 중국 도시문화공간의 경우 역시 마찬가지이다. 경제적 이득을 추구하는 상가, 매점 등 업소들이 즐비하게 늘어서 있으며 반면 문화를 대변하는 공간은 극소수 존재하거나 일찍 자본의 논리에 의해 변두리로 밀리게 되었으며, 현 상태로 존재한다고 한들 결국 자본의 논리에서 자유롭지 못하다. 현재 중국의 많은 도시문화공간은 대부분 경제적 논리에만 충실하며 이 상태에서 머물러 있는 것은 현실적으로 드러난 가장 대표적인 모순이다. 게다가 아직까지 도시문화공간의 정체성 구축, 문화적 활력이 넘치는 명소, 지역주민 혹은 시민들의 적극적인 참여 더 아나가 진정한 도시문화공간으로 되기까지는 상당한 시간과 노력이 필요할 것으로 예상된다.

도시공간의 흥망과 성쇠의 많은 사례에서 보다 시피, 공간의 의미, 상징, 활력 또는 무의미, 쇠태 등 결과는 사람들과 그들의 선택(실천)에 의해 결정된다. 그럼 과연 인간의 실천을 통해 성공한 도시공간은 어떠한 공간이며 그 특성 또한 무엇인지에 대해 규명해 볼 필요가 있다. 이에 매튜 카모나는 〈장소(공간) 만들기의 6가지 차원〉에서 성공적인 공공장소(공간)가 갖고 있는 핵심 요소—안락과 이미지, 접근성과 연계성, 이용과 활동, 사회성 등 네 가지 내용을 제시하고 있다(〈표 5-1〉 참조).[4]

3 위 책, p.479

4 Matthew Carmona 등 지음, 강홍빈 등 옮김, 『도시설계』, 대가, 2009.4, p.187

〈표 5-1〉 성공적인 장소의 중요한 특성

중요한 특성 Key Attributes	무형의 특성 Intangibles		측정 방법 Measurements
안락과 이미지 Comfort & Image	안전, 매력, 역사, 즐거움	착석 가능성, 보행 가능성, 녹화 정도, 청결도	범죄 통계, 위생시설 등급화, 건물 상태, 환경 자료
접근성과 연계성 Access & Linkage	가독성, 보행 가능성, 신뢰성, 연속성	근접성, 연계성, 편리함, 접근성	교통자료, 교통수단 선택, 대중교통 이용, 보행자 활동, 주차장 사용패턴
이용과 활동 Uses & Activities	현실성, 지속가능성, 특별함, 특이성, 감당할 수 있는 정도, 재미	활동, 유용성, 축하, 활력, 토착성, 지역 생산의 질	재산 가치, 임대료 수준, 토지 이용 패턴, 소매점 판매 정도, 지역 사업 소유 정도
사회성 Sociability	협동, 근린성, 재산관리, 자부심, 환영	잡담, 다양성, 스토리텔링, 친근함, 상호 활동	거리 생활, 사회적 네트워크, 지속적 이용, 자원봉사 정도, 여성, 어린이, 노인수

출처: The project for Public Space, 1999

〈표 5-1〉에서 제시한 특성은 범 도시적인 공공공간을 중심으로 핵심 요소를 도출한 것으로 이는 현 단계 공공공간의 성공 요소에 대한 고찰이다. 또 다른 한 방면으로는 성공적인 장소(공간)의 중요한 특성은 평가 척도가 되는 동시에 해당 공공장소(공간)의 성공을 가능하게 하는 생산 요소를 추출할 수 있는 근거를 제공해 주기도 한다. 위 도표 중 문화적인 것과 연관하여 인간의 실천과 관련성을 갖고 있는 요소로는 공공공간의 '이용과 활용성'이 기타 세 요소에 비해 더욱 중요한 비중을 차지한다고 할 수 있다. 위의 각 요소를 종합적으로 고려할 때 도시공간은 '그저 생산되는 것'이 아니라 결과적으로는 '보다 잠재적 가치가 있게 생산'되어야 한다는 결론을 도출할 수 있다. 도시문화공간일 경우 역시 예외가 아니고 보다 잠재성이 있게 생산되어야 한다. 도시문화공간은

특성상 시간의 관점에서 볼 때 단기적으로는 물리적인 차원에 의미가 집중되겠지만 장기적으로 본다면 사회적・문화적인 차원에 의미가 집중되기 마련이다. 때문에 위 도표에서 공공공간의 '이용과 활용성' 중 특히 '지속 가능성', '특이성', '재미', '활동', '유용성', '활력', '토착성', '지역 생산의 질' 등 요소는 기본적으로 성공적인 도시문화공간을 생산하는데 보다 필요한 세부적인 요소로 작용하고 있다. 하지만 이상의 요소 외에 많은 사례에서 보다시피 '문화적 분위기' '다양성' '창의성' 등 세부 요소가 성공적인 도시문화공간을 생산하는데 추가되어야 하며 현재 그리고 앞으로 보다 중요하고 보편적인 요소로 작용함을 알 수 있다.

제2장에서 이미 르페브르의 '공간생산' 이론을 고찰하면서 공간은 생산되어야 함에 대한 이론적 배경을 제시하였고 도시문화공간의 경우 공간생산의 요소들을 짚어보았다. 르페브르는 총체적인 공간의 생산을 언급하면서 공간 내의 생산물이나 공간에 대한 담론은 그 공간을 생산하지 못한다고 주장하고 있다. 이에 대한 대안으로 제기한 것이 바로 '공간적 실천', '공간 재현', '재현 공간'의 공간생산 변증법이다. 위 공간생산의 변증법에서 주목할 것은 변증법과 연관성을 갖고 있는 생명체로서의 인간의 몸이며, 궁극적으로 인간의 몸은 공간생산의 주체로 공간을 생산한다. 공간은 읽혀지기 위해 생산되는 것이 아니라 육체를 가지고 있는 인간이 그들의 삶을 영위하기 위해 생산하는 것이다. 르페브르의 주장에 의하면 인간의 몸은, 그 공간에서 스스로를 만들어내며 그 공간의 생산물이다. 생명체(인간)는 사용 가능한 에너지와 더불어 자신의 공간을 생산하거나 창조한다. 하나의 사회를 만들어 가는 교육, 행정, 정치, 군사 활동 등 다양한 활동을 포함하여 보편적인 사회적 실천을 형성하는 것이 사회적 공간을 생산하는 과정이다. 이 과정에서 인간의 몸은 코드화되

며, 공간은 몸짓에 의해서 몸짓을 위해 생산된 공간이다. 몸짓의 이어짐은 명확하게 정해진 부분들, 반복적이면서 동시에 반복을 통해서 새로운 것을 만들어내는 부분들의 공간적인 분절과 연결에 부응한다.[5] 이와 마찬가지로 도시공간은 단지 정체되고 수동적이며 정치와 경제의 반영물이 아니라 그 자체가 행위자이자 사회제도적인 층위의 실행과 개입들에 의해서 형성된 결과물이기도 하다는 이중적 구조화의 단면들을 지니고 있다.[6] 결과적으로 르페브르에게 있어서 공간생산의 주체는 생명체인 인간이고, 인간의 의미 있는 몸짓significant gesticulation과 관련된 다양한 실천을 통해 공간이 생산되는 것을 의미하고 있다. 특히 인간의 문화적·예술적 상상력과 창의성이 필요하고 다양한 소통 이루어지는 문화공간의 경우, 인간의 실천은 타 공간에 비해 차별화되어야 하고 생산의 범위는 더욱 넓어져야 하며 양상은 더욱 다양해질 필요가 있다.

뿐만 아니라 문화의 다양성과 창의성이 날로 중요시 되는 현 시점에서 다양성과 창의성을 통한 결과물로서 또 인간의 문화적·창의적 실천을 통해 새로운 도시공간이 창출되기도 한다. 기존의 낙후된 도시공간이 전환을 거쳐 문화의 다양성과 창의성 등 요소와 접목되어야만 새로운 양상의 도시문화공간으로 재생산될 수 있고 지속가능할 수 있다. 문화의 다양성과 창의성 요소는 그 전제 조건이 된다. 또한 도시문화공간을 생산한다는 것은 결과적으로 공간 콘텐츠가 어느 정도 다양한가, 창의적인가 그리고 어떠한 체계로 구축할 것인가와 많은 연관성을 갖고 있다.

5 Henri Lefebvre, 양영란 옮김, 『공간의 생산』, 에코리브르, 2011.4 pp.265-323
6 이기형, 「문화연구와 공간」, 언론과 사회, 2008, 16권 3호, pp.14

2. 도시문화공간 생산 논리의 핵심 요소

도시문화공간은 어디까지나 '열린 공간'이다. '열린 공간'의 '열려 있는' 특성은 우선 다양성과 자연스럽게 접목된다. 이는 기존의 극장, 미술관, 박물관 등과 같이 사전 짜여 진 내용대로 진행되거나 혹은 특정되고 한정된 사람에만 해당되는 등 '닫힌 공간'과 구별된다. 또한 이와 같은 '닫힌 공간'은 지역사회 그리고 지역주민들과 다양한 연계가 이루어지기 쉽지 않으며 지역주민 참여의 폭이 제한적이라는 한계를 갖고 있다.

'열린 공간'으로서의 도시문화공간에 대한 철학적 바탕은 일찍 메트로폴리스인 이탈리아 나폴리Naples에 대한 발터 벤야민Walter Benjimin의 에세이에서 찾을 수 있다. 벤야민은 나폴리 사회와 도시공간의 일시적 구조의 특별하고 특징적인 형식을 묘사하고자 도시를 재현하는 핵심 개념으로 〈다공성porosity〉[7] 개념을 언급하였다. 그에 의하면 다공성은 우선 현상 사이의 명확한 경계 없고, 하나의 사물 안으로 다른 사물이 침투하는 것, 새로운 것과 낡은 것, 공적인 것과, 사적인 것, 성스러운 것과 세속적인 것의 혼융을 지칭한다. 다공성은 건축과 행위, 무엇보다 극적 연기로서의 일상생활이 갖는 불확실하고 즉흥적인 특성 사이의 관계를 지시한다. 다공성은 즉흥성에 대한 열정과 결과이며 도시는 즉흥성과 연기의 장소이다. 이로서 벤야민의 다공성 개념은 도시와 도시공간을 생각하는 또 하나의 철학을 제공해 주고 있다. 이와 거의 같은 맥락에서 '열린 공간'의 또 하나의 철학적 바탕인 개방성으로 인한 유연함[8]에 대해 짚어

7 그램 질로크, 노명우 옮김, 『발터 벤야민과 메트로 폴리스』, 호형출판, 2005, pp.49-76

8 물론 도시문화공간의 유연함을 주장하지만 이를 위한 보다 완벽한 제도, 규칙, 참여방식 등에 관한 논의도 뒷받침 되어야 한다.

볼 필요가 있다. 우선 공간은 경험적, 담론적, 제도적이고 물리적인 요소들을 포함하며, 동시에 나름의 운동성과 일정한 '자율성'을 갖는다.[9] 르페브르는 공간의 생산에서 유연성이라는 개념을 제기하면서 이는 공간 실천의 유연성이라고 주장하고 구체적으로는 다기능, 즉 기능의 다양성이라고 하였다.

오늘날의 도시문화공간은 더 이상 단일성, 획일성을 용납하지 못할 뿐만 아니라 문화적 다양성과 복합성 더 나아가 융합성과 창의성을 갖고 생산자와 다양한 이용자들의 문화적 욕구를 충족시키고자 생산되어야 한다. 또한 유연성은 기능의 차원뿐만 아니라 다양한 차원에서 접근해야 한다. 예를 들면 도시문화공간 내 콘텐츠의 다양성, 공간생산 주체의 다양성 및 그 주체의 실천 다양성 등이다. 공간의 유연성이라는 관점에서 또한 기존의 기업이 관리하던 형태로부터 시민, 관련 기관 등도 활발하게 참여할 수 있도록 자주성을 끌어내야 한다. 결과적으로 다공성, 유연성 등 개념의 등장은 도시 혹은 도시문화공간에 활력을 불어넣어주며 보다 풍성하게, 다양하게 해 주는 이론적 바탕과 실천의 가능성을 제공해 주고 있다.

'열린 공간'으로서의 도시문화공간은 '열려 있는'만큼 다양성 외에도 기타 요소들을 적극적으로 수용하고 있다. 그 중의 하나가 창의적인 요소이다. 이는 세계 발전의 흐름이 창조(창의)시대에로 바뀜에 따라 창조경제, 창조도시, 창조산업이 부상하고 있고 창의적인 요소가 인간생활의 거의 모든 영역으로 침투하고 있는 것과 직접적인 연관성을 갖고 있다. 특히 사회발전 패러다임의 전환을 맞으면서 기존의 노후화된 산업공간,

9 민유기, 『도시이론과 프랑스 도시사 연구』, 심산, 2007.2

낙후된 도시공간이 창의적인 공간으로 재탄생하는 경우가 대표적이다. 기술과 사회의 발전이 점차 창의성에 의해 좌우되면서 창조계급(창의인력)의 부상과 함께 그 역할이 더욱더 중요해지고 있다. 이런 차원에서 오늘날 공간의 생산은 단순 다양성의 차원을 넘어 창의성과 결합되고 있고 따라서 창의인력은 공간생산의 핵심 주체로 등장하고 있다.

찰스 랜드리는 『창조도시』에서 창조도시가 되기 위해 개인의 자질, 의지와 리더십, 다양한 인간의 존재와 다양한 재능의 접근, 조직문화, 지역 정체성, 도시의 공간과 시설, 네트워킹의 역동성 등 7개의 전제 조건을 제시하고 있다. 사사키 마사유키는 유연한 지역경제 시스템, 창조지원 인프라, 생산과 소비 간 균형발전, 아름다운 경관, 주민 참여 시스템, 재정 자주권 등 6개의 전제 조건을 제시하고 있다. 물론 창조도시 이론을 제기한 여러 학자들의 전제 조건들은 다소 차이가 있고 기본적으로 창조도시에 해당되는 사항이지만 이 역시 도시문화창의공간에 해당되는 전제 조건들이라고 볼 수 있다. 도시문화창의공간의 형성은 창조계급의 육성, 창조경제의 기반 마련, 창조산업의 발전 등 면에서 도시역사·문화공간과 차별화되어 경제적·문화적·산업적 측면에서 다양한 부가가치를 창출할 수 있다.

도시문화공간 생산 과정에서 다양성, 창의성과 같은 요소의 작용으로 도시공간생산의 주체를 통한 도시문화공간의 접근이 불가피하다. 도시문화공간은 기타 산업생산 공간과 달리 대부분 지역주민이 살고 있는 생활공간과 가까이하고 있으며 항상 개방되어 있는 공간이다. 때문에 도시문화공간의 생산은 지역주민들의 화합은 물론, 예술가들과 문화인들의 참여·교류 등 인적네트워크의 형성을 통해 문화콘텐츠의 창작 내지는 공익성 목적의 행사, 교육 프로그램 등 다양성과 창의성을 내재한 형태로 전환하여야 한다. 장르와 형식에서 장르의 융합, 형식의 다원화 등이 이루어져야 하고 관련 문화 행사가 지속적으로 진행되어야 하며 창의성 사이클을 기반으로 하는 창의시스템의 구축이야 말로 기존 인프라 중심의 도시문화공간의 한계를 극복하고 넘어설 수 있다.

3. 도시문화공간 생산 기본모델

현 단계 중국 도시문화공간의 성공 여부와 지속가능성은 우선 지방정부의 지원, 운영 주체와의 소통 더 나가가서는 지역주민 및 예술가, 전문가들을 포함한 다양한 창의인력의 노력과 직결된다. 그 외에도 도시문화공간 생산의 핵심 요소의 반영 여부와 직결되고 있다. 외국의 사례에서 보다시피 한국의 전주 한옥마을 사례에서는 지역 시민단체가 자발적으로 형성되어 정기적으로 관련 문화행사를 진행하고 있다. 일본의 가나자와 시민예술촌과 같은 경우는 이보다 한발 더 나아가 어떻게 하면 지역민들의 창의성을 더 끌어낼가에 대해 지금 고민 중이다. 유럽의 경우 영국의 테이트 모던은 어떻게 하면 지역민들과 사회 약자들에 대해 문화예술적인 교육과 향유를 제공할 것인가에 대해 고민 중이고 단계적으로 실천에 옮기고 있다. 이탈리아의 볼로냐 같은 경우 인간의 가장 기본적인 지혜인 협동(협력)을 통해 지역의 발전은 물론 경제가 어려울수록 상생을 도모하고 있다. 해외의 이런 성공 사례의 밑바탕에는 공간생산의 다양한 주체 중 모두 지역민의 참여와 노력이라는 기본 요소가 자리하고 있음을 알 수 있다.

중국의 경우 도시문화공간으로 전환을 위한 노후 산업시설의 리모델링이나 낙후 지역의 재개발은 거의 전부 정부의 주도로 이루어지고 있고

대부분 경제적 목적으로 활용되며 최종적으로 정부에 의해 유적지 혹은 산업유산으로 평가·인정받고 있다. 즉 전적으로 정부 주도로 이루어지는 양상이라고 해도 과언이 아니다. 반면 유럽의 경우 약 20%만이 이런 경우에 해당되며 그 외의 80%는 예술가나 지역주민을 포함한 문화 주역들이 자발적으로 차지하여 새로운 사회문화적 기능을 부여하고 있다. 중국의 일부 도시들에서도 최근 들어 도시 건설에서 '시민참여 프로젝트'를 진행하고 있지만 전반적으로 봤을 때 시민 참여는 아직까지 낮은 수준에 머물러 있다. 이런 상황을 감안하여 도시 전체에 관한 시민 참여보다는 참여의 규모를 축소할 필요가 있다. 즉 해당 지역을 중심으로 접근성이 좋고 특별하고 전문적인 지식과 기능이 많이 필요하지 않으면서도 지역의 전통을 이어갈 수 있는 역사·문화공간의 생산 주체로서 지역주민들의 적극 참여를 유도하는 것이 더욱 현실적이라고 보아진다. 더 나아가 시민, 지역주민이 함께 도시의 관리에 참여하고 도시의 운영과 결책 과정에 참여하며 이와 같은 형식의 다양한 참여와 관리는 궁극적으로 혁신형도시의 발전을 더욱 촉진할 것이라는 주장이 학계에서 이미 제기되었다.[10] 지역주민, 시민들을 중심으로 하는 다양한 실천만이 진정으로 도시에 활기를 불어넣을 수 있게 됨을 의미하고 있다.

20세기 말 기존 대량생산 한계의 극복과 탈출로 선진국을 중심으로 인간의 '창의성'이 그 한계를 극복하기 위한 대안으로 등장하였고 이에 2000년에 들어 중국 사회 전반에 걸쳐 '창의적' 요소가 다양한 분야에서 폭넓게 주목을 받게 되었다. 창의성이 중국 도시의 발전을 이끄는 또 하나의 요인으로 등장함에 따라 자연스럽게 도시공간이라는 물리적 기

10 杨建顺, ≪论城市创新中的市民参与≫, 法学杂志, 2007(第3期), p.54

반과 결합되면서 창의산업단지創意産業園區 등 형태의 창조(창의)공간이 새롭게 탄생하고 있다. 도시창의공간은 도시문화공간과 일부 중첩되는 면이 있지만 또 그와 달리 창의공간의 접근은 일반 도시문화공간 생산에 비해 그 외의 전제 조건들을 더 필요로 하는데 그중 가장 중요한 것으로는 '창의'일 것이다. 레이먼드 윌리엄스의 『키워드』사전에서의 '창조적 creative'에 대한 의미 해석을 참고한다면, 오늘날 창조적의 의미에는 '독창적, 혁신적인' 일반적인 의미와 이와 연관해 '생산적인'이라는 전문적 의미가 있다고 언급하였다.[11] 그에 의하면 창조(창의)는 역시 하나의 생산 과정이며 생산적이라는 데에 더욱 무게를 두고 있다. 또한 문화창의공간은 어느 한 개인과 단체로만은 부족하고 특히 다양한 예술인들과 높은 수준의 문화인 그리고 창의적 아이디어를 갖고 있는 기업들의 참여와 서로간의 협력 및 보다 관용적인 환경을 필요로 한다.

결과적으로 도시역사·문화공간과 도시문화창의공간은 위에서 제시한 공간구성의 다양한 요소와 전제 조건을 바탕으로 생산됨으로서 상응한 가치를 지녀야 한다. 찰스 랜드리는 장소(공간)는 환경보다 훨씬 많은 삶의 의미를 제공하고, 인간의 근본 욕구이며, 또 사람들이 장소를 구축하는데 열중할 때 그 가치가 증가된다고 지적하고 있다.[12] 인간은 사회적, 문화적 존재인 동시에 공간적인 존재이다. 인간은 지속적으로 그리고 항상 공간과의 소통과 관계를 통해 공간 속에서 구체화 되고 자신을 구체화할 필요가 있다. 또한 공간의 생산은 인프라 중심의 시설보다는 인간의 실천에 의해 생산되는 것임을 재차 강조할 필요가 있다.

도시문화공간의 진정한 가치는 결코 정부에서 '문화지구', '문화산업단

11 Raymond Williams, 김성기 등 옮김, 『키워드』, 민음사, 2010.9, p.116
12 Charles Landry, 임상오 옮김, 『창조도시』, 해남, 2005.9, p.49

지'라고 지정한다고 해서 실현되는 것이 아니다. 그렇다고 관련 기업들이 많은 자본을 투자하여 공간을 조성한다고 해서 되는 것 역시 아니다. 도시문화공간은 공간을 생산하는 주역들 그리고 지역주민 더 나아가 도시민들이 긍정할 때 비로소 도시문화공간으로 거듭나는 것이며 그 중심에는 바로 공간을 생산하는 주역들이 자리하고 있다.

결과적으로 문화생산의 관점에서 본다면 역사・문화공간은 지역의 문화를 기반으로 도시정체성의 창출, 도시 전통과 미학의 추구 등을 중심으로 생산되어야 한다. 도시문화창의공간은 창조적 분위기 조성, 창조인력의 육성, 창조산업의 이익 창출 등을 중심으로 다양하고 창의적인 공간 콘텐츠들을 통해 생산되어야 한다.

이상의 논의를 종합하면서 과연 현시점에서 중국의 상황과 맞는 도시문화공간을 어떻게 생산할 것인가? 이 논문의 도시공간에 대한 가장 기본적인 인식은 제2장에서 언급한 바대로 공간은 유기체라는 관점을 바탕으로 하고 있다. 그런 관점을 기반으로 공간 역시 인간의 단계별 실천을 통한 단계별 욕구 과정(〈그림 2-2〉 참조)을 거치게 되며 각 단계마다 매 단계에 상응한 생산 과정을 거치게 된다. 특히 기본적인 인프라 구축을 완료하면 차별화된 공간 콘텐츠 예를 들면 관련 문화・체험프로그램의 운영, 공간운영방식, 다양한 공간생산 주체들이 작용하게 된다. 끝으로는 이런 요소와 과정이 상호간 잘 맞물려 일련의 과정을 거치면서 최종 도시문화공간 자체의 본질에 충실한 문화공간이 생산되게 되는 것이다. 결과적으로 도시문화공간으로서의 정체성, 도시브랜드로 형성되며 지역의 경쟁력과 문화적・경제적・사회적 가치를 창출하는 것이다.

〈그림 5-1〉에서는 르페브르의 '공간생산' 이론과 공간욕구 과정을 바탕으로 도시문화공간 생산이 이루어지는 기본 과정을 제시하였다. 단

그림에서 제시한 외에도 이런 생산 과정은 아주 복잡한 과정인 만큼 결코 직선적으로 이루어지는 것은 아니거나와 그렇게도 될 수가 없으며 유기적으로 영활하게 진행되어야 함을 재차 강조할 필요가 있다(〈그림 5-1〉 참조).

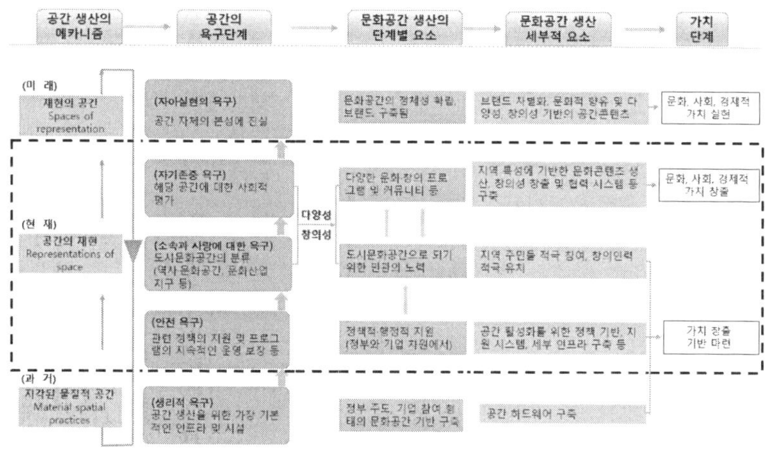

〈그림 5-1〉 공간의 각 욕구단계에 따른 도시문화공간 생산 기본모델
(현 단계 인프라 중심의 중국 도시문화공간에서 생산되어야 할 요소들을 중심으로)

특히 위 모델을 현 단계의 중국 도시문화공간의 기본적인 상황과 결부하여 볼 필요가 있다. 대체로 현 시점에서 이미 구축된 중국의 도시문화공간, 그 중에서 보다 대표성을 띠고 있는 청두시의 도시문화공간을 중심으로 볼 때 공간생산을 위한 공간재현의 단계에 머물러 있다고 할 수 있다. 이 과정은 욕구단계의 중간 단계로 정부의 행정적 · 정책적 지원, 특정 도시문화공간으로 명명되기 위한 민관의 노력, 도시문화공간의 정체성에 어울리는 다양한 행사, 일관된 문화 프로그램, 문화적 커뮤니티 활성화 등이 포함된다. 또한 이런 과정이 탄탄하게 진행되고 유기적

으로 조합되어야만 본질에 충실한 도시문화공간으로 거듭날 수 있다.

문화공간생산 기본모델 중 공간의 재현으로서의 '소속과 사랑에 대한 욕구' 단계와 '자기 존중에 대한 욕구'의 단계로 표현되는 문화공간 생산은 공간생산의 주체인 지역주민, 시민, 예술가 및 창의적 기업인들의 적극성을 불러일으키고 활발하게 활동해야 하는 단계이다. 이는 공간 정체성 구축, 브랜드 확립, 문화가치 실현에서 가장 핵심적인 요소이다. 때문에 이에 대한 정부의 정책적·행정적 지원이 그 사전 단계에서 잘 이루어져 이어지는 그 다음 단계와 유기적으로 잘 조합되어야 한다. 하지만 현실적으로 많은 도시들에서는 도시문화공간에 대한 거시적인 차원에서 지원하고 있다. 도시문화공간이 지향해야 할 거시적 목표를 제정하는 등 수준에 그치고 있어 진정으로 도시문화공간이 추구해야 하는 궁극적 목표 혹은 비전에 대한 제시가 없는 현실이다. 게다가 관련 세부 정책이 미흡하고 도시문화공간을 정부의 차원에서 특정 문화명소로 명명하였지만 그에 비해 상대적으로 내적인 요소들의 결핍으로 도시문화공간에서의 문화적 분위기, 정체성 등에 대한 실제적인 체감은 낮은 단계에 머물러 있다. 반면 상업적인 분위기가 강하게 느껴지는 것이 현재 거의 모든 도시문화공간에서 겪고 있는 현실이라고 볼 수 있다.

전반적인 경제·사회적 환경을 볼 때, 최근 몇 년 중국의 두 자리 수 고속경제성장이 점차 중속성장으로 유지되면서 경제성장의 양보다는 질을 우선시한다는 인식이 널리 확산되고 있다. 이는 경제 영역뿐만 아니라 사회 각 영역에서 그리고 이 논문에서 중점적으로 논하고자 하는 도시문화공간 영역에도 해당된다. 때문에 해당 도시문화공간에서 창출되는 경제적 총 수익보다 도시문화공간의 내면적인 부분인 콘텐츠 생산 주체, 콘텐츠의 질, 매력 여부 및 시스템 구성 등에 집중하여야 할 것이다.

이와 같은 현실적 문제는 이미 언급한 청두시 대표적인 도시문화공간에서 모두 발생하는 현상이다. 이에 전반 중국 사회 · 경제발전의 패러다임과 결부시켜 청두시 도시문화공간을 중심으로 도시문화공간 생산 기본모델을 바탕으로 정책적 지원, 정체성 구축, 콘텐츠 생산 그리고 창의적 기반 구축과 창의성 구성 요소 등 면에서 앞으로 청두시 도시문화공간의 생산 방안에 대해 제안하고자 한다.

•••

제2절 관자이샹즈 역사・문화공간의 공간생산에 대한 제안

제3장의 중국, 한국과 일본 그리고 유럽 사례를 통해 도시문화공간이 어떠한 형태와 콘텐츠로 이루어지고 운영되는지에 대해 고찰해 보았다. 항저우시 〈인상서호〉 프로젝트는 공간코드를 잘 활용한 성공 사례로 꼽히고 있다. 한국의 전주 한옥마을은 한옥마을의 정체성을 잘 살리고 동시에 다양한 콘텐츠를 개발하였다. 영국 테이트 모던은 미술박물관의 기본 기능을 초월하여 사회적 의무를 다 하는 복합문화공간으로서 각광을 받고 있다.

이와 같은 많은 사례를 바탕으로 볼 때 이미 기본 인프라 시설을 대체로 구비하고, 인프라 중심에서 콘텐츠 중심으로 전환하고자 하는 청두 콴자이샹즈 역사・문화공간에 많은 시사점을 제시하고 있다. 이에 도시문화공간 생산 기본모델을 기반으로 콴자이샹즈 역사・문화공간의 한 단계 업그레이드를 위해 정책 지원, 정체성 구축, 콘텐츠생산 측면에서 접근이 필요하다.

1. 정책 지원

콴자이샹즈는 청두시 대표적인 역사・문화공간이다. 청두시는 이를 도시 문화브랜드로 육성하겠다는 것이 최종 목표이다. 이를 위해 도시발전계획에 따라 이미 2003년부터 2008년까지 5년간 청두시 문화관광발전회사의 투자로 재건사업을 거쳐 오늘날의 콴자이샹즈 역사・문화공간으로 재탄생하게 되었다. 하지만 문제점은 현재 역사와 문화를 체험할 수 있는 공간이라기보다는 오히려 상업적 분위기가 훨씬 농후하다. 단지 각종 분식, 요리, 차, 커피 등 음식 중심의 소비 공간일 뿐 역사・문화공간임에도 불구하고 문화자원보다는 오히려 상업적 자원이 더 많은 현실이다. 비록 운영주체인 문화관광발전회사 측에서도 이런 사안을 감안하여 관련 행사를 주최하는 모습을 보이지만 다양한 체험거리 제공, 지역주민들의 적극적인 참여를 이끌어 내어 진정한 문화참여, 문화소비, 문화향유의 공간으로 되기까지는 아직도 거리가 있다.

콴자이샹즈가 진정한 역사・문화공간으로 거듭나려면 우선적으로 지방정부의 정책적인 부분부터 뒷받침이 되어야 한다. 중앙정부에서 문화지구 관련 거시적인 정책이 있지만 그보다도 지방정부가 중심축이 되어 지역의 특성에 맞게 단계별로 관련 정책을 마련하고 추진해야 한다. 관련 정책 제정의 최종 목표는 문화공간 활성화를 위한 것이지만 반면 일정한 규제도 필요하며 이를 통해 활성화의 목적에 도달할 수 있다. 현 단계에서 역사・문화공간의 활성화 정책은 대체로 다음과 같은 3가지 차원에서 마련이 필요하다.

첫째, 유형문화유산에 대한 보존・보호에서 무형문화유산의 보존・보호에 대한 정책마련이 필요하다.

청두시 정부에서 문화공간에 대한 정책은 주로 1980년대 〈청두 역사 문화명성 보호 계획成都历史文化名城保护规划〉에 의거하고 있다. 때문에 기존 역사 건축물들에 대한 보존·보호에 관련 정책에 머물러 있는 수준이고, 주로는 유형문화의 보존·보호에 초점이 맞춰져 있다. 하지만 현 시점에서 봤을 때 정책의 내용은 역사적 건축물에 대한 보존·보호뿐만 아니라 지역 무형문화유산의 보존·보호와도 결부시켜야 한다. 특히 이 과정에서 무형문화유산 보존·보호의 취지에 맞지 않거나 충돌될 우려가 있는 영업시설과 종류에 대해서는 적절한 제한과 규제가 필요하다. 때문에 영업업종에 대한 타당성 검토와 우선순위의 제정이 필요하며 대신 지역의 특성에 맞는 문화시설을 확충하는 것이 바람직하다. 이런 문화시설의 확충으로 지역의 무형문화유산을 전수·전승하고 더 나아가 많은 시민과 관광객들이 직접 참여하는 물리적 기반으로 되어 문화적인 분위기를 형성하도록 이끌어야 한다. 또한 이는 도시문화공간의 공공성을 확대하는 전초 기지로도 활용되어야 한다. 때문에 공공성을 바탕으로 하는 정책마련이 필요하다.

둘째, 도시문화공간의 공공성을 바탕으로 하는 정책마련이 필요하다.

역사·문화공간은 어디까지나 공공의 공간인 만큼 공공성이 우선시되어야 한다. 하지만 이와 같은 문제는 우선 지방정부 차원에서 도시문화공간의 물리적 구축을 넘어서 그 후의 문화공간으로서의 활성화에 대한 정책 미흡을 꼽을 수 있다. 즉 재개발 당시에 관련 정책적·행정적 지원을 했을 뿐 그 후속 정책이 뒷받침되지 않은 것과 관련된다. 과연 이와 같은 공간에 대한 정책이 단지 시작단계에만 그칠 것인가 또한 어떤 방향으로 진행되어야 하는가는 앞으로 역사·문화공간으로서의 지속적으로 공간생산이 이루어지는 것과 밀접한 연관성을 갖고 있다.

역사·문화공간으로서 콴자이샹즈는 '열린 공간'인 동시에 전형적인 공공성을 바탕으로 하는 공간으로 지역주민, 시민, 예술인, 관광객 등 다양한 부류의 사람들이 자유롭게 참여할 수 있는 공간이다. 보다 중요한 것은 청두시 정부에서 콴자이샹즈를 '도시의 만남의 장소'로 구축하겠다는 의지는 공공성을 바탕으로 하고 지역주민들, 시민들, 관광객을 포함한 다양한 부류 사람들의 자유로운 만남을 통해 '사회자본'을 창출하는 것으로 더욱 큰 의미가 있다. 이를 위해 가장 중요한 것이 공공성의 확대이고, 공공성을 확대하기 위해서는 우선 지역주민들, 시민들이 자유롭게 참여할 수 있는 문화시설이 필요하다. 더 나아가 이를 기반으로 지역주민들의 문화 참여의 적극성을 불러 일으켜 다양한 행사와 활동이 이루어 져야 한다. 때문에 이러한 목적을 달성하기 위해서는 다양한 정책제정과 제도를 만들고 과도한 상업 개발에 대한 규제 강화 등 종합적인 수단이 필요하다. 그중 앞으로의 정책은 응당 공공성에 초점을 맞춰 지원시스템을 구축해야 하는 것이 무엇보다 중요하다.

콴자이샹즈와 같은 도시문화공간은 다양한 계층, 예를 들면 지방정부, 공간의 실질적인 운영자, 지역주민, 전문가 및 기타 이해관계자 간의 상호 이해가 복잡하게 얽혀있다. 하지만 생산의 관점에서 볼 경우 공공성 관련 정책의 주안점을 어디까지나 공간생산의 주체에 두어야 한다. 현재 비록 지역의 일부 문화인들이 산발적으로 사적인 장소를 중심으로 제한된 커뮤니티를 형성하고 있지만 이는 어디까지나 개인행위에 그쳐 다양한 시민들의 수요를 끌어 낼 수 있을지 그리고 언제까지 지속적으로 진행될지는 미지수이다. 이런 점으로 미루어 보아 공공성 확대를 위한 정책은 공간생산의 주체에 맞춰져 이루어질 필요가 있다.

더욱이 현재 콴자이샹즈는 도시문화공간 조성의 초기 단계를 이미 거쳤다. 초기 단계 문화공간 조성에 관한 일련의 조례는 환경, 건축, 토지 이용, 조경 등에 관련한 조례 제정이 필요하지만, 그 과정이 끝난 후에는 공간 활성화를 위한 문화적인 측면이 강조되어야 한다. 즉 하드웨어보다는 소프트웨어적인 부분이 강조되어야 한다. 그 과정에서 중요한 역할을 하는 것이 바로 공간생산의 실질적인 주체들이다.

셋째, 공간생산의 실질적인 주체에 대한 지원정책이 필요하다.

21세기 도시공간의 핵심은 도시의 인간화이며 도시공간의 인간화를 구축해야 한다는 것[1]이 공간생산의 기본 흐름으로 자리 잡고 있다. 이런 의미에서 볼 때 공간생산의 실질적인 주체는 지역문화예술인, 문화 관련 업종 종사자, 지역문화단체 등이다. 정책 면에서 또 고려해야 할 부분은 정책적으로 공간생산의 주체들을 잘 포용하는 것이다. 그중 정책으로 인한 지역경제의 급격한 변화, 예를 들면 지가, 임대료의 급격한 상승 등 요인을 억제하고 이러한 변화로 도시문화공간 생산의 주체들이 이탈하는 것을 최대한 방지해야 한다. 무엇보다도 정책은 공간생산의 주체를 중심으로 보다 안정적인 도시문화공간 생태계를 구성할 수 있도록 하는 데에 초점을 맞춰야 한다.

이와 같은 정책 수립은 다양한 방면으로 진행될 수 있다. 예를 들면 문화관련 업종 종사자 혹은 지역 문화자원 개발자의 경우 우선 먼저 순조롭게 정착하여 문화관련 활동을 안정적으로 진행할 수 있도록 세제 혜택과 같은 우대 정책으로 지원할 수 있다. 기존의 개인적인 행사에 그쳤던 문화 프로그램도 지속적으로 이어 나갈 수 있도록 지원책을 마련하여야 한다. 또한 문화인력 육성 지원, 문화업종 지원, 문화행사, 프로

1 백승국 등, 「지역문화콘텐츠와 공간기호학적 방법론 연구」, 프랑스문화연구(16집), 2008.5, pp.57-59

그램 활성화를 위한 지원정책 등을 수립해야 한다. 인센티브 제도를 도입하여 특히 그 중 성공적인 문화행사나 프로그램에 대해서는 적극적으로 확장할 필요성이 있다. 그 외에도 역사·문화공간으로서 단지 전통문화에만 집중할 것은 아니라 사람들의 다양한 문화적 수요에 초점을 맞춰 정책이 이루어져야 보다 지속적인 문화공간의 생산이 가능할 것이다.

공간생산의 실질적인 주체에 대한 맞춤형 지원정책은 지방정부의 차원에서 모두 해결 가능한 것이 아니다. 이에 문화공간의 운영주체는 공간생산에 관한 세부적인 방안을 마련해야 할 필요성이 생기게 된다. 지방정부에서 일부 하지 못하는 기능을 민간자본이 공적 영역에 참여함으로서 정부차원에서 할 수 없는 경영, 관리, 소비시장 개척 등 일부를 보완해주는 기능을 하게 된다. 대신 운영주체 개발자의 특성상 공익성보다는 경제적 이익의 추구에 초점을 맞춘 관리조례 등을 제정할 가능성이 충분하기에 공간생산의 실질적인 주체에 대한 지방정부와 운영주체 간의 정책 분담을 통해 효과적인 지원이 이루어져야 한다.

2. 공간 정체성 구축

공간의 정체성은 공간의 특색, 이미지를 가장 잘 표현하는 요소일뿐더러 방문객들과 가장 효과적으로 소통할 수 있는 수단이다. 공간 정체성의 구축은 여러 차원에서 진행될 수 있으며 그 중 한 요소로 다양한 공간 콘텐츠의 생산이다. 특히 콴자이샹즈와 같이 오랜 세월 정체성의 혼돈을 겪은 역사·문화 공간일수록 공간 콘텐츠는 현재의 정체성을 확인하는 중요한 요소이다.

콴자이샹즈는 약 300년 가까이 된 청나라 건물들을 재보수한 것으로 건물모양은 북방 건축의 특성을 담아 남부 지역에서는 보기 힘든 독특한 경관과 분위기를 형성하고 있다. 하지만 단지 건축물로는 공간 자체의 고유성과 정체성을 창출하기에는 한계가 있다. 매년 수많은 관광객이 방문하지만 하드웨어적인 역사적 건축물에 관심을 갖기보다는 '청두 다움'의 소프트웨어적인 부분들에 더 많은 관심을 갖기 마련이다. 이와 같은 맥락에서 청두시 정부에서도 콴자이샹즈를 도시의 문화브랜드로 육성하고자 하는 의지를 표명하고 있음에도 불구하고 콴자이샹즈는 지난 오랜 세월동안 청나라, 중화민국, 신 중국 탄생의 많은 역사적 과정을 겪으면서 현재로서도 자신만의 고유하고 특화된 이미지, 핵심 콘텐츠가 없는 다소 혼돈의 여지가 있는 도시문화공간으로 각인되고 있다. 전반적으로 볼 때 도시문화공간으로서 정체성이 구축되어 있지 못한 것이 현재로서는 가장 큰 문제점이다. 정체성의 부재는 도시문화공간을 단순 소비공간으로 전락시키고 방문자의 문화적 만족도를 저하시키며, 앞으로 공간브랜드를 구축하는 데에 결정적인 약점으로 지목될 수 있다.

콴자이샹즈의 정체성 혼돈 혹은 불분명은 또 다른 면에서 본다면 개발 단계부터 하드웨어 중심으로 개발이 이루어 졌으며 실제로 도시문화공간으로 거듭날 경우 이에 상응한 실천수단의 부재를 들 수 있다. 이러한 실천수단은 지속적인 정책적 뒷받침, 공간 콘텐츠 충실 등 여러 가지 전제 조건을 필요로 하고 있다.

이상의 문제점에 감안하여 장소(공간)의 정체성을 어떻게 구축하며 정체성의 핵심 요소들은 무엇인가에 대해 일찍 1960년대부터 캐빈 린치를 시작으로 지금까지 공간의 정체성을 이루는 다양한 요소들에 대한 연구가 줄곧 이어졌다. 캐빈 린치가 제기한 공간정체성을 구성하는 '활동, 물리적 환경, 의미, 상호작용' 등 핵심 요소에서 오늘날 '안락함과 이미지, 접근과 연계, 이용과 활동, 사회성'에 이르는 요소로 확대되고 있다.[2] 기존의 연구를 바탕으로 공간 정체성의 핵심 가치를 진일보로 '물리적 환경, 상징적 의미, 지역과의 연대, 사회적 교류' 등의 네 가지 요소로 추출할 수 있다.

〈표 5-2〉 공간정체성 핵심 요소의 세분화

물리적 환경	상징적 의미
조경 요소, 건축물, 환경적 요소	역사적 요소, 문화적 상징성, 사회적 담론, 지역적 마인드
사회적 교류	**지역과의 연대**
축제, 문화행사, 문화프로그램, 상설 문화활동	지역사회와의 연대, 시민사회와의 소통, 방문객과의 교류

공간의 정체성을 구성하면서, 첫째, 물리적 환경 요소로 주로 건축물 자체가 보여주는 의미가 중요시 되는데 이는 물리적인 환경을 직접 체험함으로서 인지되는 정체성이다. 둘째, 상징적 의미의 요소로 주로 공간의 역사적·문화적 의미가 공간 방문자에게 호감과 연상을 창출할 수 있고 의미를 전해주는 무형의 정체성이다. 셋째, 사회적 교류의 요소로서 공간을 중심으로 진행되는 다양한 대표적인 활동·행사가 물리적인 환경에 비해 다양한 체험거리를 제공해 주며, 기억에 오래 남을 수 있는 요소를 제공해 준다. 또한 이런 활동을 통해 공간 재발견이 가능하며 시대의 변화와 함께 지속적으로 재창조 될 수 있다. 넷째, 지역과의 유대 요소로서 공간생산의 주체와 지역, 도시 및 방문객과의 다양한 교류와

2 이경화 외, 「장소 브랜딩을 통한 공간의 브랜드 정체성 구축에 관한 연구」, 한국공간디자인학회 논문집, 제9권(1호), 2013, p.63

관계가 결과적으로는 사람과 사람, 사람과 사회와의 정신적·이념적 교감을 형성하는 역할을 한다. 하지만 이는 상당한 시간과 공동적인 합의가 이루어지는 과정이 필요하다. 이상의 네 요소들은 공간정체성을 구성하는데 있어서 각자의 역할을 한다고 볼 수 있다.

공간의 정체성에 대한 연구로 1960년대를 기점으로 지금까지의 선행연구를 본다면 그중 주목해야 할 부분은 공간의 정체성을 구성하는 핵심요소 중 지속적으로 등장하는 요소로 '인간의 활동적 요소'가 최근까지 줄곧 중요시 되어 왔다. 때문에 인간의 활동은 공간 정체성을 가장 잘 반영할 수 있는 요소이자 위 네 요소 중 가장 활발한 요소라고 할 수 있다. 특히 인간 실천의 여지가 큰 활동은 지역성·역사성 등 요소를 배경으로 다양한 활동으로 전개될 수 있고 또 다양한 사회·문화적 메시지를 전달할 수 있음은 물론 문화적·경제적 가치의 창출에도 긍정적인 역할을 하게 되어 보다 더 큰 의미를 갖고 있다.

이상의 공간정체성 구성의 네 요소를 중심으로 콴자이샹즈를 볼 경우 물리적 환경면에서 청나라시기 병영의 잔여 건물을 재보수하여 역사적 건물군群을 형성하여 전반적인 환경을 이루고 있다. 현재는 역사·문화공간으로서 다양한 음식문화와 관광을 즐길 수 있는 공간으로 작용하고 있다. 상징적 의미 면에서 100여 년 전 청나라의 멸망 그리고 중화민국시기와 신 중국의 탄생 등 역사적 과정을 거치면서 과거의 이념이나 생활 습관 같은 무형의 요소들은 지금의 현대식 관념으로 대체되었다. 현재에는 지방정부의 차원에서 청두시의 '도시 만남의 장'으로 그리고 도시 문화브랜드로 육성하고자 하는 의지가 크게 작용하고 있다. 사회적 교류 면에서 매년 운영주체 측에서 관련 문화행사를 진행하고 있지만 아직까지 활발하게 그리고 다양한 형태로 이루어지지는 않고 있다. 지역과의 유대 면에서 시민사회와 산발적으로 낮은 차원의 유대관계가 이루어졌다고 볼 수 있지만 아직까지 지역주민이나 시민사회와의 직접적인 유대 관계는 형성되었다고 볼 수 없다.

때문에 공간정체성의 핵심 요소를 기준으로 보았을 때 콴자이샹즈의 현 상태로는 정체성이 뚜렷하지 않고 아직 구축되지 못하였다고 보아진다. 앞으로 이상의 네 가지 요소를 기반으로 공간정체성 구축을 시도해봐야 한다고 생각된다. 이는 궁극적으로 청두시가 콴자이샹즈를 도시문화브랜드로 육성하고자 하는 것과도 직접적인 연관성을 갖고 있다. 또한 현재 가장 실천이 가능한 것부터 시행하여야 하며 그중 다양한 공간 콘텐츠를 중심으로 하는 공간생산 주체들의 실천은 공간정체성 구축과 자연스럽게 이어진다.

3. 역사 · 문화공간 생산을 위한 공간 콘텐츠 구축

콴자이샹즈 개발 담당자 측에서 매년 관련 행사를 진행하고 있지만 이는 어디까지나 제한된 콘텐츠일 뿐 콘텐츠의 다양성 측면에서 한계점을 갖고 있다. 그리고 관련 행사가 상업적인 목적도 배제할 수 없고 그것마저도 산발적으로 진행된다는 문제점을 갖고 있다. 문화공간에서 콘텐츠의 지속가능성 여부는 관련 정책이 뒷받침 되어야 하지만 그것만으로는 부족하다. 실질적으로 공간 콘텐츠는 콘텐츠의 다양성, 지역특색의 반영 여부, 질적 수준 및 매력 등과 직접적으로 연관성을 갖고 있다. 따라서 어느 특정된 개인이 문화행사를 주도하기보다는 콘텐츠를 개발 · 운영할 전문 인력의 육성이 필요하다. 동시에 지역주민과 시민 등의 도시문화공간 생산의 실질적인 주체들의 상상력 발휘와 적극적인 동참을 유도한다. 또한 그들이 참여하고 활동할 수 있는 다양한 통로를 가능한 많이 마련해야 하는 것이 지속적인 도시문화공간의 생산을 위해서 바람직하다.

하지만 실제로 공간은 그야말로 다양한 이해 관계자들이 함께 하는 '장场'으로 각종 이해관계가 얽혀있기 마련이다. 때문에 무엇보다도 지역주민 중심으로 각 이해 관계자들과 조화로운 공간실천이 이루어져야 결국 지속적으로 유지될 수 있다. 공간의 지속적인 생산은 르페브르에게 있어서도 재차 확인되었다. 그는 '일상이 축제가 되게 하라' '새로운 사회, 새로운 삶은 새로운 공간의 생산으로 뒷받침되지 않으면 사상누각이다'라고 지적하면서 공간생산 과정에서 실천의 중요성을 누차 강조하고 있다. 그에게 있어서 공간은 늘 생산적이었으며 이는 인간의 다양한 실천을 통해서 가능했다.

관건은 이런 실천은 어떤 구체적인 공간 콘텐츠로 가능할 것인가에 자연스럽게 초점이 맞춰지게 된다. 이에 우선은 기존의 콘텐츠를 바탕으로 각 이해관계 주체의 특성에 맞는 콘텐츠의 발굴이 필요하다. 콴자이샹즈의 경우 지방정부, 운영자, 지역주민 그리고 공간 내의 자영업자 등으로 분류하여 각자에게 맞는 콘텐츠를 생산할 수 있다. 이렇게 생산된 콘텐츠는 다양한 장르, 다양한 공간을 아울러 특성에 맞게 생산될 수 있고 상응한 가치를 창출할 수 있다(〈표 5-3〉 참조).

〈표 5-3〉 콴자이샹즈 역사·문화공간 생산을 위한 공간 콘텐츠 구성

주 체	콘텐츠의 분류	제안 콘텐츠	가치	향후 방향성
지방정부*	지역축제	청두 미식축제, 청두 관광축제	민속, 오락	글로벌 소통 강화
공간 운영자*	강좌, 콘서트	연말 콘서트, 봄·가을철 콘서트, 시민강좌	오락, 교육	지역 소통 강화
공간 내 자영업자*	공연	민속공연(사천극, 변검 등)	상업, 민속	지역민과 소통 강화
지역주민	공연	지역주민 중심의 거리 공연	오락, 민속	지역민, 시민들과의 소통 강화
	전시	미술, 사진, 예술품	예술	
	커뮤니티	지역주민 중심의 축제, 재교육, 지역 전통공예 학습, 음식문화 커뮤니티 등	오락, 교육	
	프로그램	사천요리 체험, 사천극 교육·체험, 소수민족 문화체험	교육, 체험	

참고: *로 표시된 부분 중 일부는 현재 진행 중

〈표 5-3〉 중 지방정부, 운영자 및 공간 내 자영업자들은 이미 공익성 혹은 상업성을 목적으로 관련 축제, 공연 등 같은 행사나 프로그램을 진행하고 있다. 지방정부의 차원에서는 도시 전체를 대상으로 대형 국제적 행사의 한 부분으로 해당 도시문화공간에서 행사를 진행하고 있다. 이는 지속적으로 진행되는 것이 아니며 특정 주제에 맞춰 진행되는 행사로 다양성, 참여성 등 면에서 한계점이 있다. 운영자의 경우 명절, 연말에 공익성 혹은 상업성을 띤 특정 행사를 진행하고 있다. 이와 같은 경우 될수록 많은 시민, 관광객의 참여를 유도하고자 포괄적인 행사로 진행되기 쉬우며 대중성이 중요한 고려 요소이기에 지역 특성과 잘 어울리는 콘텐츠와는 거리가 좀 있다. 또한 공간 내 자영업자의 경우 전적으로 상업 목적으로 매일 저녁 민속공연을 진행하고 있지만 상업적으로 이익

창출이 가능할 콘텐츠에만 집중하는 한계를 갖고 있다. 이상 지적한 각 주체의 주도로 이루어지는 행사, 프로그램의 한계점을 보완 할 수 있는 대안이 바로 지역주민이 주체가 되어 진행하는 행사나 프로그램이다. 이는 도시문화공간이라 하여 특정 예술가의 예술행위만을 상대로 하는 것이 아니고, 지역과의 단절을 극복하여 일상생활 속에서 서민들의 예술활동 자체를 담아내는 것을 의미한다. 더 나아가 지속가능한 문화공간의 생산을 위해서는 이 부분은 꼭 필요한 부분이며 아직까지 문화향유가 상대적으로 적은 중국의 전반적인 사회 환경을 볼 경우 주민이 주체가 되어 진행하는 행사 같은 것은 지역문화를 향유하는 과정에서 새로운 요소로 받아들여질 수 있다.

〈표 5-3〉에서 현 실정에 맞게 실천 가능할 공연, 전시, 커뮤니티, 교육 프로그램 및 콘텐츠 생산에서의 향후 방향성을 제안하였다. 그중 주민・시민에 초점을 맞춘 행사는 타 주체에 비해 큰 신축성을 띠고 있고 확장성도 갖고 있지만 현재 이와 관련하여 진행되고 있는 것은 아직 없다. 하지만 고무적인 것은 사람들의 문화 수요가 차츰 다변화됨에 따라 기존의 도시문화공간 내 거리예술의 형식으로 흥을 더하고 표현의 공간을 새롭게 만들고자 시민예술가를 모집하는 공지가 SNS를 통해 전파되고 있다는 점이며 이와 같은 관련 형식은 앞으로 증가할 것으로 기대된다.

특히 청두의 지역성을 고려할 경우 위 도표에서 보다시피 다양한 교육・체험 프로그램의 진행도 가능하다. 그중 사천요리 체험 프로그램과 같은 경우 실행 가능성이 크다고 본다. 우선 사천요리는 중국의 4대 요리 중의 하나로 유명하다. 또한 2010년 청두시는 유네스코 창의도시(음식분야)로 선정되었고 누구나 쉽게 접할 수 있다. 하지만 사천요리에 대한 좀 더 체계적인 교육 관련 프로그램은 잘 이루어지지 않고 있다. 또한 식단이 점차 서양화됨에 따라 음식의 전통에 대해 점차 소홀해지는 추세이다. 때문에 이런 현상으로 미루어 볼 때, 지역주민이 주체가 되어 생활 속에서 많은 사람들이 관심을 갖고 있는 사천요리에 대해 좀 더 요해하고 직접 체험해 보고 사천요리의 고유한 '맛'을 생산해 내는 프로세스를 구축하여야 한다. 이렇게 하여 참여자들로 하여금 더 이상 먹는 데에만 관심을 갖지 말고 지역 문화에 대한 자부심을 갖게 할 수 있는 좋은 계기가 될 수 있다. 결국 이는 콴자이샹즈만의 '식食 브래드'를 만들어 가는 것이다. 이와 유사한 맥락에서 사천극 같은 경우 단지 상업 목적으로만 운영되고 사천극의 오랜 역사에 대한 교육과 체험 같은 것은 이루어지지 않아 전통극에 대한 대중화에 걸림돌이 되고 있다. 이 역시 관련 프로그램의 운영을 통해서 실행 가능 한 것이다. 이상 전통문화 요소 외에도 사천성은 다민족 지역으로서 예로부터 많은 소수민족들이 생활하고 있으며 청두시만 해도 10개를 넘는 소수민족들이 생활하고 있다. 때문에 이와 같은 지역적 특수성을 고려하여 그들이 자신들의 전통문화를 지역주민들과 협력하여 표현하고 시민, 관광객들 또한 자유롭게 소수민족 문화를 접하고 향유하는 것은 아주 바람직한 것이다.

이처럼 콴자이샹즈 역사·문화공간에서 지역성을 기반으로 한 콘텐츠를 중심으로 다양한 형식으로 공간 콘텐츠가 생산될 수 있다. 그 중심에는 지역주민이라는 핵심 주체가 자리 잡아야 한다. 지역주민이 중심이 되어 지방정부의 정책적 지원과 공간 운영자의 협력으로 공간 콘텐츠를 생산함으로써 도시문화공간의 생산도 지속가능할 수 있다.

이상의 내용을 종합하여 도시역사·문화공간으로서 아래와 같은 공간생산 방안을 제안할 수 있다(〈그림 5-2〉 참조).

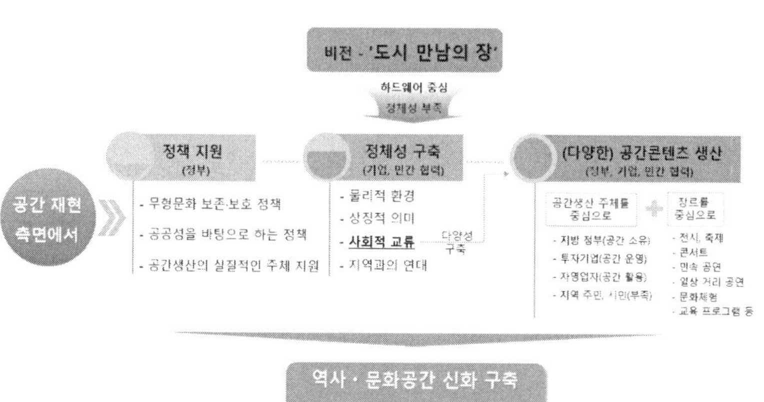

〈그림 5-2〉 콴자이샹즈 도시역사·문화공간 생산 방안

…

제3절 '동교기억' 문화창의산업단지의 공간생산에 대한 제안

제3장에서 중국, 한국과 일본 및 유럽 사례를 통해 창의지구(지역)가 어떠한 형태와 콘텐츠로 구축되고 운영되는지에 대해 고찰해 보았다. 베이징의 798 예술지구는 중국에서 성공 사례로 꼽히고 있지만 공간운영 주체의 운영 경직성으로 현재 예술지구 내 예술가(창의인력)들과 갈등을 겪고 있는 상태이다. 일본의 가나자와 시민예술촌은 지방정부의 후원을 받은 가나자와 예술창조재단의 효율적인 운영을 통해 시민들과 창의인력들의 적극적 참여로 창의공간 성공 사례로 꼽히고 있다. 이탈리아 볼로냐는 도시 전체가 창의공간으로 협동조합이라는 형태를 통해 창조도시로 선정됨은 물론 후발주자들한테 많은 시사점을 주고 있다.

이와 같은 사례를 볼 때 청두시 '동교기억' 문화창의산업단지의 최종 지향점도 역시 가나자와 더 나아가 볼로냐처럼 활기를 띤 창의공간일 것이다. 하지만 이미 청두시 전반 문화산업의 문제점에서 보다시피 문화산업 발전에 필요한 시스템의 구축, 문화 자원 지속적인 발굴 부족 및 관련 분야 융복합인재의 부족 등 문제점은 지금 출발단계에 있는 '동교기억' 문화창의산업단지에도 존재하는 문제점들이다. 이에 현 시점에 맞춰 도시문화공간 생산 기본모델을 기반으로 정책 지원, 창의성을 위한 기반 환경 조성, 창의콘텐츠 차원에서 문화창의공간의 생산에 대해 제안하고자 한다.

1. 정책 지원

최근 10년 사이 중앙정부 차원에서 문화산업 발전에 관한 일련의 정책 발표와 혁신형 도시건설에 박차를 가하면서 문화·도시·창의와 같은 핵심 키워드가 국가 차원의 거대 담론으로 형성되었다. 이와 같은 중앙정부의 정책에 힘입어 2012년 청두시 정부보고서에서는 문화산업을 발전시킬 〈일극, 7구, 다원〉의 거시적인 공간발전전략을 제시하였다. 이 공간발전전략의 한 구성부분으로 '동교기억' 문화창의산업단지는 2011년 9월 중국에서 처음으로 〈디지털 음악산업단지〉라는 명칭으로 출발하였다.

'동교기억' 문화창의산업단지가 설립된 후 최근 몇 년 사이 한해 800회에 달하는 행사를 진행하고 있다는 것이 관련 언론의 보도이다. 하지만 실제 진행되는 행사들을 보면 콘서트, 여러 종류의 전시 등이다. 그중 콘서트의 경우 단지 대부분 중국 내 가수들이 청두에서 공연을 할 장소로 우선 먼저 '동교기억' 문화창의산업단지를 찾는 형식에 그치고 있어 방문객을 대상화하는 수준이다. 그 외 단지 내에서 음악 관련 기타 행사의 진행, 콘텐츠 제작은 미미한 수준에 그치고 있다. 그리고 하드웨어적인 요소로 문화창의산업단지 내의 공간을 일부 음악관련 조각예술품 혹은 건물 외벽에 음악 관련 페인팅으로 장식하였다는 것에 그쳐야 할 뿐 실제 문화창의산업단지로서의 형식과 창의의 장으로서 음악관련 콘텐츠는 찾아보기는 힘들다. 대신 음악과 관련성이 크게 없는 상업성을 띤 소형극장이나, 미니영화제작사 같은 기업체들이 입주하였는데 이는 전반적인 공간정체성의 구축과는 아직 거리가 멀게 느껴진다. 이런 문제점은 최근 언론의 조사에서도 확인되었는데 신화망新华网의 조사에 의하면 '동교기억'은 정체성 불분명과 콘텐츠의 단일, 관련 서비스의 부족으로 인기 저조하다는 것이 문제점으로 대두되었다.[1] 가장 큰 문제는 서비스 의식이 부족하고 문화적 창의성의 부족 및 체계가 구축되지 않은 등 문제점을 꼽을 수 있다.

이런 현실적인 문제 외에도 지방정부 차원의 지원정책 또한 많은 문제점을 안고 있다. 필자의 사전 조사를 바탕으로 대체적인 내용을 본다면 첫째, 단지 내 문화창의산업과 관련된 프로젝트는 국가의 관련 정책에 따라 지원을 받을 수 있다. 둘째, 전시와 같은 행사는 단지의 운영주체 측에서 전시장 임대요금을 부분적으로 인하하는 형식으로 지원한다. 셋째, 상업성을 띤 기업에 대해 마케팅 전략, 시장 개척 등 면에서 일정한 지원을 주고 있다. 이런 상황으로 보아 문화창의공간의 활성화를 위한 정부 지원정책의 빈약성이 많이 반영되고 있다. 현재 정부의 지원책은 거시적인 수준에 머물러 있으며 창의공간에 대한 구체적이고 세부적인 정책이나 지원체계가 이루어지지 않고 있다. 운영주체 측 또한 평소에 임대료, 관리비용을 받는 외에는 거의 단지 내 개인과 입주 기업들과의 커뮤니케이션이 이루어지지 않는 상황이다. 공간의 실질적인 운영주

1 新华网, 〈新华调查 : 转型升级'成都东郊记忆'仍在路上〉, 2014.6.24, news.xinhuanet.com/house/cd/2014-06-24/c_1111290157.htm 참고

체로서의 운영 방식, 관리 내용 등 많은 면에서도 부족점이 반영되고 있다. 게다가 단지 내 입주자를 영리성 기업 중심으로 유치하다보니 열정과 창의적 아이디어를 갖고 있는, 특히 경제적 여유가 없는 일반 예술인들은 소외되는 현상이 불가피하게 벌어지게 된다. 이는 단지 내 임대료만 봐도 잘 반영된다. 2014년 기준 단지 내 공간의 임대료는 90-100위안/㎡/월로 책정되었는데 이는 같은 해 기준 청두시 아파트의 평균 월세 27위안/㎡/월[2]보다 근 4배 가깝다. 때문에 이는 경제적 여건이 허락되지 않는 많은 예술가들에게는 높은 문턱이 될 수밖에 없다. 이런 운영주체의 관리상의 부족점과 위와 같은 현상의 지속은 결과적으로 창의공간으로 거듭날 수 있는 여부 그리고 앞으로 문화창의산업단지의 지속적인 활력에 영향을 줄 수밖에 없으며 경제 논리 일변도라는 비판을 받을 수 있다.

이러한 현안과 현재 '동교기억' 문화창의산업단지가 시작단계라는 점을 미루어 볼 때 현 시점에서 지방정부의 아래와 같은 다각도로 되는 정책 제정이 우선 필요하다.

첫째, 문화창의공간 진입장벽 완화를 위한 지원정책이다.

오늘날 장소는 외부로부터 사람들을 유입하는 능력에 의해 성장하기 때문에 낮은 진입장벽은 특히 중요하다. 개방적이며 낮은 진입장벽을 가진 장소들은 광범위한 배경을 가진 사람들을 유인할 수 있는 능력을 가지고 있기 때문에 창조성 우위를 획득한다.[3] 이는 창의공간으로서의 성공 여부는 우선 먼저 진입의 용이 여부와 관련됨을 뜻하는 대목이다.

2 全国房产市场数据中心(禧泰数据) cd.cityhouse.cn/market/lease.html, 2014.12.31 검색어 "成都平均房租"

3 Richard Florida, 이원호 등 옮김 『도시와 창조 계급』, 푸른길, 2008.9, pp.59-61

위에서 이미 지적하다시피 '동교기억' 문화창의산업단지의 입주는 임대료가 가장 큰 비중을 차지한다. 이는 예술가, 창의인력, 소규모 기업 같은 경우 무엇보다도 자금의 제한 또는 임대료의 압박으로 창의적 아이디어를 갖고 있지만 지속적으로 공간 내에 머물면서 작업하는데 큰 어려움을 겪게 된다. 이런 현상은 단지 이곳만의 현상은 아니라 중국 내에서 가장 성공적인 사례로 꼽히는 베이징 798 예술지구의 경우도 상황은 마찬가지이다. 이와 반대로 '동교기억' 문화창의산업단지는 지금 출발단계에 있고 많은 제도, 운영방식이 고착화되지 않은 점을 감안할 경우 정책적 수단을 좀 더 비중 있게 마련할 필요가 있다. 또한 향후 점차적으로 문화창의공간의 활성화를 추진하고자 하면 우선 먼저 시행되어야 하는 것이 입주자들을 위한 진입장벽 완화를 위한 지원정책이다. 이로서 입주자들의 경제적인 부담을 다소 해소하고 우수한 창의인력들을 많이 흡인해야 한다. 이는 많은 창의인력들의 경제적 리스크와 부담을 줄이고 보다 더 많은 창의적인 작업, 실험을 하도록 여건을 마련할 수 있는 유효수단이다. 동시에 지원정책이 보다 효율적이고 효과적으로 진행되기 위해서는 입주하고자 하는 개인 혹은 기업에 대해 사전 검토를 보다 철저히 하여 그 가능성, 창의적 능력에 따라 지원 등급을 부여하여 진정한 실력을 갖추고 진정성이 있는 입주 희망자를 선정하는 제도적 장치가 동반하는 것이 바람직하다. 그리고 이와 같은 지원정책이 효과를 거두기 위해서는 단기적 지원보다는 점진적 지원의 형태를 취해 일정한 시간의 지원을 거친 후 후속 평가를 진행하여 지속 지원 여부를 판단하는 제도적 장치도 필요하다. 공간의 운영 측에서 아직까지 투자에 대한 자금 환수의 수단으로 임대료 및 관리비에 전적으로 의존하는 상황에서 지방정부 차원에서 우수한 창의 주체에 대한 지원은 필수적이고 입주자들의 초기 정착을 도울 수 있는 효과적인 정책이라고 할 수 있다.

둘째, 창의적 생산과 운영의 주체에 대한 지원정책이 필요하다.

창의적 생산의 주체인 예술가와 같은 창의인력 등은 문화창의공간을 형성하는데 가장 중요하고 활발한 요소로 작용하고 있다. 창의공간의 성공 여부 관건은 창의인력(창의계급)이라는 조건을 우선 갖추는 것이다. 이와 같은 창의인력자원의 조건을 갖추기 위해 우선 먼저 창의인력 유입정책과 육성정책이 시행되어야 한다.

창의인력 유입정책 같은 경우 위에서 언급한 것처럼 우선 먼저 정책적 지원으로 진입장벽을 낮추고 개인의 능력에 따라 지원 기간과 지원 범위도 함께 감안하여 창의인력 개인뿐만 아니라 그 가족과 같은 관련자에 대한 지원폭도 적당이 고려해야 한다. 이렇게 함으로써 보다 전념하여 창의적 작업에 몰두 할 수 있는 계기가 될 수 있다.

창의인력 육성정책과 같은 경우 미래 창의인력 발굴에도 관심을 기울여야 한다. 한 예로 사천음악대학교, 사천사범대학교 영상대학 등 대학교가 '동교기억' 문화창의산업단지와 가까이 있음에 불구하고 향후 창의적 인재로 될 수 있도록 그들의 잠재력 발굴에 관한 산학연 연계 프로그램과 같은 지원이 이루어지지 않고 있다. 또한 창의인력이 입주하였다고 해도 다목적 공간을 제공하여 다양한 창의적 실험을 할 수 있도록 환경을 마련해 주어야 하며 그들의 어려움과 고민에 대해 멘토링 역할을 할 수 있는 지원체계도 갖추어야 한다.

창의인력 육성정책 중 또 하나의 중요한 부분은 창의적 운영의 주체에 대한 지원이다. 콘텐츠를 생산하는 것만으로 한계가 있으며 이를 보완해 줄 수 있는 인력 즉 사회발전의 트랜드에 맞게 콘텐츠 개발과 실행을 주도하고 공간을 운영할 수 있는 '문화기획자cultural planner', '프로젝트

매니저project manager'와 같은 전문 인력의 육성이 필요하다.

셋째, 창의적 기업에 대한 지원정책이 필요하다.

현재 청두시의 경우 애니메이션기업과 같은 특정 장르의 기업에 대해 세제혜택을 주고 있다. 하지만 이와 같은 혜택은 문화산업에 전반에 걸쳐 실시되는 것이 아니다. 때문에 '동교기억' 문화창의산업단지에 입주한 창의적 기업 같은 경우 우선 위에서 이미 언급한 대로 임대료 혜택뿐만 아니라 기업 소득세 감면과 같은 혜택을 주는 등 지원 폭을 늘릴 필요가 있다.

다음으로 보다 중요한 지원정책으로 거의 모든 창의적 기업들이 공동으로 갖고 있는 단계로 콘텐츠 개발development, 제작production, 배급distribution, 소비consumption의 과정이다. 특히 콘텐츠산업의 특성상 '하이 리스크, 하이 리턴high risk, high return'이라는 점을 고려할 경우 콘텐츠 개발・제작에서 장기적으로 소요되는 비용은 자금력이 뒤 따르지 못하는 소규모 창의기업들은 큰 난제일 수밖에 없다. 이런 어려움을 해소하고자 필요한 정책으로서 단순이 지방정부의 지원보다는 자금조달 관련 부문 예를 들면 은행 혹은 투자회사 같은 금융기관과 조직을 통해 융자・투자를 받을 수 있는 경로를 정책적 지원을 통해 마련해야 한다. 그 외에도 배급 단계에서도 여러 가지 경로를 통해 유통할 수 있도록 정책적・행정적 지원이 필요하다.

문화창의공간으로 거듭나는 것은 결코 짧은 시간 내에 완성될 수 있는 것이 아니다. 이는 각 분야의 전문가, 예술가, 정부관계자 등이 지속적인 노력을 통해서 이루어지는 것인 만큼 수많은 정력과 비용을 필요로 한다. 특히 정부의 경우는 창의인력들을 위한 전문기금(예를 들면 창의인력 육성기금)을 조성하여 필요한 개인과 기업들한테 지원을 해주는 것이 중요하다. 지방정부의 정책적 지원 과정을 거쳐 창의인력과 창의적 기업의 기반을 형성하여 창조적인 공동체의 육성이 최종 목적이다.

이와 같은 지방정부의 정책적 지원은 문화창의공간 구축의 초기단계에 필요한 부분이기도 하다. 하지만 정부의 지원이 있다고 하여 문화창의공간으로 꼭 성공을 거두는 것은 아니다. 가장 중요한 것은 이와 같은 정책적 지원을 바탕으로 문화창의공간 내에서 자체적으로 운영・생산될 수 있는 시스템이 형성되어야 하며 그런 차원에서 현 단계 '동교기억' 문화창의산업단지의 창의성의 기반을 조성하는 요소들에 대해 검토할 필요가 있다.

2. 창의성을 위한 기반환경 조성

창의공간으로 거듭나려면 단지 하드웨어의 구축으로는 한계가 있다. 물론 창의적인 전문 인력들이 작업하기 편한 공간의 마련은 필수적이다. 하지만 그 이상으로 중요한 요소는 창의공간의 환경적인 요소로 이는 지방정부의 관련 정책이 실질적으로 추진되도록 하는 데에도 영향을 주고 있다. 찰스 랜드리는 창의적 환경을 문화적으로 주의 깊은 '기술자들'이 동일한 작업분야에서 일하는 사람들과 '서로 만나서 자극을 주고받는 기회'를 제공할 뿐만 아니라, 다른 문화 분야의 종사자들과도 협동 할 수 있게 하는 장소라고 지적하고 있다.[4] 또한 창의성의 핵심은 창의적 사람과 조직이고, 이들이 한 지역에 모일 때 창의적 환경을 낳게 된다는 것이 두드러진 특징이다.[5] 이와 같은 장소는 무엇보다도 유동적이고 변

4 Charles Landry, 임상오 옮김, 『창조도시』, 해남 2005.9, p.200

5 위 책, 서문, 무대의 설정 중

화를 추구하며 그 무엇인가 새로운 것을 생산하고자 하는 속성을 갖고 있다.

그렇다면 창의공간은 어떤 방식으로 운영되는가? 단순 창의공간에서 진행되는 주력 산업인 창조산업 면에서 본다면 아마도 생산과 영업 두 부분으로 나뉜다고 볼 수 있겠다. 예를 들면 문화생산(문화, 영화, 그림, 음악 등)에 관계하는 부문으로서 '예술을 위한 예술' 또는 '표현을 위한 표현'을 주된 목표로 하는 부문이 있다. 그리고 문화콘텐츠를 이용하여 수익을 얻는 것을 주된 목표로 하는 영업부문이 있다. 창조산업은 이러한 양자의 결합으로 구성되는 것이 많다.[6] 그러나 창의공간은 이와 같은 산업적인 측면을 훨씬 뛰어 넘어 하나의 커다란 사이클(혹은 시스템)로 작동하고 있다. 찰스 랜드리는 창조도시의 창의적인 과정의 평가도구로 그리고 다양한 발전단계의 도시가 수행하는 창의적 프로젝트의 장단점을 평가하는 메카니즘으로 '창의성의 사이클'을 제시하고 있다.[7] '창의성의 사이클'은 아이디어를 창출하는 역량의 발달 → 아이디어의 현실화 → 네트워킹 및 순환 → 실현을 위한 다양한 토대의 구축 → 시장과 고객의 창출의 5단계를 포함하고 있다. 이 사이클의 목적은 각 단계에서 가진 장단점을 파악한 후 어떻게 개입해야 하고 또 어떻게 개입할 수 있는 가를 판단하게 하는 것이다.

'창의성 사이클'은 창조도시뿐만 아니라 중국에서 현재 추진 중인 혁신형도시 사업, 문화창의산업단지의 구축에도 적용이 가능한 보다 보편적인 방법론을 제공해 주고 있다. 특히 그 중에서도 많은 도시들에서 문화산업단지의 구축을 계획 또는 시작하는 단계에 있는데 이와 같은

6 강형기, 『지역창생학』, 생각과 나무, 2010, pp.92-93

7 Charles Landry, 임상오 옮김, 『창조도시』, 해남 2005.9, pp.325-326

'창의성 사이클'은 문화산업단지의 향후 발전방향을 제시하고 현 상태를 점검하는 효과적인 도구로 작용할 수 있다. 위 '창의성 사이클'을 바탕으로 '동교기억' 문화창의산업단지를 볼 경우 위 '창의성 사이클'과 같은 순환적인 체계가 이루어지지 않고 있다. 때문에 '창의성 사이클'은 앞으로 '동교기억' 문화창의산업단지가 향해야 할 방향을 제시해 주고 있을 뿐더러 현 시점에서 필요한 요소들을 제시해 주고 있다. 대체적으로 다음과 같은 3단계의 요소가 필요하다고 보아진다.

(1) 아이디어를 창출하는 역량의 발달 단계

아이디어의 창출은 문화창의공간으로 거듭나는 선결조건이다. 특히 문화창의공간이 새로 설립되었을 경우 현 상태에 대한 점검, 앞으로의 추진 방향 등에 대한 논의가 다각도로 진행되어야 하며 일방적인 운영 측의 판단에 의한 실수를 줄여야 한다. 이를 위해 현 상황에서 학계와 사회, 정부 부문의 전문가들 그리고 단지 내의 창의인력들과 협력하여 '아이디어 창출 역량'을 구성할 필요가 있다. 이와 같은 역량을 바탕으로 포럼, 학술회의 같은 형식으로 운영 측과 함께 정기적인 논의가 필요하다. 뿐만 아니라 비공식적인 소통과 교류의 자리인 창의커뮤니티를 형성함으로써 서로의 협력 기회를 증진시키고 결과적으로는 집단의 지성을 발휘하는 것이라고 하겠다. 그 외에도 창의인력과 창의기업을 위한 창의적 콘텐츠에 대한 사전 평가도 진행하여 창의적 콘텐츠의 질적 수준이 더욱 향상되도록 해야 한다. '동교기억' 문화창의산업단지와 같은 경우 우선 먼저 '아이디어 창출 역량'을 형성할 수 있는 인적자원을 확보하는 것이 바람직하다.

(2) 인큐베이팅, 전시 및 진열 기회의 메커니즘 창출 단계

문화창의산업단지의 지속적인 발전을 위해서 '아이디어 창출 역량'에만 의지 할 수 없다. 어디까지나 자체적인 생산능력을 향상시킬 때 문화창의산업단지의 지속성 또한 가능하다. 창의인력의 유치에 이어 그들이 저렴한 가격으로 공간을 이용할 수 있는 여건을 마련하고 작업하기 좋은 환경을 구축해야 한다. 일본의 가나자와 시민예술촌 같은 경우 24시간 저렴한 가격으로 자유롭게 공간을 사용하는 사례가 이점을 잘 설명해 주고 있다.

그 다음으로 중요한 것은 인큐베이팅이다. 인큐베이팅은 하나의 창의적 아이디어(아이템 등), 성공한 콘텐츠 혹은 성공한 예술가로 성장하여 경제적으로 수익을 창출하기까지의 전반 과정을 돕는 지원시스템이다. '동교기억' 문화창의산업단지는 설립초기부터 인큐베이팅 사업을 향후 발전전략 및 공간의 정체성과 관련된 계획으로 제정하고 '중국 디지털음악 과학창의 인큐베이팅계획中国数字音乐科技创新孵化园计划'[8]을 수립하였다. 하지만 아직까지 실질적인 진전 사항은 공개되지 않고 있다. 향후 인큐베이팅 사업 과정을 거친 후 생산된 콘텐츠는 적극적으로 내부 혹은 외부와의 소통이 이루어져야 하며 이를 위해 필요한 부분이 전시 등을 통한 교류 기회를 제공하는 것이다.

(3) 아이디어와 프로젝트를 네트워킹 및 순환 단계

단지 내 네트워킹을 볼 때 수익을 목적으로 하는 소규모 기업이 주를 이루고 있고 서로 간의 연대적 관계가 형성되지 않은 것으로 조사되었

8 〈国家音乐产业基地集聚发展促转型升级〉, 中國新聞出版网, 2013.10.21, www.chinaxwcb.com/2013-10/21/content_278970.htm

다. 사전 조사 내용으로 볼 때 창의공간의 다양성, 융복합성과는 아직 거리가 멀다. 때문에 향후 문화창의단지의 기반 조성으로 창의공동체 구성, 네트워크 구축 등 환경을 마련하는 준비 작업이 필요하다.

실질적으로 '아이디어 창출 역량'을 바탕으로 나온 창의적 아이디어 혹은 개별적인 창의 인력, 기업에서 나온 새로운 아이디어는 개인 혹은 기업 혼자의 힘으로 해결하기 어려울 수가 있다. 또 장르의 벽이 점점 무너지면서 문화창의산업단지 내 다양한 개인과 기업 간의 네트워크가 점점 더 중요해 졌으며 함께 문제를 해결 해 나갈 수 있는 공동체가 필요해지고 있다. 문화창의산업단지의 조성은 특정된 리더, 그룹의 힘으로 이루어 질 수 없고 다양한 주체 간에 신뢰를 바탕으로 연대가 이루어 졌을 때 가능하다. 창의적 네트워킹은 혁신적인 사고와 다양성을 갖고 있으며 향후 경제성장의 한 축으로까지 담당할 잠재력을 갖고 있다.

공간 내에서 생산된 콘텐츠는 공간의 내부보다는 외부와의 소통이 우선적이어야 하며 이를 위해 외부와의 순환 고리가 중요하다. 그 해결책으로는 이미 구축된 전시 메카니즘, 이벤트 그 외에도 SNS의 적극적인 활용을 통해 외부에서 자주 방문하는 공간으로 만들고 이를 투자 촉진할 수 있는 효과를 유발할 수 있게 해야 한다. 이와 비추어 볼 때 현재의 '동교기억' 문화창의산업단지는 이런 시스템이 형성되지 않았으며 단지 외부에서 행사를 진행하기 위해 잠시 이용하는 공간으로만 활용되고 있는 한계를 갖고 있다.

3. 문화창의공간 생산을 위한 창의성 요소 마련

콘텐츠 생산 면에서 문화창의산업공간으로 거듭 날 수 있는가 그리고 앞으로도 지속적으로 발전할 수 있는가는 무엇보다도 해당 공간 내에서 구체적으로 어떠한 콘텐츠가 체계적으로 차별화되게 생산되는가가 관건이다. 실제로 문화창의공간은 벤야민의 '다공성' 개념에 따라 충분히 장르의 융・복합과 다양한 분야와 결합을 통해 시너지 효과를 발휘 할 수 있다. 이런 가능성 때문에 문화창의공간으로 거듭 난다는 것은 단지 문화예술행사가 진행되는 장소로서가 아니라 '창의성 사이클'에서 제시한 바대로 선순환 시스템이 형성되어야 한다는 것과 맥을 같이 한다. 그 외에도 창의성을 바탕으로 한 다양한 콘텐츠들이 자체적으로 기획되고 생산되어야 함을 전제로 하여야 한다. 한 예로 연극, 공연 같은 경우도 현재 점차 관람자들과 작품에 대한 커뮤니케이션을 하는 등 가까워지는 양상을 보이고 있지만, 창의적인 콘텐츠로서 문화창의산업공간 내에서 자체 기획, 제작, 내부 흡수 그리고 외부에로 소비되기까지는 해외사례에서 보여준 것과는 거리가 멀지만 그 거리를 좁혀가는 노력이 필요하다.

'동교기억' 문화창의산업단지는 최종적인 목표는 디지털음악을 기반으로 하는 창의공간의 구축이다. 이에 콘텐츠 생산의 면에서 볼 경우 위 목표대로 하자면 디지털음악산업을 중심으로 다양한 관련 창의산업으로 확장이 필요하고 창의성 사이클과의 연관 속에서 콘텐츠가 구성되어야 할 것이다. 이런 과정을 잘 보여 주는 해외 사례로 일본의 가나자와 시민예술촌과 같은 경우이다. 이곳에는 가나자와 장인대학교와 같은 형식으로 장인 기술에 대한 자료를 수집・연구하고 이를 후속세대에 전수하여 우수한 전통적인 기술을 집합하여 새로운 것을 창조하는 시스템을 구축하고 있다. 그 외에도 다양한 공방이 운영되고 있으며 매년 정기적으로 학회가 열려 많은 전문가들이 가나자와 시민예술촌에 대한 논의를 다양하게 진행하고 있다. 결과적으로 랜드리의 창의성 사이클의 타당성과 논리적 체계가 카나자와 시민예술촌 더 나아가 가나자와 창조도시에서 잘 반영되고 있음을 알 수 있다.

그 외 주목할 부분은 '동교기억' 문화창의산업단지는 베이징 798 예술지구와 달리 지방도시에 있다는 점에서 국제적인 기구의 설립은 한계가 존재한다. 반면 현재 중국의 젊은 층에서 창업 열기가 점차 거세지고 있으며 청두시 또한 청년창업 프로젝트를 가동하여 청년 창업에 지원을 아끼지 않고 있다. 때문에 또 한 방면으로는 청년창업 프로젝트를 적극 활용하여 지역 인재들을 수용하는 것이 보다 더 현실적인 대안이라고 보아진다. 즉 풀뿌리 문화창의 주역들을 포용하는 것이 바람직하다.

이에 비추어 볼 때 '동교기억' 문화창의산업단지의 경우 현 단계에 맞게 창의공간의 생산을 위해서는 다음과 같은 창의성 요소들이 필요하다(〈표 5-4〉 참조).

〈표 5-4〉 '동교기억' 문화창의산업단지 갖추어야 할 창의성 요소

단 계	요 소	내 용	기 능	현재
아이디어의 창출	학술대회, 포럼 등 개최 및 창의적 커뮤니티 형성, 청년 창업 프로젝트의 적극 활용	창의공간 구축을 위한 다양한 논의	현재 상황 점검, 미래 방향 제시 및 창의적 아이디어의 생성과 교류	무
인큐베이팅, 전시 및 진열 기회의 메커니즘 창출 단계	인큐베이팅 시스템 구축	디지털음악 중심의 인큐베이팅 사업	디지털 음악 관련 콘텐츠 제작, 연구, 디지털기술 등 여러 영역의 전문지식과 기능 전수・교육	계획 단계
	새로운 디지털 음악 콘텐츠 발굴	자체 디지털 음악 콘텐츠를 기획・생산	자체 생산을 통해 창의공간으로 전환	무
아이디어와 프로젝트 네트워킹 및 순환	기타 장르와 융합, 사회와의 협력	장르를 타파하고 공간 내외의 창의적 주체와 협력	창조공간의 경쟁력을 향상시키는 관건적인 요소	무
	외부 행사 적극 유치	콘서트, 전시, 박람회 등	대외 홍보, 관광객 유치 등	유
	콘텐츠의 내부 순환 필요	기존 행사 자료의 기록・보관	'동교기억' 문화창의산업공간의 '기억'적 의미를 살림	무

(1) 정기적 학술대회의 개최

이는 창의성 사이클에서 보다시피 '아이디어를 창출하는 역량의 발달 단계'로 작용한다. 문화창의산업단지의 현재 그리고 정기적으로 향후의 발전에 대한 다양한 논의가 이루어 질 수 있는 상호 교류의 플랫폼을 형성하고 있다. 이 부분은 현재 이루어지지 않고 있지만 운영 측과 지방정부 그리고 관련 인원들의 협력으로 충분히 이루어 질 수 있는 부분이다.

(2) 인큐베이팅 시스템 구축

가나자와 시민예술촌의 사례와 같이 가나자와 장인대학교는 한 방면으로는 '인큐베이팅'과 비슷한 역할을 담당한다고 볼 수 있다. 이에 비추어 볼 때 '동교기억' 문화창의산업단지와 같은 경우 초기 단계에 인큐베이팅 계획만 수립되었다. 앞으로 디지털음악을 둘러싼 제작, 연구, 유통, 지적재산권, 디지털 기술 등 여러 영역의 전문지식과 기능을 전수하고 교육할 수 있는 시스템을 구축하여야 한다. 뿐만 아니라 타 장르 예를 들면 뮤지컬, 영화, 게임 등과의 융합을 이룰 수 있는 부분도 고안되어야 한다. 현재 단지 계획 상태에 머물러 있고 구체적인 내용이 제시되지 않고 있으며 계획의 수립에 있어 다양성, 차별성이 필요한 부분이다.

(3) 새로운 디지털 음악콘텐츠의 발굴

기존의 외부 행사 공연장으로 사용되었던 역할에서 벗어나 음악, 뮤지컬, 연극, 공연 등 여러 분야에서 신인 예술가들을 발굴하고 그들의 작품을 선보이는 장으로서의 전환이 필요하다. 아직까지 충분한 창의인력들이 여러 가지 원인으로 입주하지 않은 상태로 향후 창의인력 입주 규모에 따라 충분한 가능성이 있으며 자체 생산성을 키우는 계기로 활용될 수 있다.

(4) 기타 창의적 장르 혹은 사회와의 협력 추진

중국 내 많은 문화창의산업단지의 가장 큰 문제점 중 하나는 창의인력 혹은 기업 간의 커뮤니케이션, 협력이 잘 이루어지지 않고 있다는 점이다. 이 부분은 이탈리아 볼로냐의 사례에서 많은 시사점을 제시해 주고 있으며 이는 콘텐츠의 경쟁력은 물론 전반 창의공간 경쟁력을 향상시키는 관건적인 요소이기도 하다. 결과적으로 협력의 결여는 창의적 콘텐츠의 융・복합을 저애하는 요소로 지방정부 혹은 운영주체 측에서 개인과 개인, 개인과 기업, 기업과 기업 간에 신뢰를 바탕으로 협력할 수 있는 체제를 마련하는 것이 관건이라고 판단된다.

현재 ‘동교기억’ 문화창의산업단지에서는 주로 기업들의 입주를 기다리는 수동적인 위치에 놓여 있고 운영 측은 단지 투자 자금 회수에만 치중하고 있다. 하지만 창의공간이라는 특성을 더욱 잘 발휘하기 위해서는 이런 수동적인 자세보다는 운영 측 자체에서 특정한 프로젝트를 공모하여 선정된 기업들에게 공간을 내어 주고 지원하는 형식으로 공간을 운영하여 사회와의 협력을 추진하는 것도 하나의 공간생산의 좋은 사례가 될 수 있다.

(5) 외부 행사의 적극 유치

‘동교기억’ 문화창의산업단지에서 외부의 콘서트, 공연, 전시 등을 유치하는 것은 외부에 홍보하는 좋은 기회이다. 특히 대형, 국제적인 행사 같은 경우는 더욱 그렇다. 하지만 이 부분 또한 1회성 행사로 끝날 것이 아니라 한 주제를 갖고 지속성을 유지할 필요가 있다. 현재 연간 많은 관련 행사가 진행되고 있지만 대개 일관성이 없으며 일부 행사의 질적 수준에 대한 강화가 한층 더 필요하다.

(6) 콘텐츠의 내부 순환 필요

위에서도 지적한 바대로 많은 행사가 진행되었지만 그때뿐으로 훗날 ‘동교기억’ 문화창의산업단지를 방문한 방문객들 혹은 연구자들한테 지난 행사들에 대한 정보의 접근이 어려운 상태로, 내부에서 생산된 콘텐츠의 순환 혹은 소비에 한계가 많다. 이를 적극 보안하기 위해서는 운영 측에서 콘텐츠 보존센터를 운영할 필요가 있으며 단지 기존에 진행된 여러 행사에만 한정될 것이 아니라 문화창의산업공간의 특색을 살려 전문분야에 대한 데이터베이스를 구축하는 것도 바람직하다. 특히 이 부분은 영국의 테이트 모던 미술박물관의 사례가 많은 시사점을 주고 있다. 또 한 방면으로는 상업 운영하고 있는 바, 커피숍 같은 곳에 재방영・재방송하는 형식으로 기존 콘텐츠의 접근을 용이하게 할 필요가 있다. 이렇게 함으로써 '기억'에 대한 의미를 되살릴 수 있다고 판단된다.

이상의 내용을 종합하여 아래와 같은 '동교기억' 문화창의산업단지의 공간생산 방안을 제안할 수 있다(〈그림 5-3〉 참조).

결과적으로 전환기 도시발전의 패러다임이 변화하고 있고 도시공간 생산 양상도 변화화고 있다. 따라서 각각의 도시문화공간은 해당 공간에 적합한 생산단계를 거치면서 생산되어야 한다고 본다. 이는 또한 도시문화공간으로서의 가치를 정립하는 지름길이기도 하다.

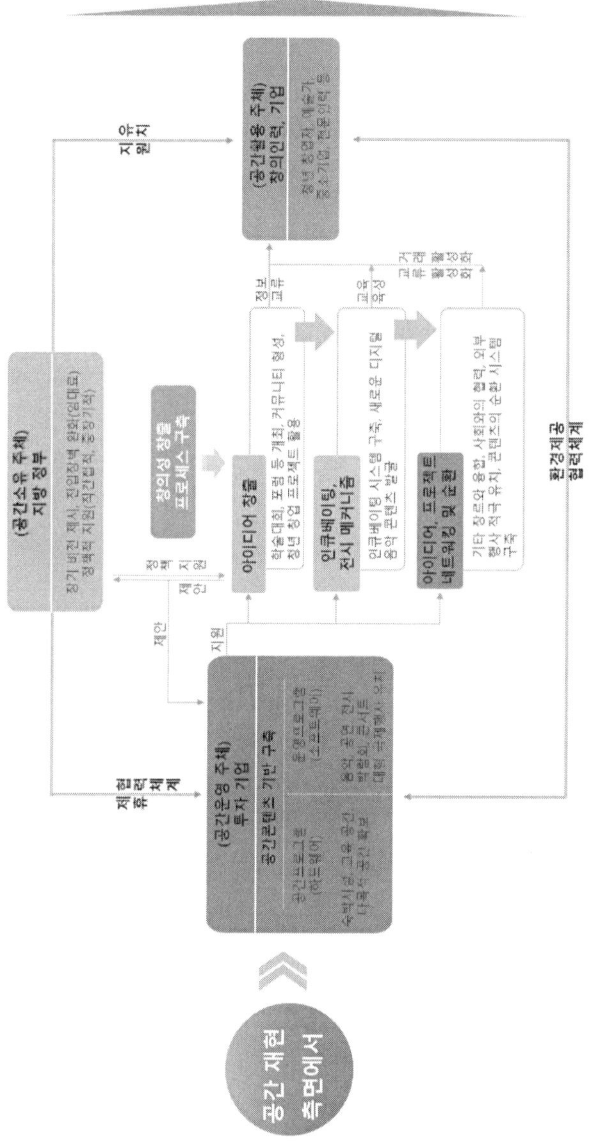

〈그림 5-3〉 '동교기억' 문화창의산업단지의 공간생산 방안

/ 제6장 /

결론

현재 중국은 사회적 전환이라는 커다란 국가발전 패러다임의 변화 속에 있다. 이 과정에서 많은 도시들에서 도시재생의 한 부분으로 낙후한 도시주거지역, 쇠락된 산업지구 등 기존 도시공간이 도시문화공간으로 전환하고 있다. 이 논문은 이와 같은 전환 과정에서 도시문화공간에서 나타나는 여러 가지 문제점을 인지하고 그 문제점에 대한 대안의 제시를 목적으로 하였다. 이를 위해 도시공간은 유기체라는 기본적인 인식을 바탕으로 도시문화공간은 역사・문화공간, 문화창의산업공간, 예술지구 등의 형태로 다양하게 생산되어야 한다는 점에 대해 주장하였다. 또한 이와 같은 공간은 그저 생산되는 것이 아니라 지방정부, 공간 운영자 및 지역주민, 창의인력 등 주체가 공동으로 노력해야만 가능함을 재차 강조하였다. 위와 같은 연구를 진행하기 위해 주요하게는 앙리 르페브르의 '공간생산' 이론 고찰로부터 중국 국내 및 해외 성공사례 고찰과 칭두시 대표적인 도시문화공간의 분석을 바탕으로 현 단계 중국의 도시문화공간 생산의 기본모델을 제시하였다. 그리고 도시문화공간 생산 기본모델을 기반으로 청두시 대표적인 도시문화공간 생산의 개선점과 향후 발전 방향에 대해 제안하였다.

1978년 개혁개방을 시작으로 30여 년간 중국의 경제·사회·문화 등 각 영역에서 커다란 변화를 가져왔다. IMF의 통계에 의하면 2013년 기준 1인당 국민소득 약 6600달러로 지속적인 증가세를 보이고 있는 것도 그 중의 한 예이다. 또한 도시의 경우 도시 간 경쟁이 가열되고 도시화의 진전이 빠르게 이루어짐에 따라 많은 도시들에서 도시재생, 도시의 기능을 전환하고자 하는 움직임이 이미 시작되었다. 그중 대표적으로는 도시공간 재생사업, 문화산업단지 구축 등 공간 활성화가 도시발전의 중요한 전략으로 부상하였다. 이를 위해 지방정부의 주도로 관련 기업의 투자와 운영으로 공간을 생산하고 있지만, 우선 아직은 상대적으로 하드웨어의 구축에 치우치는 경향이 있으며 소프트웨어의 구축은 미비하다는 지적이 많다. 다음으로는 지방정부의 적극적인 추진과 해당 기업의 운영에 비해 시민들과 관광객들이 문화적으로 향유할 수 있는 콘텐츠는 아직까지 상대적으로 부족하다. 또한 많은 사람들이 자유롭게 지역문화를 느낄 수 있는 열린 도시문화공간의 경우 과도한 상업화의 우려가 존재한다. 동시에 현재로서는 콘텐츠의 다양성 부재, 콘텐츠의 질적 수준이 낮은 상황이다. 때문에 이런 상황에 근거하여 좀 더 수준 높고 경쟁력이 있는 문화공간의 생산에 대한 연구의 필요성을 느끼게 되었다.

연구의 적합한 대상으로 중국의 '최적의 관광도시'이자 유네스코 '음식창의도시', 서부지역의 핵심 도시인 청두시를 선정하여 대표적인 도시문화공간인 콴자이샹즈 역사·문화공간과 '동교기억' 문화창의산업단지에 대해 분석과 연구를 진행하였다. 청두시 정부에서는 지금 대표적인 도시문화공간을 도시발전 전략에 따라 도시의 문화브랜드로 육성하고자 한다. 브랜드의 가장 중요한 역할이라면 '가치Value'를 창출하고 전달하는 것이다. 때문에 도시문화공간이 가치를 창출하려면 우선 먼저 생산되어야 하지만 이 연구에서도 이미 지적하다시피 현재 도시문화공간의 생산에서 여러 가지 문제점이 존재하고 있다.

이 논문은 전환기 중국의 도시문화공간이 존재하는 여러 가지 문제점에 입각하여 연구를 진행하였다. 구체적으로는 우선 도시공간은 유기체라는 관점으로부터 메슬로우의 인간욕구의 5단계와 결부하여 공간생산의 각 단계별 구체적인 생산 요소를 도출하여 공간은 단계별로 생산되어야 함을 지적하였다. 다음으로 해외 사례 고찰과 청두시 도시문화공간의 분석을 통해 현 단계 도시문화공간 생산의 기본모델을 제시하였다. 위 기본모델에 근거하여 청두시 도시문화공간의 생산 요소들을 재구성하였으며 앞으로 발전 방향에 대한 제안하였다.

1. 청두시 역사·문화공간 콴자이샹즈와 같은 경우 아래와 같은 측면에서 공간생산 요소의 재구성이 필요하다. 첫째, 정책 면에서 지방정부는 우선 유형문화유산에 대한 보존·보호에서 무형문화의 보존·보호에 정책 마련이 필요하다. 다음으로 문화공간의 공공성을 바탕으로 하는 정책 마련이 필요하다. 마지막으로 공간생산의 실질적인 주체인 지역주민에 대한 맞춤형 지원정책이 필요하다. 둘째, 정체성 면에서 물리적 환경(조경 요소, 건축물, 환경적 요소), 상징적 의미(역사적 요소, 문화적 상징성, 사회적 담론, 지역적 마인드), 지역과의 연대(지역사회와의 연대, 시민사회와의 소통, 방문객과의 교류), 사회적 교류(축제, 문화행사, 문화프로그램, 상설 문화활동) 등 정체성 구성 요소들이 필요하지만 특히 이 가운데서 사회적 교류에 중심을 두고 정체성을 구축하는 하는 것이 현 단계 가장 필요한 부분이라고 본다. 셋째, 콘텐츠 면에서 문화공간

의 각 이해 관계자마다 각자 영역에서 다양한 콘텐츠를 제공해야 한다. 지방정부는 공익성의 지역축제를 중심으로, 운영자는 공익성 혹은 상업성의 강좌・콘서트를 중심으로, 공간 내 업자들은 상업성의 민속공연을 중심으로, 지역주민은 공익성의 공연・전시・교육 프로그램・커뮤니티를 중심으로 다양한 공간 콘텐츠를 구성해야 한다고 본다. 특히 그 중에서 공간의 실질적인 생산자로 지역주민과 관련되는 콘텐츠의 생산을 강화하는 것이 바람직하다.

이상 지방정부의 정책적 지원, 도시문화공간의 정체성 구축, 콘텐츠 생산의 세 가지 면에서 콴자이샹즈 도시역사・문화공간의 향후 발전에 대해 제안하였다.

2. 청두시 '동교기억' 문화창의산업단지는 아래와 같은 면에서 공간생산 요소의 재구성이 필요하다. 현재 문화창의산업단지의 건설이 시작된지 오래지 않다는 점을 감안할 때 첫째, 정책 면에서 지방정부는 우선 문화창의공간 진입장벽 완화를 위한 지원정책이다. 다음으로 창의적 생산・운영 주체에 대한 맞춤형 지원정책이 필요하다. 마지막으로 창의적 기업에 대한 지원정책이 필요하다. 둘째, 창의성을 위한 기반 환경 조성 면에서 찰스 랜드리가 제시한 '창의성 사이클의 5단계'를 적용하여 특히 그 중에서 (1) 아이디어를 창출, (2) 인큐베이팅・전시 및 진열 기회의 메커니즘, (3) 아이디어와 프로젝트를 네트워킹, (4) 순환의 단계를 걸쳐 창의성을 창출할 수 있는 시스템을 구축해야 한다. 셋째, 이와 같은 창의성 창출 시스템을 기반으로 적합한 콘텐츠를 구성하였다. (1) 아이디어의 창출 단계에서는 학술대회의 등 개최, (2) 인큐베이팅・전시 및 진열 기회의 메커니즘 창출 단계에서는 인큐베이팅 시스템 구축과 새로운 디지털 음악콘텐츠 발굴, (3) 아이디어와 프로젝트의 네트워킹 및 순환단

계에서는 기타 창의적 장르 혹은 사회와의 협력, 외부 행사 적극 유치, 콘텐츠의 내부 순환 필요 등으로 창의적 콘텐츠를 구성해야함을 제안하였다. 끝으로 이상 지방정부의 정책적 지원, 창의성을 위한 기반 조성, 창의성 요소 구축의 세 가지 면에 걸쳐 문화창의공간 생산에 대해 제안하였다.

결과적으로 도시문화공간은 유기적인 생명체로서 공간생산의 각 단계에 그리고 문화공간의 특성에 맞게 생산되는 과정을 거쳐 도시문화공간으로서의 가치가 정립되어야 할 것이다. 때문에 현 단계 도시문화공간 생산의 기본모델을 제시한 것은 보다 의미가 있을 것으로 기대된다.

이 연구는 구체적인 도시문화공간인 청두시 콴자이샹즈 역사・문화공간와 '동교기억' 문화창의산업단지를 연구의 대상으로 하였다. 이상의 도시문화공간 모두 조성된 지 얼마 되지 않았으며 정부의 도시발전계획에 따라 앞으로 지속적으로 발전될 가능성을 충분히 갖고 있다. 이 연구는 시기적 제한성 그리고 중국 국내와 해외 많은 도시문화공간들에 대한 종합적인 고찰과 비교연구가 이루어지지 않은 한계로 도시문화공간 생산의 보편적인 구조를 제시하지 못하였다. 또한 해당 지역주민, 해당 문화창의산업단지의 창의인력과의 보다 심층적인 대화가 이루어지지 못한 점 등이 부족한 점이라고 생각된다.

앞으로 보다 심도 있고, 보편적인 도시문화공간 생산의 메카니즘 및 구조 등을 제시하기 위해 현장 사업 참여 혹은 밀착 관찰과 연구・분석 작업이 필요하다. 또한 도시재생 차원을 넘어 관련 도시들 간 서로 협력 시스템을 구축하는 등 다방면의 노력을 통해 궁극적으로 도시문화공간 브랜드를 육성하고 가치를 향상시킬 데 관한 연구도 지속적으로 되어야 할 것이다.

가. 한국어 문헌

1) 단행본

강형기, 『지역창생학』, 생각과 나무, 2010

김성도, 『도시 인간학』, 안그라픽스, 2014.5

김왕배, 『도시, 공간, 생활세계-계급과 국가 권력의 텍스트 해석』, 한울, 2000

김철수, 『도시 공간의 이해』, 기문당, 2001.3

김태열 등, 『협동조합도시 볼로냐를 가다』, 그물코, 2010.10

류지석, 『공간의 사유와 공간이론의 사회적 전유』, 소명출판사, 2013.4

민유기, 『도시이론과 프랑스 도시사 연구』, 심산, 2007.2

이현식, 『성찰적 창조도시와 지역문화』, 글누림, 2012.5

황희연 등, 『도시 생태학과 도시공간구조』, 진성각, 2002.2

2) 역서

Abraham Harold Maslow, 오혜경 옮김, 『동기와 성격』, 21세기 북스, 2009.4

Charles Landry, 임상오 옮김, 『창조도시』, 해남 2005.9

David Harvey, 초의수 옮김, 『도시의 정치경제학』, 한울, 1996.1

__________, 구동회, 박영민 옮김, 『포스트 모더니티의 조건』한울, 2008.3

__________, 임동근 등 옮김, 『신자유주의 세계화의 공간들』, 문학과과학사, 2008

Edward Glazer, 이진원 옮김, 『도시의 승리』, 해남출판사, 2011.6

Edward Relph, 김덕현 등 옮김, 『장소와 장소상실』, 논형, 2005.4

Edward Soja, 이무용 옮김, 『공간과 비판사회이론』, 시각과 언어, 1997.10

Hawley, Amos H, 홍동식 등 옮김, 『인간생태학』, 일지사, 1995.12

Henri Lefebvre, 양영란 옮김, 『공간의 생산』, 에코리브르, 2011.4

Mark C. Elliot, 이훈 · 김선민 옮김, 『만주족의 청제국』, 푸른 역사, 2009.12

Matthew Carmona, 등 지음, 강홍빈 등 옮김, 『도시설계』, 대가, 2009.4

Michel Foucault, 이상길 옮김, 『헤테로토피아』, 문학과지성사, 2014.5

Markus Schroer, 정인모 등 옮김, 『공간 장소 경계』, 에코리브르, 2010.6
Max Jammer, 이경직 옮김, 『공간개념』, 나남출판사, 2008
Raymond Williams, 김성기 등 옮김, 『키워드-문화와 사회의 다양성』, 민음사, 2010.9
Richard Florida, 이원호 등옮김 『도시와 창조 계급』, 푸른길, 2008.9
Stefano Zamagni, 송성호 옮김, 『협동조합으로 기업하라』, 한국협동조합연구소, 2013.4
佐々木雅幸, 정창원, 옮김, 『창조하는 도시』, 소화출판사, 2004.7
__________, 이현석 옮김, 『창조도시를 디자인하라』, 미세움, 2010.3

3) 연구논문
김남주, 「차이의 공간을 꿈꾸며: 공간의 생산과 실천」, 『공간과 사회』 제14호, 2000
김동영, 「도심활성화에서 신예술가집단의 역할」, 전북대학교 대학원 박사학위논문, 2010.8
김진석, 「전주 한옥마을 조성사업-거버넌스 형성을 통한 지역개발의 사례」, 지역경제, 2005.12
곽수정, 「유휴공간의 문화공간을 위한 콘텐츠 연구」, 국민대학교 박사학위논문, 2006
박종혜, 「근대건축물의 활용을 위한 공간 콘텐츠 연구」, 한양대학교 박사학위 논문, 2014.2
백승국 등, 「지역문화콘텐츠와 공간기호학적 방법론 연구」, 『프랑스문화연구』 16집, 2008.5
신춘호, 「장이머우식 〈印象計劃〉의 성공요인과 한국형 〈실경산수공연〉의 가능성 탐색」, 『글로벌문화콘텐츠』 제5호, 2010.12
이경화 외, 「장소 브랜딩을 통한 공간의 브랜드 정체성 구축에 관한 연구」, 『한국공간디자인학회 논문집』 제9권(1호), 2013

이기형, 「문화연구와 공간」, 『언론과 사회』 16권(3호), 2008
이무용, 「장소를 통한 문화의 소통: 공간의 문화정치와 장소 만들기」, 『인문학 연구』 14호, 2008.12
이상봉, 「서양 고대 철학에 있어서 공간」, 『철학논총』 제58집, 2009
이선희, 「전통문화구역 정책이 주민사회에 미친 영향 - '전주 한옥마을'을 사례로」, 전북대학교대학원 석사학위청구논문, 2008.2
이현재, 「다양한 공간 개념과 공간 읽기의 가능성」, 『시대와 철학』 제23권 4호, 2012
허은영, 「문화예술 분야 협동조합 제도 도입을 위한 기초연구」, 한국문화관광연구원, 2012.12

4) 보고서:
「전주 한옥마을 조성사업의 도심재생성과 분석 및 개선방안」, 전북발전연구원, 2010

나. 중국어 문헌

1) 단행본
≪四川通志(卷一)≫
班固, ≪汉书・地理志≫
迟福林, ≪第二次转型≫, 中国经济出版社, 2010.3
费孝通, ≪论人类学与文化自觉≫, 华夏出版社, 2004
葛兆光, ≪中國思想史≫(卷一), 复旦大学出版社(第2版), 2013.6
孙江, ≪空间生产-从马克思到当代≫, 人民出版社, 2008.2
李彦军, ≪中国城市转型的理论构架与支撑体系≫, 中国建筑工业出版社, 2012.1
李志刚, 顾朝林, ≪中国城市社会空间结构转型≫, 东南大学出版社, 2011.3
余琪, ≪转型期上海城市居住空间的生产及形态演进≫, 东南大学出版社, 2011.12

于志光, ≪武汉城市空间营造研究≫中国建筑工业出版社, 2011.5
叶南客, 李程骅, ≪中国城市发展转型与创新≫, 人民出版社, 2011.11
徐家林, ≪社会转型论≫上海人民出版社, 2011.12

2) 연구논문

程建平, 〈中国文化转型的路径分析〉, 河南师范大学学报(哲学社会科学版), 2007, 第34卷(第4期)
淳伟德, 欧阳艳梅, 〈文化创意型旅游地游客满意度研究〉, 西南民族大学学报, 2014年(第2期)
迟海鹏, 〈艺术区现状研究-以背景798艺术区为例〉, 中央美术学院硕士学位论文, 2014.5
邓立新, 〈遵循文化发展规律建设成都文化强〉, 中華文化論壇, 2012(第3期)
沈清基, 〈论城市转型的三大主题—科学、 文明与生态〉, 城市规划学刊, 2014(第一期)
魏后凯, 〈论中国城市转型战略〉, 城市与区域规划研究, 2011(第01期)
魏立华 等, 〈有关"社会主义转型国家"城市社会空间的研究述评〉, 人文地理, 2006(第4期)
王鑫, 〈工业遗产与城市文化空间构建研究〉, 中国名城, 2014.2
王洁佳, 〈浅谈成都宽窄巷子仿古街区旅游开发中存在的问题〉, 小費導刊, 2009.2
刘玲玲, 〈对社会转型范畴的哲学思考〉, 北方论丛, 1996, 第5期
刘兴均, 〈成都文化创意产业现状分析与对策〉, 成都大学学报(社科版), 2011(第6期)
刘小萌, 〈荆州满城成都满城大小金川史迹的考察〉, 满学论丛(第一辑), 辽宁民族出版社出版, 2011.11
徐昌 等, 〈对成都文化产业快速发展的思考〉, 文化建设, 2011.10
黄平, 〈清代满城兴建与规划建设研究〉, 四川大学硕士学位论文, 2006.5
高宏存, 〈论文化产业园区的"名"与"实"〉, 学习与探索, 2013.7(第7期)
唐克 等, 〈成都宽窄巷子旅游开发商业模式及其运行问题〉, 西南民族大学学报

(人文社会科学版) 2012(第10期)
吴瑕, 〈成都市文化创意产业发展现状分析及建议〉, 乐山师范学院学报, 第27卷(第10期), 2012.10
袁庭栋, 〈成都的清城与满城〉, 西华大学学报(哲学社会科学版), 第29卷(第2期), 2010.4
杨春蓉, 〈成都市宽窄巷子旅游体验实证分析〉, 西南民族大学学报(人文社会科学版), 2010年(第9期), 2010.4
杨建顺, 〈论城市创新中的市民参与〉, 法学杂志, 2007(第3期)
杨健鹰, 〈宽思窄想:成都宽窄巷子策划实录〉, 汕头大学出版社 2011.8
彭恺, 〈空间的生产理论下的转型期中国新城问题研究〉, 华中科技大学博士论文, 2013.5
赵永会, 〈成都市文化产业发展现状分析〉, 中共成都市委党校学报, 2009.10
赵旭东, 〈从社会转型到文化转型〉, 中山大学学报(社会科学版), 2013, 第3期
郑春霞, 〈广义文化空间视角下非物质文化遗产保护研究〉, 昆明理工大学学报(社会科学版) 第12卷 第6期, 2012.12
周睿, 〈关于提升成都国际"美食之都"城市形象的思考〉, 西部经济管理论坛, 第24卷(第2期), 2013.4

3) 보고서:
≪中华人民共和国国民经济和社会发展第十二个五年规划纲要≫, 2011.3
≪中共中央关于深化文化体制改革,推动社会主义文化大发展大繁荣若干重大问题的决定≫, 2011.10
≪国务院办公厅关于加强我国非物质文化遗产保护工作的意见≫, 国务院办公厅, 2005
≪2013年成都市国民经济和社会发展统计公报≫, 成都市统计局, 2014.4
≪文化产业振兴规划(2009)≫, 国务院办公厅, 2009
≪成都市文化创意产业发展规划(2009—2012)≫, 成都市政府办公厅, 2009

≪2011年成都市政府工作报告≫, 成都市第十五届人民代表大会第四次会议, 2012.2
≪成都市城市总体规划(2011-2020)说明书≫, 成都市人民政府, 2011.10
≪中国文化创意产业发展报告(2011)≫
≪文化产业振兴规划≫, 国务院常务会议, 2009.9
≪中共成都市委关于深化文化体制改革加快建设文化强市的意见≫, 2011.12
≪成都市文化产业发展" 十二五 "规划≫, 成都市政府办公厅, 2012.6.1
≪成都市文化创意产业发展规划(2009—2012)≫, 成都市政府办公厅, 2009.11.19
≪文化产业振兴规划≫, 国务院常务会议, 2009.9
≪北京市"十一五"规划纲要≫北京市第十二届人民代表大会第四次会议, 2006.2

다. 영문 문헌

TATE REPORT(2013/14), Tate, 2014
'*Convention for the Safeguarding of the Intangible Cultual Heritage*'
Caroline Donnellan, '*Establishing Tate Modern : Vision and Patronage, the London School of Economics for the Degree of Doctor of Philosophy*', London, July 2013
'*Masterpieces of Masterpieces of the Oral and Intangible Heritage of Humanity*', 2003
Kevin Lynch, '*The Image of the City*', The MIT Press, 2012.1

라. 일본어 문헌

大場吉美, 「金沢市民芸術村、そして金沢市の文化戦略とその意味」, NIRA Case Study Series No. 2007-06-AA-7, 2007.6
吉村英俊, 「第三のイタリア"ボローニャ＆モデナ"にみる創造都市形成の示唆」, 地域課題研究, 2008

〈예술창조재단 사업계획서平成25年度公益財団法人金沢芸術創造財団事業計画〉
〈공익재단법인 가나자와 예술창조재단 조례公益財団法人金沢芸術創造財団定款〉,(第3条)

마. 신문 기사

姜建蓉, 〈城市文化空间：推进文化强市建设的新路径〉, 宁波日报, 2012.4.3
〈大假头天, 宽窄巷子涌进5万人〉, 华西都市报・四川在线, 2010.10.2
〈今天看明天的宽窄巷子〉, 청두시 정부사이트(www.chengdu.gov.cn), 2004.11.13
〈全年800场文化活动闪耀东郊记忆〉, 成都日报, 2014.7.29
张成源, 〈打"幌子"的文化产业园应坚决叫停〉, 中国文化报, 2013.11.27
新华网, 〈新华调查：转型升级'成都东郊记忆'仍在路上〉, 2014.6.24
〈国家音乐产业基地集聚发展促转型升级〉, 中国新闻出版网, 2013.10.21
www.chinaxwcb.com/2013-10/21/content_278970.htm
news.xinhuanet.com/house/cd/ 2014-06-24/c_1111290157.htm

바. 인터넷 사이트

百度(www.baidu.com)
百度百科(baike.baidu.com)
印象西湖(www.hzyxxh.com)
한바탕 전주(tour.jeonju.go.kr)
전북문화재단 홈페이지(www.jjcf.or.kr)
청두시 정부사이트(www.chengdu.gov.cn)
가나자와 시민예술촌 홈페이지(www.artvillage.gr.jp)
全国房产市场数据中心(禧泰数据)(cd.cityhouse.cn)
四川省商会网络信息综合服务平台(www.96scsh.com)

가나자와 장인대학교(金沢職人大学校) 홈페이지(www.k-syokudai.jp)

사. 그 외

· TV프로그램

쓰촨 지방 TV방송사 〈闻香识女人〉 토크쇼 프로그램 (2014.1.8 방송)

중앙방송국 TV프로그램 〈발견 중국의 미(发现中国美)〉에서도 현재 동교기억 문화창의산업단지에 대한 내용을 방영(2013.10.16)하고 있다.

〈전주 한옥마을..걷노라면 눈이 즐겁다〉, YTN, 2014.11.9 뉴스